Research on the Effect of
INVESTMENT
SERVICE CENTER
on the Protection of the Interests of
Small and Medium-Sized Investors

投服中心对中小投资者
利益保护效应研究

基于上市公司中小股东权益"痛点"事项的考察

任小毅　刘　星 ◎著

中国财经出版传媒集团

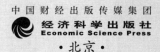

经济科学出版社
Economic Science Press
·北京·

图书在版编目（CIP）数据

投服中心对中小投资者利益保护效应研究 ： 基于上
市公司中小股东权益"痛点"事项的考察／任小毅，刘
星著． -- 北京 ： 经济科学出版社，2025. 1. -- ISBN
978 - 7 - 5218 - 6649 - 0

Ⅰ. F832.48

中国国家版本馆 CIP 数据核字第 2025T0Y532 号

责任编辑：卢玥丞
责任校对：齐　杰
责任印制：范　艳

投服中心对中小投资者利益保护效应研究
——基于上市公司中小股东权益"痛点"事项的考察
TOUFU ZHONGXIN DUI ZHONGXIAO TOUZIZHE LIYI BAOHU XIAOYING YANJIU
——JIYU SHANGSHI GONGSI ZHONGXIAO GUDONG QUANYI
"TONGDIAN" SHIXIANG DE KAOCHA
任小毅　刘　星　著

经济科学出版社出版、发行　新华书店经销
社址：北京市海淀区阜成路甲 28 号　邮编：100142
总编部电话：010 - 88191217　发行部电话：010 - 88191522
网址：www. esp. com. cn
电子邮箱：esp@ esp. com. cn
天猫网店：经济科学出版社旗舰店
网址：http://jjkxcbs. tmall. com
北京季蜂印刷有限公司印装
710×1000　16 开　14.75 印张　225000 字
2025 年 1 月第 1 版　2025 年 1 月第 1 次印刷
ISBN 978 - 7 - 5218 - 6649 - 0　定价：102.00 元
（图书出现印装问题，本社负责调换。电话：010 - 88191545）
（版权所有　侵权必究　打击盗版　举报热线：010 - 88191661
QQ：2242791300　营销中心电话：010 - 88191537
电子邮箱：dbts@ esp. com. cn）

前　言

　　保护投资者合法权益是资本市场建设的永恒主题，维护中小投资者合法权益是关系资本市场高质量发展的基础。我国证券市场的一大特点就是中小投资者群体庞大，但持股数量小且分散，导致大股东侵占中小股东的现象屡屡发生（豆中强和刘星，2010；顾乃康等，2015）。上市公司并购重组、对外担保、股利分配行为是上市公司内部人侵占中小投资者利益"痛点"事项，为了维护中小股东的合法权益，规范上市公司并购重组、对外担保、股利分配行为是无可避免的重要课题。

　　2014 年底，中国证券监督管理委员会（以下简称"证监会"）批准设立公益性证券金融类投资者保护机构——中证中小投资者服务中心（以下简称"投服中心"）。2016 年 2 月 19 日，投服中心在上海、湖南、广东（不含深圳）三个地区试点持股行权工作，通过持有上市公司股份，依法行使股东权力，保障中小投资者的合法权益。2017 年 4 月 14 日，在前期试点工作的基础上，投服中心将持股行权工作推广至全国范围。根据投服中心的官方资料，上市公司的并购重组事项、对外担保风险、股利分配等内部人侵占中小股东利益"痛点"事项是投服中心工作的重点内容。因此，本书以我国 A 股非金融类上市公司为研究对象，利用 2016 年投服中心持股行权试点事件为准自然实验，以上市公司并购重组、对外担保、股利分配为主要切入点，考察投服中心持股行权是否发挥了积极的监管作用，从而维护了中小投资者的利益。本书的研究结论概括如下。

　　（1）投服中心持股行权产生了明显的积极效果。首先，投服中心持股行权提高了上市公司独立董事的反对率，提高了上市公司的内部控制质量，发挥了治理作用；其次，投服中心持股行权引导了更多的中小股东参加股东大会，发挥了示范引导作用；最后，投服中心持股行权提高了上市公司面临的诉讼风险，同时提高了上市公司被媒体负面报道的概率，发挥了威慑作用。进一步地，我们发现投服中心持股行权能够抑制控股股东的掏空行为，但对管理层代理问题的缓解作用不明显。

（2）投服中心持股行权提高了试点区域内上市公司的并购绩效。机制检验结果发现，投服中心持股行权通过发挥治理效应、示范引导效应及威慑效应，且通过优化公司并购目标选择和提高并购整合能力两条路径，进而提高了公司的并购绩效。进一步分析表明，投服中心持股行权提升公司并购绩效的效果在机构投资者持股比例较低、未收到并购重组问询函的上市公司中更好，意味着在提高公司并购绩效方面，投服中心持股行权可与机构投资者治理、监管问询形成替代。

（3）投服中心持股行权降低了试点区域内上市公司的对外担保水平，且这种作用主要体现在对非子公司担保方面。机制检验发现，投服中心持股行权通过发挥治理效应、示范引导效应，进而降低了上市公司对非子公司担保水平。进一步研究表明，投服中心持股行权降低公司对非子公司担保水平的作用效果在负债率较高、盈利较差的上市公司中更显著，说明投服中心持股行权有助于约束上市公司的高风险对外担保行为。此外，投服中心持股行权降低公司对外担保水平的作用在由十大事务所审计的上市公司和法制水平较高的地区更显著，说明在约束公司对外担保行为方面，投服中心持股行权能够与审计制度、外部法制环境形成互补。

（4）投服中心持股行权提高了试点区域内原现金股利水平较低的上市公司的现金股利水平，同时抑制了试点区域内上市公司的股票高送转和内部人员通过股票送转计划减持套利现象。总体而言，投服中心持股行权提高了上市公司股利分配行为的整体规范性。机制检验发现，投服中心持股行权在提高公司（试点前股利分配水平较低的上市公司）现金股利的作用中发挥了治理效应、示范引导效应；投服中心持股行权在约束公司股票高送转行为的作用中发挥了治理效应、示范引导效应和威慑效应。进一步分析表明，投服中心持股行权提高上市公司（试点前股利分配水平较低的上市公司）现金股利水平的作用在机构持股比例较低的公司和政治联系较弱的民营企业中更显著，表明在督促公司分红方面，投服中心持股行权能够弥补机构投资者持股较少而导致的外部监督不足问题，但投服中心持股行权效果可能受到政治关系的阻碍。

最后，基于投服中心持股行权对中小投资者保护的效果得出研究结论，本书得到了相应的政策启示，并提出研究局限和未来展望。

目　录

第1章

绪　论

1.1　选题背景和问题提出

1.1.1　选题背景

保护投资者合法权益是资本市场建设的永恒主题，维护中小投资者合法权益是关系资本市场高质量发展的重要问题。我国证券市场的一大特点就是中小投资者群体庞大，但持股数量小且分散，这决定了我国投资者保护工作的重要性、复杂性和艰巨性。根据《2019 年度全国股票市场投资者状况调查报告》，截至 2019 年 12 月 31 日，我国股票投资者数量达15975.24 万人，其中自然人投资者占比99.76%，且约九成投资者的持股市值低于 10 万元[①]。理论上，中小投资者作为上市公司股东，与大股东共同享有法定意义的一切股东权利，但现实中，上市公司往往重视大股东的意见与建议，而中小投资者的诉求或意见长期得不到重视。我国上市公司股权结构集中，一股独大的现象普遍存在，管理者往往由控股股东任命，公司经营决策、投融资决策等都在控股股东及其代理人的交替超强控制之下（郝颖等，2006）。与大股东、机构投资者相比，中小投资者在信息获

---

① 1.6 亿股民权威数据：学历越高越大胆！［N］. 经济日报，2020 – 03 – 29.

取、专业知识、维权成本等方面均处于弱势地位，依靠自身力量难以约束公司内部人的侵权行为。中小投资者在参与公司治理时存在"搭便车"心理（Grossman & Hart，1980），行权、维权时面临"集体行动困境"①，导致大股东侵占中小股东的现象屡屡发生（豆中强和刘星，2010；顾乃康等，2015）。在此情况下，如何保护相对弱势的中小股东合法权益是长期以来摆在监管部门面前的难题。

长时间以来，我国中小投资者保护工作主要依赖行业监管机构的行政监管，并形成了证监会处罚性监管和以问询函为代表的交易所一线监管的证券监管体系。然而，虽然行政执法监督力度不断加大，但关联交易、隧道行为等侵占中小投资者的现象仍然不绝于耳。事实上，现有监管手段的有效性存在争论，一些研究肯定了行政监管和问询函的积极效果（陈工孟和高宁，2005；顾小龙等，2016；陈运森等，2018，2019b；李晓溪等，2019a，2019b），同时也有研究指出现有监管手段的效果并不理想（陈国进等，2005；李琳等，2017），行政处罚存在选择性监管、处罚偏轻的问题，同时有媒体指出上市公司回应问询函存在敷衍、文不对题的现象。在市场治理方面，尽管分类表决制、累计投票制、网络投票制度等投资者保护举措为中小股东提供了一种便捷且低成本的发声途径（吴磊磊等，2011；姚颐和刘志远，2011；黎文靖等，2012），但由于我国中小投资者的股东意识和维权意识仍然不强，往往惰于行使其股东权利，在参与公司治理过程中存在"参与冷漠"的问题（孔东民等，2013）。此外，中小投资者专业知识薄弱，识别和判断公司信息能力不足，导致中小股东行权的效果不佳（黎文靖等，2012；Chen et al.，2013；孔东民和刘莎莎，2017）。在行政监管介入效果存在争议同时市场治理效果不佳的背景下，证券监管机构开始探索将具有"官方"背景的投资者保护机构与市场化治理机制相结合，以进一步提升投资者保护工作的实际效果。

2014 年底，证监会批准设立公益性证券金融类投资者保护机构——中证中小投资者服务中心。2016 年 2 月，投服中心在上海、湖南、广东（不

---

① 集体行动的困境，指的是一个群体虽然有着共同的利益，但却无法达成追逐这个集体利益的一致行动。

含深圳）三个地区试点持股行权工作。投服中心包括教育和监督两大主要职能：一方面，投服中心提供投资者权益教育服务，通过开展投资者教育活动，唤醒中小投资者权利意识，提高中小投资者自我保护能力；另一方面，投服中心通过持有上市公司一手（100 股）股票，以股东身份行权监督公司规范运营。此外，投服中心还可以接受投资者委托提供纠纷调解，以及接受中小投资者委托或自行发起对上市公司的诉讼。2017 年 4 月，在前期试点的基础上，投服中心将持股行权工作推广至全国范围。2019 年《中华人民共和国证券法》（以下简称新《证券法》）增加"投资者保护"章节，进一步明确了投服中心的法律地位，规定投资者保护机构公开征集提案权、表决权以及提起股东代表诉讼不受持股比例和持股期限的限制，助力投服中心更便捷地参与和规范上市公司的行为决策。

相比传统的监管手段，投服中心能够以更为全面、温和的方式弥补当前公司内部治理缺陷，其市场逻辑下的权利行使范围涵盖事前事中事后整个过程，监管手段灵活且富有弹性，能够填补现有监管手段的弱项，从而弥补行政监管执法水平、频度和强度不足等问题。投服中心自 2016 年 2 月开展持股行权工作以来，聚焦影响上市公司利益及股东权益"痛点"事项，积极督促上市公司规范运营，取得了较好的效果。截至 2021 年底，投服中心已持有沪深两市 4634 家上市公司每家一手（100 股）股票，累计行使股东权利 3990 次，包括质询权、建议权、表决权、临时召集股东大会、发起诉讼等[1]。维权诉讼方面，投服中心累计提起支持诉讼 46 件，投资者获赔 5989万元。2021 年 11 月，在康美药业一案中，投服中心帮助五万名投资者获赔24.59 亿元[2]。投服中心作为"中国版"上市公司股东积极主义的实践，已成为我国上市公司治理领域不可忽视的新现象。

1.1.2 问题提出

本书以我国 A 股非金融类上市公司为研究对象，利用 2016 年投服中心

---

① 投服中心：截至 2021 年 11 月底共计持有 4634 家上市公司股票共计行权 3117 场［EB/OL］. 财经头条，2022 – 01 – 04.

② 康美药业 5 万股民获赔 24.59 亿元［EB/OL］. 人民咨询，2021 – 12 – 22.

在上海、湖南、广东（不含深圳）三个地区持股行权试点为准自然实验，分别以上市公司并购重组、对外担保、股利分配为切入点，考察投服中心持股行权是否发挥了积极的监管作用，从而维护了中小投资者合法利益。本书之所以从并购重组、对外担保、股利分配行为切入，是因为它们不仅是上市公司中关乎中小投资者利益"痛点"事项，同时也是投服中心行权治理的重点工作内容。

首先，上市公司并购重组、对外担保、股利分配行为是上市公司内部人侵占中小投资者权益"痛点"事项。第一，并购重组是改变公司基本面的重大事件，关乎投资者切身利益。以往研究指出，在大股东拥有上市公司控制权的前提下，大股东有动机和能力利用并购重组进行利益输送和掏空，严重损害中小投资者利益（李增泉等，2005）。第二，上市公司对外担保会形成一种或有负债，极大地提高上市公司的财务风险。一旦被担保公司到期无法偿还债务，作为担保方的上市公司将承担连带赔偿责任，对公司价值和中小股东造成实质性损害（王琨和陈晓，2007）。第三，上市公司股利分配是投资者实现资产收益权的重要途径，上市公司应依法保障股东的分红权①。然而，在实践中，在我国上市公司股权集中的治理结构下，公司股利政策的制定在很大程度上体现为大股东的意愿，而忽视了中小股东的利益诉求。综上所述，为了较好地维护中小股东利益，规范上市公司并购重组、对外担保、股利分配行为是无可避免的重要课题。

其次，上市公司并购重组、对外担保、股利分配行为是投服中心行权监督的工作重点。投服中心官方资料显示，为贯彻落实《国务院关于进一步提高上市公司质量的意见》中提高上市公司质量的要求，投服中心从提高上市公司治理水平、提高上市公司和相关主体违法违规成本、解决上市公司突出问题等方面工作进行了部署②。其中，并购重组、对外担保、现

---

① 《中华人民共和国公司法》（以下简称《公司法》）规定，股东的资产收益权是指对公司经常收益和公司剩余财产享有分配的权利。新《证券法》第九十一条规定"上市公司应当在章程中明确分配现金股利的具体安排和决策程序，依法保障股东的资产收益权。上市公司当年税后利润，在弥补亏损及提取法定公积金后有盈余的，应当按照公司章程的规定分配现金股利"。

② 资料来源：中国投资者网。

金分红事项是投服中心重点关注的上市公司突出问题。现实案例表明，投服中心高度关注上市公司的并购重组事项、对外担保风险、股利分配问题等内部人侵占中小股东利益"痛点"事项，并取得了积极成效。具体如下。

第一，并购重组作为改变公司基本面的重大事件关乎投资者切身利益，持续关注上市公司并购重组情况，以股东身份促进上市公司开展高效率的并购重组活动，是投服中心持股行权的重要工作之一[①]。例如，2018 年 9 月，利欧股份（002131）拟跨界高价收购苏州梦嘉（微信公众号公司）股权一事引发市场广泛关注和质疑。投服中心对并购标的资产估值合理性、持续盈利能力质疑，并通过四大证券报等媒体公开发声，呼吁中小股东积极行权。最终，利欧股份取消了该次收购，利欧股份广大中小股东的利益得到了保护。

第二，对外担保行为提高了上市公司的财务风险，威胁到广大中小股东的合法利益，因此投服中心重点关注上市公司对外担保行为，积极控制上市公司担保风险[②]。例如，2017 年 3 月 29 日，投服中心参加中安消（600654）2017 年第二次临时股东大会，针对公司拟为两家下属子公司不超过 1.25 亿元港币的综合授信提供担保的事项[③]，质问公司在本身负债较多、财务风险较高的情况下进行巨额财务担保是否风险过高，并建议公司根据自身财务状况、偿债能力控制好公司担保总量，尽快解除不用于公司经营用途的对外担保。中安消公司董事长和董秘均表示，欢迎公司股东参加股东大会行使权利，并将积极采纳股东建议，抓紧落实。

第三，上市公司股利分配是投资者实现资产收益权的重要途径，为保障投资者合法收益权，督促上市公司分红是投服中心持股行权业务的重点事项[④]。例如，上海能源（600508）2016 年度在具备现金分红的条件下选择不分红，天海防务（300008）2016 年度拟计划进行每 10 股派 0.5 元的低比例分红，投服中心分别建议两家公司进行现金分红和提高分红比例；随后，上海能源增加了每 10 股派发 1 元现金的分红方案，天海防务将现金分红比例由每 10 股派发 0.5 元提高为每 10 股派发 1 元。昊志机电（300503）2016

①②④ 资料来源：中国投资者网。
③ 资料来源：中国投资者网公开披露的投服中心行权动态。

年年报期间推出每 10 股转 23 股的"高送转"方案，并伴有原始股东股份减持，投服中心建议公司调整分配方案；随后，公司将转增比例降低为每 10 股转 15 股。[①] 投服中心负责人还表示，未来将把公司股利分配事项行权常态化，切实督促上市公司加大对投资者的现金回报。

基于上述理论分析与投服中心持股行权的现实案例，我们预计投服中心持股行权将对上市公司的并购重组事项、对外担保行为、股利分配行为产生积极影响。因此，本书将重点探讨，投服中心作为中小投资者保护的创新型监管方式，其对上市公司并购重组、对外担保、股利分配行为等常见内部人侵占中小股东利益"痛点"事项是否产生了积极影响？若存在积极影响，发挥作用的机制是何？这些问题的讨论，将有益于进一步推进投资者保护工作，助力我国资本市场健康发展。

1.2 理论价值和现实意义

1.2.1 理论价值

第一，我国上市公司的股权结构相对集中，大股东侵犯中小股东利益的现象时有发生，如何有效地维护中小股东合法权益是证券期货监管的工作重点。现有研究讨论了行政监管（陈工孟和高宁，2005；顾小龙等，2016）、媒体治理（郑志刚等，2011；徐莉萍和辛宇，2011；李焰和王琳，2013）、监管问询（陈运森等，2018，2019b；李晓溪等，2019a，2019b）、机构投资者（伊志宏和李艳丽，2013）、投票制度（吴磊磊等，2011；姚颐和刘志远，2011；黎文靖等，2012）等机制对中小投资者利益保护的效果，但上述治理机制存在监管有效性的争议。投服中心作为我国中小投资者保护的创新监管方式，考虑了中小投资者很少使用代理投票的中国现实情况，

[①] 资料来源：中国投资者网公开披露的投服中心行权动态。

监管手段灵活且富有弹性，能够填补现有监管手段的弱项。本书通过考察投服中心持股行权对优化上市公司内部人侵占中小股东利益"痛点"事项的积极影响，丰富了中小投资者利益保护机制的相关文献。

第二，投服中心自成立以来受到了资本市场、媒体和社会公众的广泛关注，目前有关投服中心的监管效果仍处于不断探索当中。已有学者以案例分析的形式肯定了投服中心通过证券支持诉讼、参与股东大会对中小投资者利益保护的积极作用（辛宇等，2020；陈运森等，2021；郑国坚等，2021），并从信息披露角度讨论了投服中心持股行权对公司财务重述、盈余管理产生的积极影响（何慧华和方军雄，2021；Ge et al.，2022）。然而，除证券支持诉讼、参与股东大会外，投服中心的行权方式还广泛涉及发送股东建议函、参加重大资产重组说明会和投资者说明会、公开发声等，且投服中心行权事项广泛，除改善信息披露质量外，投服中心对上市公司内部人侵占中小股东利益的各类突出事项的监管效果仍未得到充分讨论。本书通过整理公开资料中投服中心所述其关注的上市公司侵占中小股东利益"痛点"事项以及投服中心持股行权的现实案例，设计双重差分（DID）模型，分别从上市公司的并购重组、对外担保、股利分配行为多个角度考察了投服中心对于中小投资者利益保护的效果，相关结论丰富了投服中心监管效果的相关文献。

1.2.2　现实意义

第一，2019年底颁布并于2020年开始实施的《证券法》增加了"投资者保护"的章节，规定投资者保护机构公开征集提案权、表决权以及提起股东代表诉讼不受持股比例和持股期限的限制，从法律意义上明确和提升了投服中心在行权过程中的权利和地位，使投服中心能够更加便利地通过征集提案、投票表决、发起诉讼等方式参与和影响上市公司行为决策。本书从实际证据出发，相关结论为2020年《证券法》中相关条例的实施提供了现实反馈，为投服中心后续工作的开展提供了现实参考依据。

　　第二，股东积极主义被认为是提高公司治理水平、缓解委托代理问题以及提升股东价值的有效手段。然而，由于我国上市公司股权结构集中、中小股东参与治理能力较弱、专业性不强等特征，目前尚未形成股东积极主义普遍化的深厚土壤。投服中心作为"中国版"上市公司股东积极主义的探索，为中小投资者行使股东权利、维护其合法权益提供了新思路、新方式。本书展开投服中心对中小投资者利益保护效果的系列研究，为进一步推进探索"中国版"股东积极主义提供效果的反馈。

1.3　研究思路与研究内容

1.3.1　研究思路

　　根据投服中心行权模式，投服中心通过事前向投资者提供教育和咨询服务，事中通过持股行权通过提高公司内部治理质量、质询公司不合理行为决策等方式督促公司规范运营，事后自行或接受中小投资者委托对上市公司发起诉讼，从而提高上市公司运营质量，维护中小投资者的合法权益。我们预期，投服中心持股行权将提高上市公司治理水平（治理效应），带动中小股东积极参与公司治理（示范引导效应），以及通过证券支持诉讼和引发媒体报道的作用机制对公司形成威慑（威慑效应），从而达到保护中小投资者利益的目的。因此，首先，本书将分别对投服中心的治理效应、示范引导效应、威慑效应进行验证，并在此基础上考察投服中心持股行权对两类代理问题的影响。其次，本书将投服中心的行权效果进一步延伸至公司行为决策层面，结合公开资料中投服中心关注的上市公司侵占中小股东利益"痛点"事项以及投服中心持股行权的现实案例，分别讨论投服中心持股行权对上市公司并购重组、对外担保、股利分配行为等内部人侵占中小股东的突出事项是否产生了积极影响。若存在影响，发挥作用的机制是何？这些问题的讨论，将有益于进一步推进中小投资者保护工作，助力我国资本市场健康发展。

1.3.2 研究内容

本书从现有经济问题和市场现象出发，遵循从理论推导到实证分析的研究思路，首先提出研究问题，其次对每一个待验证假设进行检验，最后根据研究结果得出结论和管理启示。本书的具体研究内容如下。

第1章为绪论。绪论部分是对全文的简要描述，具体包括选题背景和问题提出、理论价值与现实意义、研究思路与研究内容、研究方法与分析框架、研究创新五个部分。

第2章为文献综述。该部分整理了四个方面的国内外文献：投服中心持股行权的有效性研究、公司并购绩效研究、公司担保行为研究及公司股利分配研究。

第3章为理论基础和制度背景。在理论基础方面，本章系统地阐释了市场失灵理论、政府监管理论以及股东积极主义的起源及演进过程；在制度背景方面，介绍了我国中小投资者权益保护现状、投服中心简介以及投服中心与传统监管手段的区别。

第4章为投服中心持股行权的效果检验。在前文研究的基础上，提出投服中心的治理效应、示范引导效应和威慑效应，并进行一一验证。在此基础上，进一步探讨投服中心持股行权对两类代理问题的影响。

第5章为投服中心持股行权与公司并购绩效的理论分析与实证检验。首先，基于投服中心持股行权影响公司并购绩效的理论分析提出待验证假设。其次，利用投服中心首次试点的事件构建 DID 模型对基础假设进行验证；并在此基础上进行了一系列的稳健性检验，包括平行趋势检验、安慰剂检验及 PSM - DID 检验、删除 2017 年的样本。再次，对投服中心影响公司并购绩效的路径进行验证。最后，考虑了机构投资者、监管问询对投服中心持股行权与公司并购绩效之间关系的调节影响。

第6章为投服中心持股行权与公司对外担保的理论分析与实证检验。首先，基于投服中心持股行权影响公司对外担保的理论分析提出待验证假设。其次，利用投服中心试点事件构建 DID 模型对基础假设进行验证;并在此基础上进行了一系列的稳健性检验,包括平行趋势检验、安慰剂检验及 PSM – DID 检验、变量替代检验。再次,对投服中心影响公司对外担保的机制进行验证。最后,考虑了公司负债情况、盈利情况、审计质量以及外部法制环境对投服中心持股行权与公司对外担保之间关系的调节影响。

第 7 章为投服中心持股行权与公司股利分配的理论分析与实证检验。首先,基于投服中心影响公司股利分配的理论分析提出待验证假设。其次,利用投服中心试点事件构建 DID 模型对基础假设进行验证;并在此基础上进行了一系列的稳健性检验,包括平行趋势检验、安慰剂检验及 PSM – DID 检验、变量替代检验。再次,对投服中心影响公司股利分配的机制进行验证。最后,考虑了机构投资者、产权性质对投服中心持股行权与公司股利分配之间关系的调节影响。

第 8 章为研究结论、政策建议与未来研究展望。根据实证检验结果,本书对结论进行了概括与总结,并根据这些研究结论提出相应的政策建议,最后介绍了本书的局限性以及对未来可能的研究进行了展望。

1.4 研究方法与分析框架

1.4.1 研究方法

本书关于投服中心持股行权对中小投资者利益保护效应的研究,兼顾了文献研究法、描述性研究法、经验总结法、理论分析法及实证研究法。各研究方法的具体介绍如下。

1. 文献研究法

文献研究法是指通过调查文献来获得资料从而全面、科学地了解和认识所要研究的问题。本书系统梳理了投服中心持股行权有效性研究、公司并购绩效研究、公司对外担保研究以及公司股利分配研究四个方面的国内外文献，总结归纳现有观点，为投服中心持股行权影响公司并购重组、对外担保、股利分配行为的话题讨论奠定文献基础。

2. 描述性研究法

描述性研究法是将已有的现象、规律和理论进行叙述，定向地提出问题。本书在展开实证研究之前，对我国上市公司的并购绩效、对外担保、股利分配的现实情况进行了简单的描述性统计和画图分析，依托于我国上市公司的并购绩效、对外担保、股利分配行为的现实状况，提出本书的研究话题。

3. 经验总结法

经验总结法是通过归纳与分析实践活动中的具体情况，从而形成系统化、理论化的经验。本书基于公开资料中投服中心对上市公司的并购绩效、对外担保、股利分配行为行权的现实案例进行归纳分析，推导出投服中心持股行权对公司并购绩效、对外担保、股利分配行为的可能影响。

4. 理论分析法

理论分析法是在一定的理论原理基础之上，对科学问题进行研究和分析，并形成最终的判断。本书以市场失灵理论、政府监管理论和股东积极主义为理论框架，为分析投服中心持股行权影响公司并购重组、对外担保、股利分配行为的话题讨论奠定理论基础。

5. 实证研究法

实证研究法是基于客观、真实数据，通过统计、计量方法对假设进行验证。本书依据因变量的数据形态确定两种回归模型。若因变量是连续型变量，本书则采用 OLS 模型进行回归分析，例如，投服中心持股行权对公司并购绩效、对外担保金额的影响；若因变量是虚拟变量，则采用 Logit 模型进行回归分析，例如，投服中心持股行权对公司股票是否送转的影响。本书的所有多元回归分析均通过 Stata 17 编程实现。

1.4.2　分析框架（见图1.1）

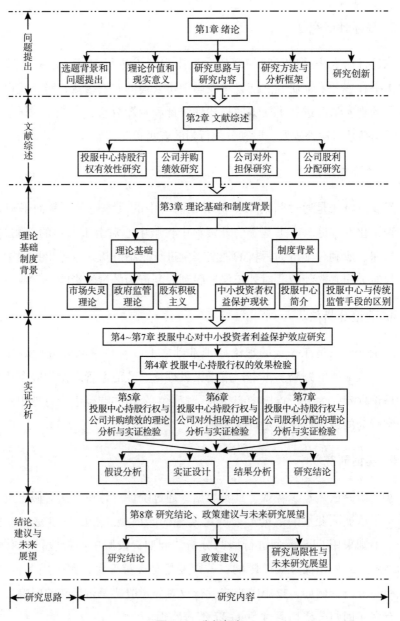

图1.1　分析框架

1.5 研究创新

与以往研究相比，本书的创新主要包括以下几个方面。

第一，研究视角的创新。现有关于中小投资者利益保护的文献，分别从市场治理机制、行政监管机制考察了其对中小投资者利益的保护效果。在市场治理机制方面，由于我国中小投资者的股东意识和维权意识仍然不强，在参与公司治理的过程中存在"参与冷漠"的问题（孔东民等，2013），且中小投资者专业知识薄弱，识别和判断公司信息能力不足，导致中小股东行权效果不佳（黎文靖等，2012；Chen et al.，2013；孔东民和刘莎莎，2017）。在行政治理机制方面，尽管一些研究肯定了行政监管和问询函的积极效果（陈工孟和高宁，2005；顾小龙等，2016；陈运森等，2018，2019b；李晓溪等，2019a，2019b），但也有研究指出这些监管手段的效果并不理想（陈国进等，2005；李琳等，2017）。在我国市场治理效果不佳同时行政监管介入效果存在争议的背景下，本书从投服中心这一具有"半行政—半市场"特点的中小投资者创新保护机制出发，结合公司多个维度的行为决策，考察了投服中心对中小投资者利益保护的实际效果，为规范公司行为从而保护中小投资者利益提供新的理解视角。

第二，研究内容的创新。现有投服中心持股行权效果的文献，主要从信息披露角度讨论了投服中心持股行权对公司财务重述、盈余管理所产生的积极影响（何慧华和方军雄，2021；Ge et al.，2022）。然而，除了信息披露质量外，投服中心对于上市公司内部人侵占中小股东的各类突出事项的影响仍未得到充分探讨。本书将投服中心的行权效果进一步延伸至公司行为决策层面，基于公开资料中投服中心关注的上市公司内部人侵占中小股东利益"痛点"事项以及投服中心持股行权的现实案例，分别从上市公司并购重组、对外担保、股利分配等多个角度考察了投服中心对于中小投资者利益保护的效果，进一步拓展了投服中心经济后果的研究框架，对投服中心政策效果的评估将更加全面。

　　第三，机理论证的创新。现有研究关于投服中心持股行权机理的讨论，主要关注了投服中心的威慑效应和示范效应（何慧华和方军雄，2021），而对于投服中心治理效应的讨论，仅以公司外部治理和内部治理变量进行分组来考察投服中心在公司治理不佳时的作用效果（Ge et al.，2022），这种研究方法对投服中心治理效果的测度不够直接，导致市场参与者、市场监管者对投服中心是否以及如何提升公司治理水平的内容仍然知之甚少。本书在关注投服中心示范引导效应和威慑效应的基础上，增加了对投服中心治理效应的讨论，以独立董事履职、内部控制质量两个能够在一定程度上反映公司治理情况的具体指标为立足点，论证了投服中心对公司治理的积极影响。相比于以往文献，本书关于投服中心持股行权三条作用机理的论证，有助于解开投服中心保护中小投资者利益作用发挥的"黑箱"，帮助市场参与者、市场监管者更加深入、全面地理解投服中心的作用发挥机制。

第 2 章

文 献 综 述

2.1 投服中心持股行权的有效性研究

自 2016 年 2 月投服中心试点持股行权以来，投服中心积极关注上市公司存在的问题，通过梳理中小投资者反映的事项，梳理公司章程等资料，以及梳理由监管机构和交易所移交的线索，并根据投资者保护相关的法律法规向公司提出质询和建议，现已取得积极成效。国内学者充分讨论了投服中心以积极股东身份行权的经济后果，并形成了系列研究成果。

郭雳（2019）的研究指出，投服中心在公司治理中发挥股东积极主义同时具备理论与现实的合理性，但鉴于投服中心性质、定位和监管环境等约束条件，投服中心持股行权也存在其自身局限性。黄勇（2020）的研究指出，投服中心行权效果整体良好，但由于行权工作涉及重大利益的调整和分配，具有一定对抗性，导致部分行权的效果不达预期。辛宇等（2020）分析了投服中心提起的 4 例虚假陈述证券支持诉讼案件，投服中心支持诉讼明显改善了虚假陈述案件的赔偿与利益分配机制。此外，投服中心支持诉讼还产生了明显的溢出效应，体现为唤醒了中小股东维权意识，提升了民间律师组织的活跃度。陈运森等（2021）的研究表明，投服中心行权股东大会时倾向于选择已经暴露出问题的公司，如曾受到行政处罚、曾被监管问询、股利水平较低、被出具非标准审计意见及大股东掏空动机较强的上市公司；且被投服中心行权后，上市公司的市场反应消极，同时具有更多负面新闻报道和监管机构处罚；此外，投服中心行权具有行业溢出效应，对同行业的其他公司形成了威慑。郑国坚等（2021）的研究得出了相似的结论，他发现投服中心选择参加股东大会倾向于财务状况较差和内部治理较差的民营企业；投服中心行权提高了上市公司股东大会的议案反对率和中小股东参会率；上市公司被投服中心行权的公告引发了消极的市场反应。何慧华和方军雄（2021）的研究发现，投服中心持股行权降低了上市公司财务重组的概率，且对于外部治理环境较差的上市公司而言，投服中心的行权效果更加显著；该文章的机制检验发现，投服中心持股行权产生了示范效应和威慑效应，提高了公司股东大会的中小股东参会率，并提高了公司面临的诉讼风险。葛文霞等（Ge W. X. et al.，2022）的研究发现，投服中心持股行权降低了上市公司的盈余管理程度，当治理内部、外部公司治理机制较弱以及不存在政治关联时，效果将更加显著。

2.2　公司并购绩效研究

并购重组是上市公司的一项重要投资决策，是企业优化资源配置、实现战略升级的有效途径。传统理论认为，公司能够通过并购实现经营协同效应（Ansoff，1965）、产品市场协同（Hoberg & Phillips，2010）、创新能力协同（Bena & Li，2014），降低交易成本（陈玉罡和李善民，2007），进而为收购公司的股东带来财富增加。然而，实践中并购活动往往没有为公司创造价值，甚至有损于企业效益。例如，詹森和鲁巴克（Jensen & Ruback，1983）的研究发现，公司并购只给目标公司股东带来显著的财富增加，而没有给收购公司股东带来财富增加。张新（2003）对中国1993～2002年的1216个并购事件进行了全面分析，发现并购重组为目标公司创造了价值，但对收购公司股东却产生了负面影响。

根据并购折价的实践，公司发起并购可能是高管出于自身利益最大化的考虑，即并购的"管理者代理假说"。詹森（Jensen，1986）提出了并购的"管理者商业帝国构建假说"，认为管理者会利用公司的自由现金流频繁开展无助于价值创造的并购项目，扩大企业规模，以获得更高的薪酬、在职消费、权力以及社会声望。罗尔（Roll，1986）提出并购的"管理者傲慢"假说，认为傲慢自大的管理者高估并购的好处，对并购后的整合困难估计不足，从而做出了有损股东利益的决策。阿米胡德和列夫（Amihud & Lev，1981）提出了并购的"管理者个人利益组合多元化"假说，指出高管为了降低自身人力资本风险和个人收益风险，倾向于通过多元化的并购来实现个人利益组合的多元化；且当公司高管监督机制缺失时，这种行为会更加的突出。施莱弗和维什尼（Shleifer & Vishny，1989）提出了并购的"管理层依赖"动机，强调高管会通过并购活动来提升自己对股东和公司的价值，以降低被替代的概率。莫克尔等（Morck et al.，1990）的研究发现，在收购前表现不佳的管理者，为了保证公司的生存或者寻找可能擅长的新业务，会积极开展多元化收购活动，导致了收购方股东的回报降低。马苏利斯等（Masulis et al.，2007）发现，市场对于反收购条款较多的收购方的收购表现出负面反应，投资者认为受更多反收购条款保护的管理者面临着较弱的控制权市场纪律，因而更有可能采取破坏股东价值的帝国建设收购。哈福德等（Harford et al.，2012）发现，根深蒂固的管理者会避免可能降低其根深蒂固程度的收购行为，倾向于进行协同性较低的收购，并支付过高的价格，最终导致收购后的运营绩效较低。张雯等（2013）发现，有政治关联的高管会利用政治关联获取的资源开展并购活动以扩大企业规模，构筑职位"壕沟"，巩固自身的职位和地位。赵息和张西栓（2013）的研究指出，当高管权力缺乏制衡时，高管具有强烈的动机通过开展并购活动实现个人收益，而并购后企业无法实现真正的并购重组价值。陈仕华等（2015）发现，具有较高的政治晋升机会的国有企业高管，倾向于通过频繁的收购活动实现企业的快速成长，以应对企业成长方面的考核压力实现自身的职位晋升，但由此带来的并购交易在后期往往具有较差的绩效。

此外，除高管代理动机外，控股股东和中小股东之间的第二类委托代理问题同样会影响公司的并购行为。在转型经济国家，集中的所有权结构虽在一定程度上缓解了管理者代理问题，但同时也增强了大股东利用控制权牟取私利的能力，进而导致大股东与中小股东之间的代理问题突出（Chen et al.，2013）。与其他新兴市场国家类似，中国上市公司的股权集中度较高，控股股东依靠其持股比例的优势，可以直接或者通过委派董事对公司的并购决策施加影响（郑志刚等，2019a）。李增泉等（2005）的研究发现，我国上市公司的并购活动并不适用于西方自由市场上的并购理论，我国上市公司收购非上市公司的行为受到地方政府或控股股东的强烈影响。在这种情况下，大股东存在利用并购重组进行利益输送和掏空的动机，从而使中小股东遭受损失。裴基宏等（Bae J. H. et al.，2002）研究了韩国商业集团（财阀）附属公司的收购活动，发现当财阀附属公司进行收购时，其股票价格会下跌，损害了财阀附属公司小股东的利益，但该公司的控股股东却从中获益，因为收购提高了集团内其他公司的价值。周勤业等（2003）发现，在上市公司资产评估中存在着大股东操纵评估结果以侵害中小股东利益的情况，上市公司在接受大股东的资产时存在资产高估的情况。王怀芳和袁国良（2007）通过案例分析发现，中石化收购四家子公司的收购成本过高，虽然使被收购方（子公司）的中小股东受益，却损害了收购方（中石化）中小股东的利益。张祥建和郭岚（2008）的研究发现，在大股东向上市公司注入资产的事项中，大股东通过虚增注入资产价值获得额外私人收益，降低了中小股东的财富。刘星和蒋弘（2013）的研究也指出，上市公司的并购活动中存在控股股东信息操纵的现象，而其他大股东可以发挥监督和制衡作用，有效制约控股股东的自利行为，抑制公司并购活动中的信息操纵。

特别地，针对国有企业而言，作为实际控制人的地方政府会出于政治目标和社会职能的考虑而干预国有企业的并购活动。陈信元和黄俊（2007）的研究指出，地方政府有动机主导国有上市公司的并购重组，让国有上市公司积极参与地方的经济建设，促使公司参与能源、交通和房地产等行业的投资，或通过兼并重组的方式帮助本地经营困难的企业纾困，降低地区失业率等。潘红波等（2008）的研究发现，在政策性负担和政治晋升的双重目标驱动下，地方政府会干预地方国有企业的并购活动，这种干预对企业价值造成了损害。随后，这一结论在刘星和吴雪姣（2011）的研究中再次得到验证。方军雄（2008）的研究发现，在政策性负担和政府官员政绩目标的双重压力下，国有企业实施了更多的本地并购和无关多元化并购，其并购行为表现出极高的"拉郎配"特征，最终带来更低的并购绩效。张雯等（2013）

的研究发现，政治关联对企业并购绩效有显著的负面影响，政治关联企业的并购绩效显著差于其他企业。

2.3 公司对外担保研究

在信贷市场，贷款方与借款方之间存在信息不对称，贷款方为了降低借款方无法偿还欠款的风险，会要求借款方提供抵押物（Stiglitz & Weiss，1981；Besanko & Thakor，1987）。研究表明，抵押物能够降低借款方在借款后从事高风险活动的可能性（Bester，1994）。然而，现实中，借款方并不是总能够提供足够的抵押物，当借款方没有足够的抵押物，同时自身信用不足时，就需要寻找符合资质的第三方为其提供担保。在我国资本市场上，上市公司对外担保的现象较为普遍。我国资本市场具有促进上市公司对外担保业务蓬勃发展的市场条件。一方面，中国金融市场发育不完全，企业融资渠道比较窄，对银行信贷存在高度依赖。另一方面，中小企业往往资质信誉较低，依靠自身力量难以从银行借入经营发展所需的足量资金，面临融资难的问题。相比之下，上市公司信用等级相对更高，贷款资质也相对更好，由上市公司为中小企业提供信用担保容易获得银行的信任。因此，为了缓解中小企业申请借款时自身担保能力不足的问题，上市公司对外提供担保的现象自然也就应运而生。王永钦等（2014）的研究指出，信用担保在金融市场发育尚不成熟的中国背景下具有重要意义，缺乏可抵押物且自身信用不足的中小企业可以通过社会网络关系寻求第三方为其借款提供担保，从而缓解自身信贷约束。

上市公司对外担保是指企业对本企业以外的其他企业或个人贷款提供的直接或间接担保。上市公司对外担保会形成或有负债，在对外提供担保的过程中，上市公司需要将自身资产抵押给债权方。若被担保方无法及时偿还债务，作为担保方的上市公司则需要代替被担保方偿还债务。在现金资源无法付清的情况下，上市公司用于抵押的资产将被债权方扣留、冻结。理论上，上市公司对外担保作为正常的经济活动之一，资产状况良好的上市公司在合理范围内对外担保不会对公司造成负面影响。然而，在我国实践中，上市公司对外担保行为存在严重的逆向选择问题，资产质量不高、盈利较差的上市公司往往更加热衷于对外提供担保（冯根福等，2005；马亚军和冯根福，2005）。王立彦和林小驰（2007）的研究发现，高负债公司对外担保比例也越高，违背了担保的内在精神，极大地提高了公司的风险。资本市场中部分上市公司对外担保数额巨大，致使公司陷入财务危机，经营出现困难，严重的甚至导致公司退市（罗党论和唐清泉，2007）。

现有学术研究表明，我国上市公司对外担保行为明显提高了公司面临的财务风险，进而损害了股东价值。吕先锴和王伟（2007）的研究表明，上市公司对外担保隐藏着巨大的财务风险和经营风险，因而注册会计师容易对外部担保比例较高的上市公司出具非标准审计意见。张璐璐和徐飞（2008）考察了上市公司担保公告的市场反应，结果发现上市公司担保行为给股东价值带来了负面影响。张俊瑞等（2014）的研究发现，存在对外担保行为的上市公司更容易被审计师出具持续经营不确定的审计意见。

我国上市公司对外担保行为中隐藏的风险主要包括以下几个方面：第一，被担保公司往往效益差、发展前景不乐观，还款具有较高的不确定性（刘伟，2007）。第二，在上市公司提供担保的贷款事项中，银行可能出于对上市公司的信任而降低对借款方的资信审查，同时后续监督借款方合理使用资金的积极性也会降低，从而加剧被担保方的逆向选择问题（冯根福等，2005）。第三，被担保公司在获得贷款后，由于缺乏债权人的积极监督，可能将资金用于投资高风险项目（刘伟，2007），或故意隐瞒项目的投资风险（王彦超和陈思琪，2017），从而导致担保方的财务风险骤然增加。伊志宏等（2021）的研究表明，对外担保使得作为担保方的上市公司承担了借款方的违约风险，从而明显提高了上市公司面临的股价崩盘风险。第四，部分上市公司的对外担保被控股股东恶意利用，成为控股股东资金占用、转移风险的手段（Johnson et al.，2000；邓舸，2004），控股股东利用其控制权操控上市公司为自己或关联方提供担保，对公司价值和中小投资者利益造成了巨大损害（王琨和陈晓，2007；郑建明等，2007；高雷和宋顺林，2007；饶育蕾等，2008；Berkman et al.，2009）。第五，对外担保加剧了大股东掏空行为，抑制公司创新投入，加剧公司的股价崩盘风险（伊志宏等，2021），不利于上市公司长期发展。陈泽艺等（2022）的研究发现，对外担保提高了公司的债务融资成本，增强了公司面临的融资约束，从而削减了公司的创新能力；同时对外担保还提高了大股东的代理成本，降低了高管的股权激励，从而削弱了公司的创新意愿。

2.4 公司股利分配研究

2.4.1 公司现金股利

股利政策是上市公司财务活动的三大决策之一，现金分红是股东获得投资收益的主要形式之一。由于我国上市公司的股权结构集中，股利政策的制定往往迎合了大股东的利益需求，而广大中小投资者的股利偏好未受到重视（黄娟娟和沈艺峰，2007）。关于控股股东与中小股东在股利分配上的利益冲突问题，国内外学者进行了丰富的研究。研究指出，控股股东倾向于扣留公司利润，以便于其实施占用、掏空等侵占中小投资者的机会主义行为，导致公司的现金股息减少（Gugler & Yurtoglu，2003；邓建平和曾勇，2005）。黄李锡等（Hwang L. X. et al.，2013）的研究发现，韩国财阀公司的所有者利用超额控制权对中小投资者实施侵占，从而导致公司较低的现金股利水平。范德梅尔和范考特伦（Vandemaele & Vancauteren，2015）的研究表明，比利时的家族企业更愿意将盈余留存在企业内部，而不是分配给股东。塞蒂亚万等（Setiawan et al.，2016）的研究同样表明，印度尼西亚家族企业的控股家族股东更愿意增加控制资金，而减少股息支付。国内学者也发现类似的结论，王信（2002）的研究表明，在中国不完善的股东利益保护制度下，作为公司内部人的控股股东有动机侵占中小股东利益，从而导致中国资本市场早年的现金分红比例普遍较低。冯旭南（Feng X. N.，2011）的研究发现，我国家族企业的股利支付行为体现为对家族控制权私人收益的保护，终极控制权和所有权的分离程度越高，企业支付现金股利的意愿越低，支付的现金股利也越少。

与控股股东代理问题导致了较低股息的结论不同，有研究指出公司高水平现金股利同样可能是大股东掏空上市公司的结果。刘峰和贺建刚（2004）的研究发现，上市公司高派现是大股东实现利益输送的手段。阿塔纳索夫和曼德尔（Atanassov & Mandell，2018）的研究发现，治理水平较差的公司发放了更多的现金股利，但这类现金股利的发放降低了公司价值，因为市场认为高派现是大股东掏空的手段。马曙光等（2005）的研究发现，现金分红与资金占用相同，也是大股东实现自身股权价值最大化的一种手段。

2.4.2 公司股票送转

送转股政策是我国上市公司送股与转增股行为的合称。送股即股票股利，指上市公司将未分配利润部分向股东派送股份，能够在一定程度上替代现金股利。股票转增是指公司将资本公积或盈余公积转化为股本，使得总股数增加。严格来说，股票转增是上市公司股本扩张的一种方式，转换过程不影响其他财务会计科目，属于所有者权益的内部调整，不属于对股东的回报。但由于送股与转增股的结果都是使股东无偿获得了股票，扩大了股本规模，同时上市公司总是将每年的转增股方案一起对外公布。因此，中国学者通常将股票股利和股票转增一并进行研究。

国外文献对股票送转行为的解释主要基于流动性理论和信号传递理论。根据流动性理论，股票送转能够降低股票价格，从而提高股票在二级市场的流动性（Baker et al.，1993）。根据信号传递理论，股票送转能够向资本市场传达公司发展前景良好的信号（Grinblatt et al.，1984；Brennan et al.，1988；Asquith et al.，1989）。然而，我国学者的相关研究却得到了不同的观点，指出流动性理论和信号传递理论均不适用于我国上市公司的股票送转行为（何涛和陈小悦，2003）。我国资本市场以散户为主体，非理性的投资者存在"价格幻觉"，即相较于高价股票，投资者往往高估低价股的上涨空间。股票送转能够满足非理性投资者的低价股偏好，推动股价上涨，从而帮助内部人减持套现。

　　肖淑芳和张超（2009）的研究发现，上市公司"异常高送转"的动因在于，管理者通过股票送转迎合非理性投资者的"价格幻觉"操纵股价，从而最大化其期权收益。韩慧博等（2012）的研究表明，我国上市公司内部人员会通过送转股政策来满足自身利益。李心丹等（2014）的研究也发现，上市公司利用"高送转"股利政策来迎合中小投资者非理性投资心理，造成股票价格升高，为内部人员减持套利创造机会。谢德仁等（2016）的研究表明，内部人员有意识地通过"高送转"行为操控公司股价，从而提高其减持收益。罗进辉等（2017）的研究得出同样的结论，我国资本市场存在的低价股溢价现象，促使上市公司通过股票送转迎合投资者的低价股偏好，从而实现市值管理。蔡海静等（2017）的研究表明，上市公司送转股比例越高，大股东减持规模越大，说明"高送转"政策是大股东掏空中小股东的手段。戚拥军等（2020）的研究指出，上市公司通过股份送转尤其是"高送转"配合解禁限售股股东高价减持是一种屡试不爽的"割韭菜"策略。

第 3 章

理论基础和制度背景

3.1 理论基础

3.1.1 市场失灵理论

亚当·斯密的"看不见的手"揭示了市场经济的有序性,在一个完全的市场中,依靠市场机制的作用就能够有效配置资源。然而,在现实中,市场并不是完全的,有许多因素阻碍着市场按照理性化的方式运行,从而导致市场机制无法实现资源的合理配置,就出现了市场失灵。

1. 信息不对称问题

信息不对称是市场失灵的一个重要表现。信息不对称现象,主要是指在经济活动中,市场参与方对于信息的掌握程度存在差异,导致信息优势方利用自身信息地位,在市场交易活动中获取利益,而信息劣势方则表现出逆向选择,从而使得市场机制发生扭曲,产生市场失灵。例如,典型的"劣币驱逐良币"现象。在产品交易过程中,卖方比买方掌握着更多的产品信息,处于信息劣势的买方因为误判对高质量产品给出较低价格,对低质量产品给出较高价格,导致买方以较高价格购买了低质量的产品,而高质量产品却因无人购买逐渐退出市场,最终市场上只剩下低质量产品。

目前市场中广泛存在着信息不对称，包括现代公司治理的委托代理关系中也存在信息不对称。企业中信息不对称主要存在于债权人与股东、股东和管理者以及大股东与中小股东之间。第一，相比内部持股股东，外部债权人掌握较少的企业信息，内部股东可能通过投资高风险项目损害债权人利益；第二，企业所有者（股东）通过聘请专业的管理人才，将企业委托给管理者进行经营，但企业所有者无法探知管理者是否在努力工作，因而管理者可能存在追求自身利益最大化的道德风险行为；第三，在股权集中的情况下，管理层由控股股东任命，公司经营决策、投融资决策等都在控股股东的控制之下，控股股东和中小股东之间存在信息不对称问题。

2. 委托代理问题

委托代理问题是信息不对称在公司治理领域的经济后果。现代企业制度所有权和控制权的分离以及不同利益主体之间的利益冲突，导致公司治理主要面临两类代理问题，即股东与管理层之间的第一类委托代理问题，以及控股股东与中小股东之间的第二类代理问题。

首先，现代企业制度所有权和经营权相互分离，委托人（股东）和代理人（管理者）的目标函数不一致，在信息不对称的环境中，股东与管理层之间的委托代理问题随之产生（Jensen，1986）。理论上，理性的所有者追求企业的高产出与低投入，以实现企业价值和股东财富最大化；而理性的管理者由于不拥有公司股份或者持有较少的公司股份，往往追求薪酬津贴、在职消费、社会地位等私人收益最大化。当双方的目标函数不一致时，拥有信息优势的管理层会以隐蔽的方式牟取私人利益（Jensen & Meckling，1976）。在现代企业制度所有权和经营权分离的委托代理关系下，虽然管理者拥有较少的收益分配权，但掌握着企业的经营决策权。当企业内部信息不对称普遍存在，股东无法准确观察到管理者的所有行为并对管理者实施有效监督，管理者利用自身控制权开展道德风险行为以牟取私人收益最大化，由此产生了股东与管理层之间的代理问题。

其次，控股股东与中小股东中的第二类代理问题也是公司治理领域的重要话题。在控股股东和中小股东的委托代理关系中，控股股东能够凭借股权优势影响公司决策，以实现自身利益；而对于持股比例较低的中小股东而言，较高的监督成本促使其在参与公司治理时往往选择"搭便车"。当控股股东权力得不到有效监督和制衡，大股东倾向于牺牲中小股东利益而获取私人收益（周勤业等，2003；张祥建和郭岚，2008；Chen et al.，2013）。江明和黄德尊（Jian M. & Wong D. Z.，2010）的研究发现，中国上市公司首先通过与控股股东进行关联交易来达到盈利目标，其次通过关联贷款向控股股东输送利益。姜国华等（Jiang G. H. et al.，2010）的研究同样发现，中国上市公司通过往来借款向控股股东转移资金。以往研究表明，集中的股权结构和较弱的投资者法律保护是造成控股股东代理问题的重要影响因素（Johnson et al.，2000；Dyck & Zingales，2004）。我国是新兴市场经济国家，上市公司集中的股权结构及相对较弱的法治环境，使得大股东对中小股东的利益侵占是我国资本市场中最主要的代理问题（Fan & Wong，2002）。一方面，与股权高度分散的西方国家不同，在我国上市公司的股权结构集中，加上控股股东往往会通过金字塔结构和交叉持股增强控制权（Claessens et al.，2000），致使控股股东对公司拥有绝对控制力和影响力。控股股东有能力通过高度控制权侵占公司资源获取控制权私利，损害公司中小股东利益（豆中强和刘星，2010；顾乃康等，2015）。另一方面，我国投资者保护法律制度尚未健全，对公司内部大股东侵占中小股东利益行为的制约效果有限。

3.1.2　政府监管理论

当市场失灵时，政府监管能够作为市场治理机制的补充，提高资源配置效率，尤其在市场发育不成熟、法律制度不完善的转型经济国家中，政府监管发挥着重要作用（Pistor & Xu，2005）。拉伯塔等（La Porta et al.，2000）、德丰和洪明仪（DeFond & Hung M. Y.，2004）等研究均指出，法律制度的差异及法律制度执行的有效性在维护投资者利益方面发挥着至关重要的作用。皮斯托和许成钢（Pistor & Xu C. G.，2005）的研究表明，在中国股票市场的发展过程中，行政治理替代不完善的法律制度发挥了重要的作用。

证券监管，即证券监管部门对证券市场活动以及证券市场主体进行监督与管理。证券监管可以通过行政监管和自律监管两种形式实现。行政监管是监管机构通过制定规章制度对市场参与者形成直接约束，从而修正与弥补市场缺陷。我国的证券监管机构是证券业监督管理委员会（证监会），证监会是国务院的下属事业单位，具有法定的行政监管权。行政监管具有普遍性和强制力的优势，证监会借助政府的公信力和影响力进行监管，可以与市场上的所有组织或个人进行"非自愿"的交易，且市场主体必须遵从其指令和安排。已有研究表明，行政监管能够抑制管理者自利行为以及大股东隧道效应，降低代理成本从而保护中小投资者利益不受侵害。黄世忠等（2002）的研究表明，相比于民间自律，政府监管在解决市场失灵、提高信息质量方面具有优势。陈工孟等（Chen G. M. et al.，2005）的研究表明，证监会对上市公司实施处罚引起了市场的消极反应，侧面反映出证监会的监管具有影响力。戚拥军等（2020）的研究表明，行政监管对规范公司"高送转"行为产生了积极影响，从而有效维护了中小股东的合法利益。

然而，行政监管同时也具有局限性。一方面，行政监管所依据的法律法规具有刚性，且法律是对最低限度的道德约束，监管者只能依照法律规定来约束市场主体的行为，不能随意扩大法律的作用范围。这导致监管不能面面俱到，在一些灰色地带，政府监管鞭长莫及。另一方面，法律法规具有滞后性的特点。法律法规是对过往实践经验的总结，法律的制定需要经历繁杂的程序且花费较长的时间。当面对市场中出现的新情况、新问题时，可能出现无法可依、无据可循的情况。陈建文和原红旗（Chen J. W. & Yuan H. Q.，2004）的研究发现，中国证监会对企业发行新股的监管作用有限，公司会通过盈余管理来达到配股的要求。李常青等（2010）的研究发现，2008 年的半强制分红政策对计划再融资、高竞争且低自由现金流、高成长低且自由现金流的公司均产生了明显的负面影响，说明半强制分红政策可能存在"监管悖论"。陈艳等（2015）的研究也发现，2008 年半强制分红政策的实施对于缓解计划再融资公司的投资不足、融资约束的效果欠佳，且无法有效抑制资金充足公司的过度投资。张舫和李响（2016）的研究指出，我国证监会的执法力度依然很弱，突出表现为执法数量少、查处速度迟缓、处罚力度偏轻，因而对违法者的威慑效果有限。刘星等（2016）的研究发现，

2008年半强制分红政策规定的最低股利支付率偏低，导致提高上市公司股利水平的整体效果不明显，且半强制分红政策对具备再融资资格的高成长、低自由现金流上市公司产生了显著的负面影响。

相较于行政监管而言，自律监管可以在法律监管之外对市场中的行为以及市场的参与者施加道德约束。我国自律监管主要由证券交易所、证券业协会、证券中介机构（证券公司、证券投资咨询公司、会计师事务所、律师事务所）等自律性组织进行监管。自律监管组织更接近市场主体，且具备专业性的知识，能够对市场违规行为迅速做出反应，并及时采取有效措施。此外，自律监管组织的监管范围更加灵活，能够对公司规则上合法但违反道德的行为进行约束。黄益雄和李长爱（2016）的研究表明，中注协在上市公司年报审计期间约谈会计师事务所，能够对小规模会计师事务所起到明显的警示作用，进而提高上市公司年报审计质量。陈运森等（2019b）的研究表明，交易所问询函监管能够抑制上市公司盈余管理行为，从而促进了资本市场健康发展。

当然，自律型监管机制也存在一定的治理短板。例如，证券交易所虽然属于自律监管的范畴，但由于其负责人的任命权由证监会决定，本质上属于证监会的下属单位，从而导致交易所在监管活动中缺乏独立性。此外，证券业协会、证券中介机构等自律组织的监管并非依靠强制力来实现，可能存在公信力不足的问题。在实践中，一些自律组织（如证券公司、会计师事务所）甚至为了获取自身经济利益与上市公司合谋（雷光勇，2004），严重损害中小股东合法权益。

通过上述分析不难发现，行政监管与自律监管在市场治理中各具优劣势。如果二者能够相互配合，共同致力于市场治理，实现优势互补，将能更大程度提高监管治理的效果。

3.1.3　股东积极主义

1. 传统股东积极主义

股东积极主义是股东从"用脚投票"到"用手投票"的转变。股东积极主义认为良好的公司治理能够提升股东价值，因而当股东不满于公司决策或经营业绩时，将积极行使股东权利参与和改善公司治理（用手投票）（姚云和于换军，2019），从而更好地维护自身权益，而不是抛售股票撤回投资（用脚投票）。机构投资者是股东积极主义的主要参与主体，相比于中小投资者，机构投资者具有资金、专业优势，更有能力参与公司治理（Shleifer & Vishny，1986）。20世纪70～80年代，美国资本市场和机构投资者蓬勃发展，以公共基金和养老基金为代表的机构投资者开始认为适度干预公司治理是必要且有效的，于是股东积极主义开始流行。股东积极主义被认为能够优化委托代理关系、提高公司治理水平进而提升股东价值。

中小股东积极主义指中小股东积极行使股东权利，主动参与公司决策，与内部人的侵占行为形成对抗，从而维护自身合法利益。以往研究表明，中小股东参与公司治理产生了积极的效果。贾莹丹（2015）的研究发现，中小股东"用手投票"能够引发外部监督力量的关注，间接发挥公司治理作用。杨晶等（2017）的研究发现，股东积极主义能够提升公司的分红意愿和分红水平。黎文靖和孔东民（2013）的研究表明，中小股东参与公司治理能有效缓解公司代理问题，从而有助于提高公司未来绩效。郑志刚等（2019b）的研究发现，中小股东参与公司治理促使董事会成员变更，改善了公司治理结构，最终有利于提高公司的长期绩效。

2. "中国版"股东积极主义

在资本市场发达的美国和英国，股东积极主义较为盛行。美英的资本市场由机构投资者主导，且机构投资者多为长期投资者，这些机构投资者关注公司治理，能够积极主动地行使股东权力。然而，与成熟资本市场体系不同，目前中国尚未形成股东积极主义普遍化的深厚土壤。第一，我国资本市场以个人投资者为主，机构投资者占比较低。第二，我国对机构分散投资的要求[①]，使得机构投资者在同一家上市公司中的股权比例受到限制，制约了机构投资者的治理效果。第三，我国机构投资者投资的短期化特征明显，大

---

① 参见《公开募集证券投资基金运作管理办法》第32条。

部分机构投资者以盈利为主，不关注公司治理。第四，现有分类表决制、累计投票制、网络投票制度等投资者保护举措效果不佳，尽管这些途径为中小股东提供了一种便捷且低成本的发声途径（吴磊磊等，2011；姚颐和刘志远，2011；黎文靖等，2012），但我国中小投资者的股东意识和维权意识仍然不强，往往惰于行使其股东权利，在参与公司治理的过程中存在"参与冷漠"的问题（孔东民等，2013），中小股东不参会、不发言、不投票的现象十分普遍。与此同时，中小投资者在获取信息、识别和判断信息方面的能力不足，而大股东的利益侵占行为往往比较隐蔽，导致中小股东积极参与股东大会这类方式的效果不佳（黎文靖等，2012；Chen et al.，2013；孔东民和刘莎莎，2017；胡茜茜等，2018）。在传统股东积极主义发挥治理效果不佳的情况下，为了保障中小投资者的合法权益不受到侵占，监管机构开始探索"中国版"股东积极主义。

投服中心持股行权是结合"政府监管"和"市场治理"的创新治理模式（陈运森等，2021），是探索"中国版"股东积极主义的有益体现。一方面，投服中心作为证监会的下属机构，其持股行权延伸了政府看得见的手，让政府监管不再局限于行政处罚、问询函等现有监管手段。投服中心以小股东的身份行权扩大了政府监管的范围，即使公司内部人员的行为不违反法律法规，投服中心依然可以为中小股东发声，督促上市公司做出有利于中小股东的行动。另一方面，投服中心有着公司小股东的身份，且相比普通的中小股东更具专业性，更能够设身处地考虑中小股东诉求。此外，投服中心还有助于激发和培养中小投资者的股东意识，促使中小股东积极参与公司经营管理决策，督促公司行为决策兼顾大股东和中小股东的利益诉求。

3.2　制度背景

3.2.1　中小投资者权益保护现状

为了解中小投资者知权、行权、维权现状，2018 年开始，投服中心以年度为单位定期开展 A 股个人投资者知权、行权、维权现状的调查分析工作，通过在线访问的方式，使用定量调查研究方式，向分布于全国（不含港澳台地区）的投资者发送专业调查问卷，覆盖 240 个城市，并出具《A 股中小投资者知权、行权、维权现状调查报告》。调查报告显示，目前我国资本市场上的中小投资者权益保护现状还存在以下问题。

首先，中小投资者知权方面。中小投资者已接受的投资者教育不够全面和专业，对专业化权利知晓程度低。

其次，中小投资者行权方面。中小投资者主动行权意识不足，仅 10% 的投资者行过权；投资者自身行权能力欠缺，行权渠道单一。

最后，中小投资者维权方面。中小投资者对维权存在盲目和不自信，"畏难"现象严重；现实中维权渠道虽然多种多样，但缺少官方认定的、强制性的、专业性的渠道，导致投资者选择比较盲目；在具体维权中，专业知识不足，损失难以确定，且维权成本高、时间长。

3.2.2 投服中心简介 *

投服中心是于 2014 年 12 月经证监会批准设立公益性证券金融类投资者保护机构。投服中心为公司制法人单位，由证监会直接管理，由上海证券交易所、深圳证券交易所以及上海期货交易所各持股 23.33%，由中国金融期货交易所、中国证券登记结算有限责任公司各持股 15.00%。2016 年 2 月，投服中心在上海、湖南、广东（不含深圳）三个地区试点持股行权工作。2017 年 4 月，在前期试点的基础上，投服中心将持股行权工作推广至全国范围。

投服中心具有教育和监督两大主要职能。一方面，投服中心提供投资者权益教育服务，通过开展投资者教育活动，唤醒中小投资者权利意识，提高中小投资者自我保护能力；另一方面，投服中心通过持有沪深交易所中所有上市公司每家一手（100 股）股票，以股东身份行使《公司法》规定的一

---

* 资料来源：笔者根据投服中心官方网站的公开信息整理获得。

切股东权利，包括建议权、提案权、表决权、召集股东大会、利润分配请求权、剩余财产分配权等权利，监督公司规范运营。此外，投服中心还可以接受投资者委托提供纠纷调解，以及接受中小投资者委托或自行发起对上市公司的诉讼。

投服中心持股行权的重点内容包括上市公司价值创造活动和公司治理情况。上市公司价值创造活动方面，包括资产重组等事项；上市公司治理方面，包括上市公司章程是否合规、制度是否被切实履行（如分红制度的执行情况）、内部控制质量、董监高履职情况、违规担保（包括控制对外担保风险）等事项。

投服中心内设十个部门：办公室（党委办公室）、纪检办公室、行政部、法律事务部、行权事务部、维权事务部、投资者服务部、投资者教育部、信息科技部、研究部。其中，行权事务部主要负责行权股票买入、持股行权的线索搜集、分析和实施、组织行权专家委员会开展行权、持股行权业务宣传以及行权机制研究。维权事务部主要负责开展支持诉讼、股东（代位）诉讼、代表人诉讼等；推动证券公益诉讼、示范判决等维权机制建设；组织协调公益律师和评估专家开展维权；开展维权业务宣传和公益维权机制研究。投资者服务部主要负责为投资者了解上市公司提供服务、引导上市公司加强投资者关系管理等工作。投资者教育部主要负责组织开展投资者权益教育活动和投资者权益教育宣传，负责投资者权益教育产品的研究、开发和管理等工作。

3.2.3　投服中心与传统监管手段的区别

相比传统的监管手段，投服中心能够以更为全面、温和的方式弥补当前公司内部治理缺陷，其市场逻辑下的权利行使范围涵盖事前事中事后整个过程，监管手段灵活且富有弹性，从而能够填补现有监管手段的弱项，弥补行政监管执法水平、频度和强度等不足。

首先，不同于传统行政监管主要关注内部人员是否违反法律法规（Bozanic et al.，2017；Duro et al.，2019），投服中心的定位是上市公司的普通股股东，可以依法行使《公司法》《证券法》赋予股东的一系列权利，其行权事项贯穿证券市场运行的各个环节。只要涉及损害中小股东利益，即使公司内部人员的行为不违反法律法规，投服中心依然可以为中小股东"发声"。这一点很重要，因为研究指出，新兴经济体的证券法律法规往往草率制定，便于公司内部人利用法律法规的缺陷来侵占中小股东的利益（Ke & Zhang，2021）。

其次，针对中小股东缺乏行使股东权利的知识和能力问题，投服中心配备了一支专业的人才队伍，包括证券从业专家、高校专家学者、会计师、律师等，并常常与证券监管部门、各级法院、金融中介机构等专业机构开展深入的合作，从而能够很好地弥补中国资本市场散户过多但专业性较差、维权能力较弱的缺陷。

再次，投服中心是证监会的下属机构，沪深交易所是其主要股东，"官方"背景决定着投服中心持股行权能够在较大程度上引起上市公司的重视和市场投资者的关注，上市公司、公众媒体与中小投资者对投服中心的重视、认可和支持使其拥有较高的市场话语权（辛宇等，2020），其提出的建议和问询往往能得到上市公司的认真对待和回复。

最后，投服中心管理者具有很强的激励去积极改善公司治理，保障中小投资者合法权益（Ge et al.，2022）。投服中心的最高管理者是附属于证监会系统的政治任命官员，与证监会其他部门的高管共同参与竞争晋升机会，而中小投资者的保护水平是考核投服中心管理层晋升的重要指标。因此，为了获得晋升机会，投服中心的最高管理者将领导投服中心机构采取积极行动，以最大限度地保护中小投资者利益。

第4章

投服中心持股行权的效果检验

4.1 投服中心持股行权的效果研究

根据投服中心持股行权模式，投服中心通过事前向投资者提供教育和咨询服务，事中通过持股行权督促公司合理开展活动，事后自行或接受中小投资者委托对上市公司发起诉讼，维护中小投资者合法权益。我们预期，投服中心持股行权将提高上市公司治理水平（治理效应），带动其他中小股东积极参与公司治理（示范引导效应），以及通过证券支持诉讼和媒体报道机制对公司形成威慑（威慑效应），从而达到保护中小投资者利益的目的。

4.1.1 投服中心持股行权的治理效应

投服中心关注上市公司内部治理情况，督促公司规范内部治理机制，提高公司治理水平。欧亚集团（600697）董事长曹和平表示"投服中心持股行权对提高上市公司内部治理水平具有积极促进作用"①。杰赛科技（002544）的董秘黄征表示"投服中心通过发送股东建议函、现场参会建议等形式参与公司治理，相关建议引起上市公司高度重视，并收到上市公司回函或被股东大会采纳，投服中心已成为推动上市公司完善治理的重要

---

① 投服中心：在全国扩展持股行权意义重大 [EB/OL]. 新浪财经, 2017－04－18.

机制"①。

第一，投服中心关注上市公司制度建立是否完善，包括公司内部控制制度的完备情况。内部控制是上市公司进行自我调整、约束、规划、评价和控制的一系列方法与措施，完备的内部控制制度是完善公司治理的重要保证。投服中心作为中小投资者的利益代表，积极关注上市公司内部控制中存在的问题，以小股东身份参与股东大会，针对公司内控缺陷等问题提出质询和建议，并督促上市公司进行整改。例如，投服中心自2016年2月试点至2016年12月26日，共向上海、湖南、广东（不含深圳）辖区内177家上市公司发出股东建议函，督促公司完善公司内部控制制度，提高公司内部控制质量，177家上市公司全部回函采纳建议②。

第二，独立董事是中小投资者的利益代表，有效的独立董事制度能够抑制大股东的掏空行为（叶康涛等，2007）。然而现实中，上市公司独立董事多数由大股东或管理层通过私人关系选聘，并从上市公司领取津贴，导致独立董事在董事会决议中发表反对意见的情况较少，独立董事的监督作用无法有效发挥。投服中心关注上市公司独立董事是否勤勉尽责，督促独立董事切实履行其相应职责，进而提升公司治理水平。例如，2018年6月，赴天圣制药（002872）股东大会，投服中心质疑四位独立董事述职报告雷同，建议独立董事进一步完善述职报告。2019年11月，在商赢环球（400137）拟收购实际控制人资产的事件中，投服中心建议公司详细披露独立董事同意本次交易决策的合理依据，充分发挥独立董事治理作用，维护中小投资者利益不受侵害。

综合上述分析，我们提出假设：

H1：投服中心持股行权通过完善公司内部控制、督促独立董事积极履职等方式，提高上市公司内部治理水平，发挥了治理效应。

4.1.2　投服中心持股行权的示范引导效应

参加股东大会行权是中小股东参与上市公司治理的重要方式，特别是当

---

① 投服中心：在全国扩展持股行权意义重大 [EB/OL]. 新浪财经，2017-04-18.
② 资料来源：投服中心官方网站新闻动态。

大股东被要求回避表决时,中小股东的意见将尤为关键。然而,我国中小投资者总体呈现出行权意识不强、行权能力不足的特点,大多数中小股东投资目的为通过股票差价赚取资本利得,而对其所投资公司的运营管理表现出"事不关己,高高挂起"的态度。在此基础上,叠加投票成本高昂、专业知识薄弱等因素,加剧了大股东在公司决策时搞"一言堂"的局面,给大股东非法利益输送创造了空间。尽管近年来监管部门不断探索成本相对低廉的投票制度来激励中小股东行使股东表决权,如分类表决制、累计投票制、网络投票制度等,极大地降低了中小投资者参与公司治理的成本(吴磊磊等,2011;姚颐和刘志远,2011;黎文靖等,2012),但由于我国中小投资者的股东意识不强,在参与公司治理的过程中仍然存在"参与冷漠"的问题(孔东民等,2013)。与此同时,中小投资者获取、识别和判断公司信息的能力有限,导致中小股东通过参与股东大会维权的效果不佳(黎文靖等,2012;Chen et al.,2013;孔东民和刘莎莎,2017)。

投服中心通过参与上市公司股东大会、重组说明会、业绩说明会并现场行权,引起其他中小股东的关注,唤醒中小投资者的股东意识,而媒体相关报道则进一步扩大了投服中心行权事件的影响力,加上投服中心还利用自身宣传平台(中国投资者网)将自身行权的典型案例进行宣传和推广,从而对广泛中小股东行使股东权利起到良好的示范引导作用。此外,投服中心还积极开展了形式多样的权益宣教工作,利用证券类报纸、互联网平台等渠道,以及各类投教基地进行宣传,启动投资者大讲堂全国巡讲活动,向投资者发放"权益360"投资者教育系列丛书,通过微信公众号定期向订阅投资者推送投资者权益知识,唤醒中小投资者的股东意识、权利意识。中小股东权利意识的增强,能够激发中小投资者行使股东权利的积极性,提高中小股东的话语权,从而更好地维护其自身的合法利益。已有研究表明,投服中心行权引导了中小投资者参与公司决策,从而提高了股东大会的中小股东参与度(何慧华和方军雄,2021)。当更多投资者积极参与到公司治理中,有利于打破长期以来大股东一家独大的局面,同时产生围观的力量,督促公司行为决策兼顾中小股东的利益诉求。

综合上述分析,我们提出假设:

H2：投服中心持股行权通过提高股东大会的中小股东参与度，发挥了示范引导效应。

4.1.3 投服中心持股行权的威慑效应

第一，投服中心持股行权将改善诉讼维权效果，提高公司面临的诉讼风险。股东诉讼是投资者针对严重侵害行为所采取的一种司法救济方式，是对抗程度最高的股东积极主义形式（王彦超等，2008）。然而，由于中小投资者权利分散、专业化程度偏低，中小股东在诉讼维权的过程中，面临着"集体行动困境"的干扰，高昂的诉讼维权成本则进一步降低了中小投资者诉讼维权的积极性。投服中心依托其专业的知识以及法律赋予的特殊地位，帮助中小投资者提高其在与上市公司博弈中的诉讼地位和能力（辛宇等，2020）。投服中心通过诉讼或支持诉讼追究责任主体的民事责任，对责任主体的侵权行为进行经济、声誉等方面的惩罚，对上市公司内部人的侵权行为起到教育和警示作用（Fich & Shivdasani，2007；Bourveau et al.，2018）。此外，投服中心参与证券支持诉讼还存在显著的溢出效应，不仅有利于激发中小投资者维权的积极性，还提升了民间律师团体的活跃度，带动民间股东诉讼的兴起（辛宇等，2020），从而整体上提高公司未来面临的诉讼风险（何慧华和方军雄，2021）。

第二，投服中心持股行权将提高公司被媒体负面报道的概率，对公司形成威慑。投服中心行权往往拥有较高的市场关注度，投服中心将行权信息及时公开，曝光上市公司存在的问题，引发大规模"围观"；同时，投服中心的持股行权事件常常被主流媒体转载报道，强大舆论压力对上市公司起到监督约束的效用（陈运森等，2021）。例如，投服中心在山东金泰（600385）2016 年股东大会现场针对公司存在的问题提出质询和建议，然而山东金泰非但不接受建议，反而认为投服中心干扰了股东大会。事情发生后，该事项曾被上海证券报、中国证券报等媒体报道并被新华网转载，引发了舆论的广泛关注。随后，山东金泰公开为自己轻视投服中心的行为道歉，并表示欢迎投服中心再次提出建议。

综上所述，投服中心持股行权将通过提高公司面临的诉讼风险，以及提高公司被媒体负面报道的概率，强化事后监管作用，提高公司内部人侵权行为的成本，从而对上市公司内部人侵权行为形成威慑，降低公司侵权行为再次发生的概率。因此，我们提出假设：

H3：投服中心持股行权通过提高公司面临的诉讼风险，以及提高公司被媒体负面报道的概率，发挥了威慑效应。

4.2　实验设计

4.2.1　样本选取及数据来源

投服中心于 2016 年 2 月在上海、湖南、广东（不含深圳）三个地区试点持股行权，并于 2017 年 4 月开始在全国范围内开展持股行权工作，错层的持股行权区域为我们提供了良好的研究样本。本章节选取 2014～2017 年中国 A 股上市公司为研究对象，并根据以下标准对数据进行了筛选：（1）剔除 ST 类和金融类上市公司；（2）剔除相关数据缺失的样本。本章节使用的上市公司被媒体负面报道的数据来自 CNRDS 数据库，上市公司诉讼数据、财务特征及治理特征均来源于 CSMAR 数据库。本章节对所有连续型变量进行了上下 1% 的缩尾处理，以排除极端值对结论的影响。

4.2.2　模型设定与变量说明

以 2016 年投服中心在上海、湖南、广东（不含深圳）三个地区试点持股行权事件为准自然实验，构建以下双重差分（DID）模型对投服中心持股行权的三类效应进行一一验证。

首先，为考察投服中心持股行权的治理效应，本书构建了以下模型：

$$IndepObject_{i,t}/BIC_{i,t} = \beta_0 + \beta_1 Treat_i + \beta_2 Post_t + \beta_3 Treat_i \times Post_t$$

$$+ \beta_k Controls_{i,t} + \varepsilon_{i,t} \tag{4.1}$$

模型中的因变量 *IndepObject* 为独立董事治理有效性指标，若当年独立董事在会上发表过反对意见则取值为 1，否则取值为 0。因变量 *BIC* 为公司内部控制质量指标，以"迪博中国上市公司内部控制指数"除以 100 衡量，*BIC* 数值越大，公司内部控制质量越高。

其次，构建以下模型考察投服中心持股行权的示范引导效应：

$$AMeeting_{i,t} = \beta_0 + \beta_1 Treat_i + \beta_2 Post_t + \beta_3 Treat_i \times Post_t + \beta_k Controls_{i,t} + \varepsilon_{i,t}$$

$$(4.2)$$

模型中的因变量 *AMeeting* 为股东大会参与度，参考何慧华和方军雄（2021）的研究，构建参加公司年度股东大会的股东总持股比例（*AMeeting*1）、参加公司年度股东大会的股东总持股比例减第一大股东持股比例（*AMeeting*2）、参加公司年度股东大会的股东总持股比例减前十大股东持股比例（*AMeeting*3）三个变量。

最后，构建以下模型考察投服中心持股行权的威慑效应：

$$Lawsuit_{i,t} / Media = \beta_0 + \beta_1 Treat_i + \beta_2 Post_t + \beta_3 Treat_i \times Post_t$$
$$+ \beta_k Controls_{i,t} + \varepsilon_{i,t}$$

$$(4.3)$$

模型中的因变量 *Lawsuit* 为上市公司面临的诉讼风险，包含上市公司当年的诉讼风险（*Lawsuit*）和未来一期的诉讼风险（*Lawsuit_next*）。本书通过梳理 CSMAR 数据库中上市公司诉讼仲裁的相关数据，仅保留上市公司为应诉方的诉讼案件，如果公司当年受到诉讼则 *Lawsuit* 取值为 1，否则取值为 0；如果公司未来一期受到诉讼则 *Lawsuit_next* 取值为 1，否则取值为 0。因变量 *Media* 为上市公司当年是否被媒体披露重大负面消息，如果公司当年被媒体披露重大负面消息则 *Media* 取值为 1，否则取值为 0。

Treat 为投服中心持股行权试点的实验组变量。当上市公司位于上海、湖南、广东（不含深圳）三个试点地区时，*Treat* 取值为 1。为了使实验组和对照组的样本平衡，参考现有研究选取江苏、湖北、深圳作为对照组（Ge et al.，2022），当上市公司位于江苏、湖北、深圳三个地区时，*Treat* 取值为 0。江苏与上海相邻，同位于长三角经济区，具有强大的工业和经济联系；湖北和湖南相邻，且人口、产业结构和经济状况相似；深圳是广东省辖地级市，与省内其他城市有着密切的联系（何慧华和方军雄，2021）。因

此，选取江苏、湖北、深圳区域内的上市公司作为对照组具有一定的合理性。

Post 为投服中心持股行权试点的时间虚拟变量。定义投服中心开展试点工作当年及后一年（即2016年和2017年）为1，开展试点工作前两年（即2014年和2015年）为0。虽然2017年4月投服中心开始在全国范围内推行持股行权工作，但考虑投服中心囿于人力等资源的限制，其通过持股行权在全国范围内发挥治理作用还需要一定时间，预计2017年投服中心在试点地区与非试点地区的行权效果依然存在差异。因此，将2017年也纳入政策实施年份。需要说明的是，这一做法可能会导致投服中心行权效果被低估，而不是被高估，进一步加深了相关结论的可靠性。

与此同时，本书还控制了其他公司治理变量，包括第一大股东持股比例（*Ownership*）、股权制衡结构（*Balance*）、高管持股（*Mshare*）、高管薪酬（*Msalary*）、董事会规模（*Boardsize*）、独立董事比例（*Indep*）、CEO与董事长两职兼任情况（*Dual*）、审计质量（*Big*4）、机构投资者的持股比例（*Inst*）、产权性质（*Soe*）。此外，本书还控制了公司层面的特征变量，包括公司规模（*Size*）、负债水平（*Lev*）、固定资产比例（*PPE*）、成长机会（*Grow*）、公司年龄（*Age*）。与此同时，模型中还分别控制了年份（*Year*）和行业（*Industry*）的固定效应。

上述模型中的 i 和 t 分别为公司和年份，ε 为回归模型的残差。本章节所有回归均进行了标准误调整，以排除异方差对结果的影响。

相关指标的定义及具体计算方法如表4.1所示。

表4.1　　　　　　　　　　　　　　　　变量定义

变量名称		变量符号	变量定义
因变量	治理质量	*IndepObject*	独立董事是否发表反对意见，若当年独立董事在会上发表过反对意见则取值为1，否则取值为0
	股东大会参与度	*BIC*	迪博中国上市公司内部控制指数/100
		*AMeeting*1	参加年度股东大会的股东总持股比例

续表

变量名称		变量符号	变量定义
因变量	股东大会参与度	AMeeting2	参加年度股东大会的股东总持股比例减第一大股东持股比例
		AMeeting3	参加年度股东大会的股东总持股比例减前十大股东持股比例
	诉讼风险	Lawsuit	上市公司当年是否受到诉讼，如果上市公司当年受到诉讼则取值为1，否则取值为0
		Lawsuit_next	上市公司下一年是否受到诉讼，如果上市公司下一年受到诉讼则取值为1，否则取值为0
	媒体披露重大负面消息	Media	上市公司当年是否被媒体披露重大负面消息，如果上市公司当年被媒体披露重大负面消息则取值为1，否则取值为0
自变量	投服中心持股行权试点的实验组虚拟变量	Treat	当上市公司位于上海、湖南、广东（不含深圳）时取值为1，当上市公司位于江苏、湖北、深圳时取值为0
	投服中心持股行权试点的时间虚拟变量	Post	投服中心持股行权试点当年及下一年（即2016年和2017年）取值为1，试点前两年（即2014年和2015年）取值为0
控制变量	公司规模	Size	期末总资产的自然对数
	资产负债率	Lev	期末负债总额/期末总资产
	固定资产	PPE	年末固定资产净额/期末总资产
	公司成长性	Grow	（本期营业收入－上期营业收入）/上期营业收入
	公司年龄	Age	公司上市年限的自然对数
	第一大股东持股比例	Ownership	第一大股东持股占总股数比例
	股权制衡	Balance	第二至第十大股东持股比例总和/第一大股东持股比例
	高管持股	Mshare	高管持股比例
	高管薪酬	Msalary	高管薪酬总额的自然对数
	董事会规模	Boardsize	董事会人数总和
	独立董事比例	Indep	独立董事人数/董事会人数
	CEO与董事长两职兼任情况	Dual	当CEO与董事长由同一人担任时，取值为1，否则为0

续表

变量名称		变量符号	变量定义
控制变量	审计质量	*Big4*	会计师事务所为四大会计师事务所取值为1，否则取值为0
	机构投资者持股比例	*Investor*	构投资者持股数占总股数比例
	产权性质	*Soe*	当公司实际控制人为国有单位或法人，则取值为0，否则取值为1

4.3 实证分析

4.3.1 描述性统计

1. 变量描述性统计

表 4.2 列示了全样本的描述性统计。从上市公司内部治理的指标来看。*IndepObject* 的均值为 0.011，说明我国上市公司独立董事在会上发表反对意见的情况很少。*BIC* 的均值为 6.404，最小值为 0，说明部分上市公司内部控制存在严重缺陷。从上市公司股东大会参与度的指标来看。*AMeeting*1 的均值为 48.77，说明上市公司参加年度股东大会的全部持股比例约为 48.77%。*AMeeting*2 的均值为 15.19，说明除了第一大股东外，上市公司参加年度股东大会的其他股东持股比例约为 15.19%。*AMeeting*3 的均值为 −9.104，上市公司参加年度股东大会的全部持股比例减前十大股东持股比例之和为负值，说明我国上市公司排名在十大股东之后的中小股东参与股东大会的情况很少。总体而言，我国中小股东参与上市公司股东大会的积极性不高。从上市公司受到诉讼情况的指标来看。*Lawsuit* 的均值为 0.114，说明有约 11.4% 的上市公司受到诉讼。*Media* 的均值为 0.021，说明有约 2.1% 的上市公司被媒体披露重大负面消息。变量 *Treat* 的均值为 0.472，变量 *Post* 的均值为 0.548，说明样本中有约 47.2% 的公司 – 年度观测值是实验组，有约 54.8%

的观测值处于投服中心持股行权试点的时间之后。总体而言，实验组和对照组的样本较为平衡。

表 4.2　　　　　　　　　　　　　变量描述性统计

变量	N	Mean	Min	p25	p50	p75	Max	SD
IndepObject	3516	0.011	0	0	0	0	1	0.103
BIC	3516	6.404	0	6.206	6.626	6.976	8.155	1.243
*AMeeting*1	3516	48.77	16.14	36.77	48.78	60.21	83.63	15.47
*AMeeting*2	3516	15.19	−3.901	4.857	13.22	23.62	49.97	12.28
*AMeeting*3	3516	−9.104	−37.69	−12.92	−7.262	−3.668	7.718	8.071
Lawsuit	3516	0.114	0	0	0	0	1	0.318
Lawsuit_next	3516	0.135	0	0	0	0	1	0.342
Media	3516	0.021	0	0	0	0	1	0.144
Treat	3516	0.472	0	0	0	1	1	0.499
Post	3516	0.548	0	0	1	1	1	0.498
Size	3516	22.12	19.68	21.26	22.02	22.83	25.74	1.198
Lev	3516	0.409	0.056	0.250	0.393	0.553	0.853	0.197
PPE	3516	0.193	0.002	0.074	0.162	0.278	0.656	0.149
Grow	3516	0.236	−0.570	−0.001	0.128	0.310	3.866	0.547
Age	3516	2.181	0.693	1.609	2.079	2.890	3.258	0.736
Ownership	3516	31.78	1.196	19.55	30.14	43.46	73.28	16.60
Balance	3516	0.947	0.0589	0.374	0.752	1.290	3.997	0.762
Mshare	3516	0.077	0	0	0.004	0.084	0.604	0.139
Msalary	3516	14.94	13.10	14.46	14.91	15.40	16.97	0.740
Boardsize	3516	9.295	5	8	9	10	17	2.272
Indep	3516	0.382	0.273	0.333	0.364	0.429	0.600	0.066
Dual	3516	0.315	0	0	0	1	1	0.465
*Big*4	3516	0.051	0	0	0	0	1	0.220
Investor	3516	0.069	0	0.0170	0.0487	0.104	0.292	0.065
Soe	3516	0.711	0	0	1	1	1	0.454

2. 变量相关性检验

表4.3是主要变量的相关系数表。从变量间的相关系数来看，相关系数数值均没有超过临界值0.7，说明模型不存在严重的多重共线问题。*Treat* 与 *BIC* 的相关系数为 −0.030，在10%水平上显著，说明实验组上市公司的内部控制质量相对于控制组上市公司更差。*Treat* 与 *AMeeting*1 的相关系数为 −0.030，与 *AMeeting*2 的相关系数为 −0.032，且均在10%水平上显著，说明实验组上市公司年度股东大会的整体股东参与度、非第一大股东参与度相对于控制组上市公司更低。*Post* 与 *AMeeting*2 的相关系数为0.074，与 *AMeeting*3 的相关系数为 −0.064，且均在1%水平上显著，说明2015年后样本上市公司年度股东大会的非第一大股东参与度明显提高，但非前十大股东参与度明显降低。*Post* 与 *Lawsuit* 和 *Lawsuit_next* 的相关系数分别为0.077和0.067，且均在1%水平显著，说明2015年后受到诉讼的样本上市公司增加，这可能与我国诉讼环境逐步改善存在关联。

表4.3　　　　　　　　　　　　**变量相关系数**

变量	IndepObject	BIC	AMeeting1	AMeeting2	AMeeting3	Lawsuit	Lawsuit_next
IndepObject	1						
BIC	−0.074 ***	1					
*AMeeting*1	−0.025	0.174 ***	1				
*AMeeting*2	0.006	0.061 ***	0.510 ***	1			
*AMeeting*3	−0.017	0.065 ***	0.390 ***	0.318 ***	1		
Lawsuit	0.015	−0.120 ***	−0.050 ***	−0.008	−0.006	1	
Lawsuit_next	0.031 *	−0.191 ***	−0.071 ***	−0.032 *	−0.018	0.514 ***	1
Media	0.023	−0.125 ***	−0.044 ***	0.012	−0.022	0.085 ***	0.122 ***
Treat	0	−0.030 *	−0.030 *	−0.032 *	0.016	−0.010	0.007
Post	−0.027	0.007	0.015	0.074 ***	−0.064 ***	0.077 ***	0.067 ***
Size	−0.004	0.179 ***	0.165 ***	−0.037 **	0.049 ***	−0.016	−0.040 **
Lev	0.013	−0.031 *	−0.061 ***	−0.151 ***	0.049 ***	0.086 ***	0.097 ***

续表

变量	IndepObject	BIC	AMeeting1	AMeeting2	AMeeting3	Lawsuit	Lawsuit_next
PPE	0.019	− 0.041 **	0.031 *	− 0.026	0.057 ***	− 0.030 *	− 0.022
Grow	− 0.037 **	0.080 ***	0.033 *	0.052 ***	− 0.103 ***	0.011	0.011
Age	0.052 ***	− 0.079 ***	− 0.292 ***	− 0.276 ***	0.080 ***	0.023	0.020
Ownership	− 0.029 *	0.125 ***	0.561 ***	− 0.0120	0.106 ***	− 0.037 **	− 0.033 **
Balance	0.023	− 0.060 ***	− 0.141 ***	0.618 ***	− 0.261 ***	0.029 *	0.016
Mshare	− 0.031 *	0.028 *	0.120 ***	0.156 ***	− 0.083 ***	− 0.010	− 0.003
Msalary	0.018	0.163 ***	0.143 ***	0.074 ***	0.102 ***	− 0.009	− 0.051 ***
Boardsize	0.046 ***	− 0.009	0.020	0.019	0.081 ***	0.016	0.027
Indep	0.035 **	0.030 *	0.021	− 0.013	− 0.058 ***	0.016	0.009
Dual	− 0.018	− 0.009	− 0.007	0.005	− 0.079 ***	0.025	0.018
Big4	0.001	0.072 ***	0.168 ***	− 0.004	0.055 ***	− 0.018	− 0.027
Investor	− 0.013	0.049 ***	− 0.149 ***	− 0.040 **	− 0.213 ***	− 0.034 **	− 0.030 *
Soe	− 0.012	− 0.035 **	− 0.054 ***	0.141 ***	− 0.186 ***	0.037 **	0.044 ***

变量	Media	Treat	Post	Size	Lev	PPE	Grow
Media	1						
Treat	0.008	1					
Post	− 0.026	− 0.001	1				
Size	− 0.079 ***	0.006	0.084 ***	1			
Lev	0.010	− 0.029 *	− 0.027	0.504 ***	1		
PPE	− 0.007	0.012	− 0.096 ***	0.019	− 0.012	1	
Grow	− 0.012	− 0.01	0.094 ***	0.051 ***	0.032 *	− 0.153 ***	1
Age	0.011	0.033 **	− 0.006	0.376 ***	0.340 ***	0.028 *	− 0.030 *
Ownership	− 0.058 ***	0.015	0.028	0.166 ***	0.015	0.008	0.002
Balance	0.058 ***	− 0.005	0.090 ***	− 0.131 ***	− 0.163 ***	− 0.064 ***	0.070 ***
Mshare	− 0.026	− 0.024	0.0240	− 0.276 ***	− 0.233 ***	− 0.085 ***	0.046 ***
Msalary	− 0.077 ***	− 0.009	0.095 ***	0.563 ***	0.235 ***	− 0.031 *	− 0.021
Boardsize	0	0.007	− 0.057 ***	0.209 ***	0.134 ***	0.132 ***	− 0.019
Indep	− 0.017	0.025	0.003	− 0.058 ***	− 0.037 **	0.001	− 0.004

续表

变量	Media	Treat	Post	Size	Lev	PPE	Grow
Dual	-0.018	-0.053***	0.025	-0.165***	-0.115***	-0.053***	0.034**
Big4	-0.016	0.060***	0.001	0.312***	0.112***	0.101***	-0.038**
Investor	-0.014	-0.046***	-0.010	0.175***	0.082***	-0.060***	0.064***
Soe	0.045***	-0.138***	0.048***	-0.374***	-0.286***	-0.151***	0.111***

变量	Age	Ownership	Balance	Mshare	Msalary	Boardsize	Indep
Age	1						
Ownership	-0.152***	1					
Balance	-0.148***	-0.338***	1				
Mshare	-0.450***	0.139***	0.126***	1			
Msalary	0.165***	0.066***	-0.027	-0.104***	1		
Boardsize	0.198***	-0.032*	-0.019	-0.124***	0.191***	1	
Indep	-0.125***	0.090***	0.001	0.123***	-0.068***	-0.194***	1
Dual	-0.239***	0.018	0.035**	0.456	-0.099***	-0.165***	0.105***
Big4	0.116***	0.102***	-0.097***	-0.092***	0.219***	0.087***	-0.009
Investor	0.053***	-0.145***	0.110***	-0.057***	0.129***	-0.006	0.013
Soe	-0.496***	-0.187***	0.226***	0.330***	-0.251***	-0.253***	0.125***

变量	Dual	Big4	Investor	Soe
Dual	1			
Big4	-0.041**	1		
Investor	-0.017	-0.006	1	
Soe	0.262***	-0.208***	0.053***	1

注：*、**、***分别表示10%、5%和1%的显著性水平。

4.3.2 基本检验结果

1. 投服中心持股行权的治理效应

表4.4列示了投服中心持股行权试点治理效应的 DID 模型回归结果。列

（1）是投服中心持股行权试点与独立董事治理的回归结果，交乘项 *Treat* ×
Post 的回归系数为0.4885且在5%的水平显著，说明投服中心持股行权试点
以后，试点区域内上市公司独立董事更可能在会上发表反对意见，独立董事
的监管治理作用明显增强。列（2）列示了投服中心持股行权试点与内部控
制质量的回归结果，*Treat* × *Post* 的回归系数为0.0772且在5%的水平显著，
说明投服中心持股行权试点以后，试点区域内上市公司的内部控制质量明显
提高。

表 4.4 投服中心持股行权的治理效应

变量	(1)	(2)
	IndepObject	*BIC*
Treat	− 0.2159	− 0.1550 ***
	(0.1925)	(0.0004)
Post	− 0.5027 **	− 0.2282 ***
	(0.0130)	(0.0003)
Treat × *Post*	0.4885 **	0.0772 **
	(0.0213)	(0.0100)
Size	− 0.1050	0.2148 ***
	(0.3192)	(0.0000)
Lev	− 0.1448	− 0.9787 ***
	(0.6426)	(0.0000)
PPE	0.6623 *	− 0.4669 ***
	(0.0613)	(0.0005)
Grow	− 0.4459 *	0.1689 **
	(0.0723)	(0.0408)
Age	0.3422 *	− 0.2919 ***
	(0.0820)	(0.0000)
Ownership	0.0002	0.0023 ***
	(0.9267)	(0.0036)

续表

变量	(1)	(2)
	IndepObject	*BIC*
Balance	0.1623 *** (0.0024)	−0.1048 *** (0.0000)
Mshare	−0.9046 * (0.0775)	−0.0093 (0.9514)
Msalary	0.2172 (0.2052)	0.1499 *** (0.0000)
Boardsize	0.0581 * (0.0992)	−0.0101 * (0.0874)
Indep	2.5921 *** (0.0017)	0.3730 (0.2730)
Dual	0.0393 (0.7567)	−0.0513 (0.2021)
Big4	−0.0707 (0.7562)	−0.0020 (0.9865)
Investor	−0.9226 (0.4214)	0.3856 (0.1109)
Soe	0.2538 *** (0.0080)	−0.1335 *** (0.0009)
Year/Ind	Yes	Yes
Cons	−4.9174 *** (0.0000)	0.5938 (0.4614)
Obs	3310[a]	3516
Adjusted R^2	/	0.0986
Pseudo R^2	0.1376	/

注：括号内是 P 值，* 、** 、*** 分别表示 10% 、5% 和 1% 的显著性水平。a 由于使用 Probit 模型时，部分行业的样本量较少导致回归样本存在部分缺失。全书同，不再赘述。

上述结果意味着，投服中心持股行权能够明显提升上市公司独立董事治理作用，提高上市公司内部控制质量，产生了明显的治理效果。结果验证了假设 H1。

2. 投服中心持股行权的示范引导效应

表 4.5 列示了投服中心持股行权试点示范引导效应的 DID 模型回归结果。列（1）中交乘项 $Treat \times Post$ 的回归系数为 0.8118 且在 5% 的水平显著，说明投服中心行权以后，试点区域内上市公司年度股东大会的股东整体参与度明显提高。列（2）中交乘项 $Treat \times Post$ 的回归系数为 0.8877 且在 5% 的水平显著，说明投服中心持股行权以后，试点区域内上市公司年度股东大会上除控股股东以外其他股东的参与度明显提高。列（3）中交乘项 $Treat \times Post$ 的回归系数为 0.6339 且在 1% 的水平显著，说明投服中心持股行权以后，试点区域内上市公司年度股东大会上除前十大股东以外其他股东的参与度明显提高。

表 4.5　　　　　　　　　投服中心持股行权的示范引导效应

变量	（1）	（2）	（3）
	$AMeeting1$	$AMeeting2$	$AMeeting3$
$Treat$	−1.7548 *** (0.0000)	−1.3234 *** (0.0000)	−0.4724 (0.3076)
$Post$	−2.0509 *** (0.0017)	−0.7388 *** (0.0034)	−1.5175 *** (0.0000)
$Treat \times Post$	0.8118 ** (0.0207)	0.8877 ** (0.0139)	0.6339 *** (0.0015)
$Size$	2.1490 *** (0.0001)	0.5727 * (0.0522)	−0.3476 (0.1095)
Lev	−7.2952 *** (0.0006)	−2.5217 * (0.0956)	−0.4560 (0.4719)
PPE	−1.6651 (0.6386)	−1.2415 (0.3288)	−0.9319 (0.4917)

续表

变量	(1)	(2)	(3)
	AMeeting1	AMeeting2	AMeeting3
Grow	0.9892 ** (0.0230)	0.2772 (0.3329)	- 0.7307 *** (0.0023)
Age	- 6.7584 *** (0.0000)	- 3.5983 *** (0.0000)	- 0.1429 (0.6025)
Ownership	0.4302 *** (0.0000)	0.1069 *** (0.0002)	- 0.0011 (0.8594)
Balance	0.3572 (0.4962)	10.7338 *** (0.0000)	- 2.2236 *** (0.0000)
Mshare	- 1.2012 (0.4144)	0.9256 (0.4116)	- 1.2313 (0.3213)
Msalary	1.4560 *** (0.0059)	1.4011 *** (0.0000)	1.3452 *** (0.0000)
Boardsize	0.1961 ** (0.0300)	0.1800 ** (0.0206)	0.1081 (0.1437)
Indep	- 7.8710 ** (0.0426)	- 6.0015 *** (0.0037)	- 3.9307 (0.1216)
Dual	- 1.4066 *** (0.0040)	- 1.2376 *** (0.0003)	- 0.5737 ** (0.0162)
Big4	6.0802 *** (0.0000)	1.4769 ** (0.0479)	- 0.1902 (0.6587)
Investor	- 25.7210 *** (0.0000)	- 20.1298 *** (0.0000)	- 24.4257 *** (0.0000)
Soe	- 0.5223 (0.4619)	- 0.6108 * (0.0974)	- 1.7654 *** (0.0020)
Year/Ind	Yes	Yes	Yes
Cons	- 8.3277 (0.2257)	- 15.0255 ** (0.0232)	- 9.9344 *** (0.0080)
Obs	3516	3516	3516
Adjusted R^2	0.4437	0.4887	0.1487

注：括号内是 P 值，＊、＊＊、＊＊＊分别表示 10%、5% 和 1% 的显著性水平。

上述结果整体说明，投服中心持股行权能够示范引导中小投资者参与股东大会，针对上市公司重大决策行使投票权，产生了明显的示范引导效果。结果验证了假设 H2。

3. 投服中心持股行权的威慑效应

表4.6 列示了投服中心持股行权试点威慑效应的 DID 模型回归结果。列（1）中交乘项 $Treat \times Post$ 的回归系数为 0.2111 且在10%的水平显著，说明投服中心持股行权试点以后，试点区域内上市公司的当期诉讼风险明显提高。列（2）中交乘项 $Treat \times Post$ 的回归系数为 0.1245 且在5%的水平显著，说明投服中心持股行权试点以后，试点区域内上市公司未来一期的诉讼风险明显提高。列（3）中交乘项 $Treat \times Post$ 的回归系数为 0.2088 且在10%的水平显著，说明投服中心持股行权试点以后，试点区域内上市公司的被媒体披露重大负面消息的概率明显提高。总体而言，上述结果表明投服中心持股行权提高了上市公司面临的诉讼风险，同时提高了公司被媒体负面报道的概率，产生了明显的威慑效果。结果验证了假设 H3。

表4.6　　　　投服中心持股行权的威慑效应

变量	(1) Lawsuit	(2) Lawsuit_next	(3) Media
Treat	-0.1379 *** (0.0055)	-0.0069 (0.9041)	-0.0024 (0.9769)
Post	0.4698 *** (0.0000)	0.3008 *** (0.0000)	-0.3955 *** (0.0000)
Treat × Post	0.2111 * (0.0683)	0.1245 ** (0.0490)	0.2088 * (0.0554)
Size	-0.1137 *** (0.0012)	-0.1310 *** (0.0000)	-0.1991 *** (0.0002)
Lev	1.1964 *** (0.0000)	1.3693 *** (0.0000)	0.7552 *** (0.0000)

续表

变量	(1) Lawsuit	(2) Lawsuit_next	(3) Media
PPE	−0.0722 (0.1092)	0.1270 ** (0.0103)	−0.5038 (0.2896)
Grow	−0.0028 (0.9447)	−0.0022 (0.9607)	−0.0490 (0.6311)
Age	0.0968 (0.1991)	0.1179 *** (0.0010)	0.1060 (0.2819)
Ownership	−0.0005 (0.6948)	0.0008 (0.7107)	−0.0009 (0.7184)
Balance	0.0588 * (0.0837)	0.0230 (0.6125)	0.2019 *** (0.0005)
Mshare	−0.2851 * (0.0691)	−0.0705 (0.7183)	−0.9443 ** (0.0147)
Msalary	0.0146 (0.6816)	−0.0659 (0.4011)	−0.1463 * (0.0693)
Boardsize	0.0280 (0.1442)	0.0350 * (0.0918)	0.0155 (0.2568)
Indep	0.6133 *** (0.0021)	0.4211 (0.1600)	−1.0835 (0.2234)
Dual	0.1176 ** (0.0392)	0.0640 (0.4103)	−0.0708 (0.2375)
Big4	0.0240 (0.8772)	0.0038 (0.9635)	0.2583 (0.1589)
Investor	−1.0203 (0.2930)	−0.7419 (0.3978)	−0.9525 (0.1497)
Soe	0.2089 *** (0.0028)	0.2766 *** (0.0007)	0.3204 ** (0.0427)
Year/Ind	Yes	Yes	Yes

续表

变量	(1) Lawsuit	(2) Lawsuit_next	(3) Media
Cons	− 4.4446 *** (0.0003)	− 3.0425 ** (0.0229)	0.7816 (0.4122)
Obs	3498	3496	3272
Pseudo R²	0.0567	0.0600	0.1007

注：括号内是 P 值，* 、** 、*** 分别表示 10%、5% 和 1% 的显著性水平。

4.3.3 稳健性检验

1. 平行趋势检验

使用双重差分模型估计需要满足一个重要的条件，即实验组样本与控制组样本的因变量在政策实施之前的变化趋势相同（平行趋势假定）。在满足平行趋势的前提下，则可以说明在政策实施之后，实验组样本和控制组样本之间的因变量差异是政策实施导致的结果。因此，本书对 DID 模型的平行趋势进行检验。

参考吴娜等（2018）的平行趋势检验方法，我们在回归中加入 Treat 与各年份虚拟变量的交乘项。变量 Year2014 在 2014 年取值为 1，其他年份取 0，其余年份以此类推。为避免虚拟变量设置陷阱，剔除了与 2017 年对应的年度虚拟变量 Year2017。若平行趋势假设成立，则预计投服中心开展试点工作之前年份的虚拟变量系数不显著，即实验组和控制组的公司治理、股东大会参与度、诉讼风险以及媒体负面报道风险在投服中心持股行权试点前不存在显著差异。表 4.7 列示了平行趋势检验的回归结果。结果显示，列（1）~列（5）中交乘项 Treat × Year2014、Treat × Year2015 的回归系数均不显著，说明在投服中心持股行权试点之前（2014~2015 年），实验组和控制组公司的独立董事异议、公司内部控制质量、股东大会上的中小股东参与度、诉讼风险以及媒体负面报道风险均不存在显著差异，符合 DID 回归中的平行趋势的前提条件。列（1）~列（2）中交乘项 $Treat \times Year2016$ 的回归系数为正但不显著，列（3）~列（5）中交乘项 $Treat \times Year2016$ 的回归系数显著为正，说明在投服中心持股行权试点以后（2016 年），试点区域内上市公司的中小股东在股东大会参与度、诉讼风险以及媒体负面报道风险明显提高。综合上述结果整体来看，本章节的 DID 模型基本满足平行趋势假设。

表 4. 7 投服中心持股行权的效果检验：平行趋势检验

变量	（1）IndepObject	（2）BIC	（3）AMeeting3	（4）Lawsuit	（5）Media
Treat	0. 1753 (0. 4929)	− 0. 0922 (0. 2169)	− 0. 2574 (0. 5953)	− 0. 0887 (0. 4218)	0. 1319 * (0. 0959)
Treat × Year2014	− 0. 4693 (0. 1682)	− 0. 0468 (0. 6286)	− 0. 1497 (0. 7976)	− 0. 1175 (0. 5086)	− 0. 3037 (0. 1976)
Treat × Year2015	− 0. 2609 (0. 5032)	− 0. 0779 (0. 4145)	− 0. 2746 (0. 6321)	− 0. 0039 (0. 9749)	0. 0415 (0. 7964)
Treat × Year2016	0. 2353 (0. 5478)	0. 0273 (0. 7687)	0. 8892 * (0. 0692)	0. 2808 ** (0. 0163)	0. 1872 ** (0. 0233)
Size	− 0. 1066 (0. 2160)	0. 2149 *** (0. 0000)	− 0. 3470 (0. 1385)	− 0. 1144 ** (0. 0170)	− 0. 1923 *** (0. 0000)
Lev	− 0. 1350 (0. 7103)	− 0. 9772 *** (0. 0000)	− 0. 4507 (0. 6720)	1. 1972 *** (0. 0000)	0. 7151 *** (0. 0000)
PPE	0. 6582 (0. 1633)	− 0. 4663 ** (0. 0293)	− 0. 9360 (0. 5153)	− 0. 0736 (0. 8111)	− 0. 5042 (0. 2861)
Grow	− 0. 4508 ** (0. 0270)	0. 1692 *** (0. 0043)	− 0. 7337 ** (0. 0146)	− 0. 0023 (0. 9666)	− 0. 0494 (0. 6172)
Age	0. 3390 ** (0. 0235)	− 0. 2918 *** (0. 0000)	− 0. 1389 (0. 6632)	0. 0950 (0. 1491)	0. 1040 (0. 2727)
Ownership	0. 0002 (0. 9539)	0. 0023 (0. 1040)	− 0. 0011 (0. 9190)	− 0. 0005 (0. 8470)	− 0. 0010 (0. 6823)
Balance	0. 1619 ** (0. 0200)	− 0. 1047 *** (0. 0071)	− 2. 2250 *** (0. 0000)	0. 0596 (0. 2568)	0. 2030 *** (0. 0003)

续表

变量	（1） *IndepObject*	（2） *BIC*	（3） *AMeeting3*	（4） *Lawsuit*	（5） *Media*
Mshare	− 0. 9104 （0. 1604）	− 0. 0071 （0. 9719）	− 1. 2304 （0. 3869）	− 0. 2805 （0. 3742）	− 0. 9534 ** （0. 0103）
Msalary	0. 2188 ** （0. 0251）	0. 1501 *** （0. 0005）	1. 3442 *** （0. 0000）	0. 0144 （0. 8235）	− 0. 1286 * （0. 0555）
Boardsize	0. 0578 ** （0. 0403）	− 0. 0101 （0. 3571）	0. 1075 （0. 1548）	0. 0282 * （0. 0548）	0. 0139 （0. 3072）
Indep	2. 5891 *** （0. 0028）	0. 3739 （0. 3018）	− 3. 9263 * （0. 0824）	0. 6235 （0. 2371）	− 1. 1502 （0. 1889）
Dual	0. 0440 （0. 7672）	− 0. 0512 （0. 4295）	− 0. 5787 （0. 1604）	0. 1186 （0. 1604）	− 0. 0638 （0. 2825）
Big4	− 0. 0606 （0. 8381）	− 0. 0020 （0. 9882）	− 0. 1927 （0. 8200）	0. 0249 （0. 9034）	0. 2606 （0. 1745）
Investor	− 0. 9279 （0. 3658）	0. 3862 （0. 3355）	− 24. 4206 *** （0. 0000）	− 1. 0261 * （0. 0971）	− 0. 9008 （0. 1597）
Soe	0. 2505 （0. 1365）	− 0. 1334 * （0. 0662）	− 1. 7595 *** （0. 0004）	0. 2050 * （0. 0715）	0. 3180 ** （0. 0385）
Year/Ind	Yes	Yes	Yes	Yes	Yes
Cons	− 4. 8529 *** （0. 0088）	0. 5777 （0. 5022）	− 9. 9785 * （0. 0901）	− 4. 4333 *** （0. 0000）	0. 5437 （0. 5759）
Obs	3310	3516	3516	3498	3272
Adjusted R^2	/	0. 0989	0. 1491	/	/
Pseudo R^2	0. 1391	/	/	0. 0582	0. 1017

注：括号内是 P 值，＊、＊＊、＊＊＊分别表示10%、5%和1%的显著性水平。

2. 安慰剂检验

考虑相关结论可能受到政策实施前其他政策或随机性因素的影响，本书设计了安慰剂检验进行排除。本书虚构了一个政策时间对结果进行重新估计，如果虚构政策时间下的估计量回归结果不显著，则说明被解释变量的变动与政策实施前其他政策或随机性因素无关，即本书的原始结果不存在偏误。因此，本书假设投服中心持股行权试点的时间提前 2 年（即假设投服中心试点年份为 2014 年），将研究时间区间整体前移。本书选取虚拟政策时间前后两年（即 2012～2015 年）为研究区间，构建新的政策变量 $Post1$，该变量在 2012～2013 年份取值为 0，在 2014～2015 年份取值为 1。其他设定均保持不变。表 4.8 报告了虚拟试点时间的回归结果，结果显示，列（1）～列（2）、列（4）～列（5）中 $Treat \times Post1$ 的回归系数均未通过显著性检验；列（3）中 $Treat \times Post1$ 的回归系数显著为负，该结果与表 4.5 中的结果相反。上述结果整体说明，本章节基本检验结果不受政策实施前其他政策或随机性因素的影响。

表 4.8　　　　　　　投服中心持股行权的效果检验：安慰剂检验

变量	(1)	(2)	(3)	(4)	(5)
	IndepObject	BIC	AMeeting3	Lawsuit	Media
Treat	0.0676 (0.7672)	− 0.0332 (0.5745)	0.2457 (0.5630)	− 0.1507 (0.2819)	0.0109 (0.9329)
Post1	− 0.1811 (0.4383)	− 0.4846 *** (0.0000)	− 0.7584 * (0.0729)	0.4625 *** (0.0001)	− 0.4138 *** (0.0000)
Treat × Post1	− 0.2934 (0.3058)	− 0.1015 (0.1706)	− 0.7437 * (0.0993)	0.0068 (0.9605)	0.0489 (0.5310)
Size	− 0.1500 (0.1118)	0.2898 *** (0.0000)	0.3555 (0.1290)	− 0.0150 (0.8172)	− 0.1371 *** (0.0090)
Lev	0.0855 (0.8398)	− 1.3539 *** (0.0000)	− 1.9033 * (0.0721)	1.2155 *** (0.0001)	0.8641 *** (0.0000)
PPE	0.1076 (0.8319)	− 0.4370 ** (0.0423)	− 1.4198 (0.2981)	− 0.1187 (0.7476)	− 0.5175 (0.2583)
Grow	0.0187 (0.9223)	0.4150 *** (0.0000)	− 0.7168 (0.1048)	− 0.1311 (0.1576)	− 0.1467 (0.2576)

续表

变量	(1) IndepObject	(2) BIC	(3) AMeeting3	(4) Lawsuit	(5) Media
Age	0.1638 (0.1689)	-0.0934 * (0.0540)	0.1843 (0.5968)	-0.0711 (0.4434)	0.0555 (0.3534)
Ownership	-0.0016 (0.7479)	0.0013 (0.2949)	-0.0116 (0.2632)	-0.0055 * (0.0725)	-0.0047 ** (0.0326)
Balance	0.1955 ** (0.0220)	-0.0643 * (0.0866)	-1.9216 *** (0.0000)	0.1336 * (0.0562)	0.0796 (0.1129)
Mshare	-1.3665 ** (0.0299)	0.1585 (0.4613)	0.1923 (0.8890)	-0.2436 (0.5590)	-0.5576 *** (0.0000)
Msalary	0.2550 ** (0.0253)	0.1520 *** (0.0011)	0.6372 ** (0.0433)	0.1193 (0.1244)	-0.0088 (0.8814)
Boardsize	0.0451 (0.1640)	-0.0138 (0.2440)	0.0552 (0.5120)	0.0476 ** (0.0175)	-0.0083 (0.7758)
Indep	2.4175 *** (0.0098)	0.5377 (0.1215)	-2.9207 (0.2290)	0.0866 (0.8868)	0.7023 (0.2375)
Dual	0.2262 (0.1468)	0.0110 (0.8676)	-0.5495 (0.2055)	0.0927 (0.3998)	-0.1012 (0.3067)
Big4	-0.2337 (0.5603)	0.1459 (0.1689)	-0.4727 (0.6157)	0.2739 (0.2256)	0.4007 *** (0.0000)
Investor	-2.2912 ** (0.0285)	0.8302 ** (0.0177)	-22.4496 *** (0.0000)	-2.8804 *** (0.0001)	-0.0983 (0.8861)
Soe	0.2685 (0.1284)	-0.0062 (0.9330)	-1.3826 *** (0.0053)	0.2572 * (0.0580)	0.4742 *** (0.0004)
Year/Ind	Yes	Yes	Yes	Yes	Yes
Cons	-3.6666 (0.1140)	-1.5353 * (0.0823)	-16.6751 *** (0.0056)	-7.6516 *** (0.0000)	-3.0338 *** (0.0000)
Obs	2463	2926	2926	2883	2780
Adjusted R^2	/	0.1669	0.1344	/	/
Pseudo R^2	0.1123	/	/	0.1026	0.0789

注：括号内是 P 值，* 、** 、*** 分别表示 10%、5% 和 1% 的显著性水平。

3. PSM – DID 检验

前文在选取试点地区（上海、湖南、广东（不含深圳））的对照组时，本书以地理位置、人口、产业结构和经济状况作为标准，选取了江苏、湖北、深圳作为对照组。这种做法无可避免地存在一定的主观性，为了克服这一问题，本书采取 PSM 方法匹配对照组样本。具体地，本书以模型（4.1）~模型（4.3）中的控制变量为匹配变量，进行最邻近有放回 1∶1 匹配，并利用匹配后的样本对基本结果进行再次验证。表 4.9 列示了使用 PSM 方法的回归结果。Panel A 的 PSM 平衡性检验显示，匹配之前，实验组和控制组的部分匹配变量存在显著差别，而在匹配之后，两组的匹配变量无显著差异，表明匹配变量通过了平衡性检验。Panel B 的回归结果显示，列（1）~列（5）中 $Treat \times Post$ 的回归系数均显著为正，该结果与基本检验结果基本一致。上述结果表明，在排除人为选择对照组样本时可能存在的主观性因素后，本章节的基本检验结果依然稳健。

表 4.9　　　　　投服中心持股行权的效果检验：PSM – DID 检验

Panel A PSM 平衡性检验

变量	Unmatched	Mean		t-test
	Matched	Treated	Control	p > |t|
Size	U	22.134	22.154	0.495
	M	22.34	22.123	0.698
Lev	U	0.4050	0.4153	0.022
	M	0.4052	0.4054	0.957
PPE	U	0.1851	0.1853	0.934
	M	0.1852	0.1870	0.604
Grow	U	0.1852	0.1723	0.149
	M	0.1852	0.1676	0.334
Age	U	2.1507	2.1222	0.116
	M	2.1499	2.1274	0.233

续表

Panel A PSM 平衡性检验

变量	Unmatched	Mean		t-test
	Matched	Treated	Control	p > | t |
Ownership	U	33. 812	33. 56	0. 522
	M	33. 819	34. 451	0. 119
Balance	U	1. 0043	0. 9957	0. 642
	M	1. 0049	1. 0049	0. 998
Mshare	U	0. 0858	0. 0884	0. 441
	M	0. 0858	0. 0906	0. 188
Msalary	U	15. 073	15. 094	0. 235
	M	15. 073	15. 064	0. 636
Boardsize	U	9. 1499	9. 1645	0. 784
	M	9. 1517	9. 1652	0. 809
Indep	U	0. 3853	0. 3809	0. 004
	M	0. 3853	0. 3840	0. 410
Dual	U	0. 3056	0. 3533	0. 000
	M	0. 3058	0. 3105	0. 675
Big4	U	0. 0639	0. 0408	0. 000
	M	0. 0631	0. 0625	0. 920
Investor	U	0. 0552	0. 0602	0. 001
	M	0. 0552	0. 0557	0. 761
Soe	U	0. 6845	0. 7905	0. 000
	M	0. 6851	0. 6851	1. 000

Panel B 使用匹配样本的回归检验

变量	(1)	(2)	(3)	(4)	(5)
	IndepObject	BIC	AMeeting3	Lawsuit	Media
Treat	− 0. 0720	− 0. 0653	0. 5110 ***	− 0. 1637	− 0. 0205
	(0. 6797)	(0. 1248)	(0. 0003)	(0. 1316)	(0. 7949)
Post	− 1. 0401 ***	− 0. 1949 **	− 1. 3857 ***	0. 5455 ***	− 0. 3671 ***
	(0. 0054)	(0. 0116)	(0. 0023)	(0. 0000)	(0. 0000)

续表

Panel B 使用匹配样本的回归检验

变量	(1) IndepObject	(2) BIC	(3) AMeeting3	(4) Lawsuit	(5) Media
Treat × Post	0.8009 ** (0.0305)	0.1022 * (0.0585)	0.3294 ** (0.0206)	0.1996 * (0.0994)	0.2014 *** (0.0076)
Size	−0.1271 (0.1691)	0.1987 *** (0.0020)	−0.3639 * (0.0742)	−0.0963 ** (0.0474)	−0.1198 *** (0.0000)
Lev	0.0429 (0.9190)	−0.8801 *** (0.0046)	−0.3309 (0.4889)	1.2425 *** (0.0000)	0.5113 *** (0.0000)
PPE	0.1043 (0.6858)	−0.2279 (0.4149)	−2.2632 *** (0.0024)	−0.2055 (0.5158)	−0.4363 * (0.0731)
Grow	−0.0394 (0.6962)	0.0969 (0.4112)	−0.5787 (0.2066)	−0.0007 (0.9911)	0.0010 (0.9764)
Age	0.1471 (0.1348)	−0.2242 (0.1626)	0.2018 (0.4720)	0.0575 (0.4296)	0.0649 (0.4153)
Ownership	−0.0007 (0.8868)	0.0018 * (0.0992)	−0.0153 (0.1442)	−0.0016 (0.5257)	0.0014 (0.4221)
Balance	0.1888 *** (0.0005)	−0.1070 * (0.0767)	−2.3389 ** (0.0130)	0.0789 (0.1485)	0.1139 *** (0.0008)
Mshare	−0.6356 * (0.0610)	0.4632 (0.1270)	−0.8556 (0.4392)	−0.4019 (0.2548)	−0.3577 (0.1215)
Msalary	0.2661 *** (0.0010)	0.1916 ** (0.0210)	0.9861 *** (0.0065)	−0.0753 (0.2206)	−0.1458 *** (0.0000)
Boardsize	0.0582 *** (0.0090)	0.0038 (0.7094)	0.0379 (0.6835)	0.0422 *** (0.0048)	−0.0061 (0.5108)
Indep	2.1918 (0.1552)	0.3105 (0.3418)	−5.9122 ** (0.0218)	0.3164 (0.5675)	0.6426 (0.1549)
Dual	−0.1597 (0.2973)	−0.0542 (0.1661)	−0.7083 * (0.0560)	0.0924 (0.3059)	−0.0219 (0.5661)

续表

Panel B 使用匹配样本的回归检验

变量	（1） IndepObject	（2） BIC	（3） AMeeting3	（4） Lawsuit	（5） Media
Big4	-0.2018 (0.7102)	0.1291* (0.0719)	1.5044** (0.0323)	-0.0768 (0.6565)	0.2104 (0.1170)
Investor	-1.9336* (0.0974)	0.7862 (0.1272)	-27.1276*** (0.0040)	-0.8126 (0.2185)	-0.9264*** (0.0027)
Soe	0.3479** (0.0135)	-0.0817 (0.4041)	-1.4027 (0.1505)	-0.0755 (0.5058)	0.0847 (0.4485)
Year/Ind	Yes	Yes	Yes	Yes	Yes
Cons	-4.6354*** (0.0000)	-0.2474 (0.8369)	-5.8458 (0.3077)	0.6609 (0.5700)	2.4801*** (0.0001)
Obs	2744	3041	3041	3041	8431
Adjusted R^2	/	0.0852	0.1516	/	/
Pseudo R^2	0.1452	/	/	0.0622	0.0536

注：括号内是 P 值，*、**、*** 分别表示 10%、5% 和 1% 的显著性水平。

4. 删除 2017 年的样本

前文模型设定部分提到，我们定义投服中心开展试点工作当年及后一年（即 2016 年和 2017 年）为 1，开展试点工作前两年（即 2014 年和 2015 年）为 0。将 2017 年也纳入政策实施年份的考虑在于，2017 年 4 月投服中心在全国范围内开展持股行权后发挥作用还需要一定时间，因此预计投服中心在试点地区与非试点地区的行权效果差异依然存在。出于稳健性的考虑，本书剔除 2017 年的样本，仅以 2016 年作为投服中心试点后的年份重新定义变量 Post2，并以变量 Post2 代替变量 Post 再次对基本结果进行估计，以排除 2017 年投服中心在全国范围内持股行权对结论的可能影响。变量 Post2 在 2014~2015 年取值为 0，在 2016 年取值为 1。结果如表 4.10 所示，列（1）~列（5）中 Treat×Post2 的回归系数均显著为正，该结果与基本检验结果保持一致。上述结果说明，在考虑选择样本时间区间的偏差后，本章节的基本检验结果仍然具有稳健性。

表 4.10　　　　投服中心持股行权的效果检验：删除 2017 年的样本

变量	(1) IndepObject	(2) BIC	(3) AMeeting3	(4) Lawsuit	(5) Media
Treat	−0.2493 (0.1712)	−0.1539 *** (0.0005)	−0.4361 (0.3296)	−0.0070 (0.9131)	0.0904 (0.1633)
Post2	−0.7453 *** (0.0031)	−0.1191 *** (0.0006)	−0.8948 ** (0.0244)	0.2497 *** (0.0000)	−0.3421 *** (0.0044)
Treat × Post2	0.6812 ** (0.0209)	0.0720 ** (0.0225)	1.1140 ** (0.0185)	0.1709 *** (0.0018)	0.2481 ** (0.0224)
Size	−0.1987 ** (0.0107)	0.2417 *** (0.0002)	−0.1920 (0.4587)	−0.1364 *** (0.0000)	−0.1336 *** (0.0009)
Lev	−0.0026 (0.9933)	−0.8842 *** (0.0000)	0.0909 (0.9388)	1.4131 *** (0.0000)	0.9088 *** (0.0024)
PPE	0.7596 * (0.0882)	−0.2679 (0.1186)	−1.1615 (0.4648)	0.0888 * (0.0922)	−1.0322 (0.1212)
Grow	−0.2332 (0.1893)	0.1345 (0.1542)	−0.8232 ** (0.0268)	0.0030 (0.9612)	−0.1104 (0.1503)
Age	0.4480 *** (0.0046)	−0.2380 *** (0.0000)	−0.1475 (0.6715)	0.0920 ** (0.0233)	0.0119 (0.9191)
Ownership	−0.0006 (0.7793)	0.0012 (0.3305)	−0.0168 (0.1662)	0.0006 (0.8497)	0.0016 (0.7239)
Balance	0.1836 *** (0.0064)	−0.0505 ** (0.0204)	−2.3215 *** (0.0000)	0.0335 (0.6481)	0.1933 *** (0.0050)
Mshare	−1.1191 ** (0.0293)	0.0925 (0.6535)	−0.6439 (0.6963)	−0.1910 (0.4592)	−0.7718 ** (0.0120)
Msalary	0.3018 (0.1161)	0.1217 *** (0.0059)	1.2592 *** (0.0004)	−0.0141 (0.8910)	−0.2790 *** (0.0051)

续表

变量	（1）	（2）	（3）	（4）	（5）
	IndepObject	*BIC*	*AMeeting3*	*Lawsuit*	*Media*
Boardsize	0.0489 （0.2740）	− 0.0140 （0.3619）	0.0932 （0.2759）	0.0507 ** （0.0236）	0.0738 *** （0.0000）
Indep	3.6336 *** （0.0000）	0.5505 * （0.0634）	− 3.8261 （0.1312）	0.6225 ** （0.0377）	− 1.0235 * （0.0860）
Dual	0.0003 （0.9984）	− 0.0446 （0.3244）	− 0.6552 （0.1577）	0.1217 （0.2053）	0.1276 （0.1068）
Big4	0.0866 （0.6645）	0.0213 （0.8706）	− 0.3589 （0.7117）	− 0.0458 （0.6799）	0.5744 * （0.0685）
Investor	− 0.9918 （0.3975）	0.4697 * （0.0601）	− 23.7799 *** （0.0000）	− 1.3874 （0.1653）	− 1.1960 （0.1616）
Soe	0.3001 ** （0.0385）	− 0.1131 * （0.0691）	− 1.6350 *** （0.0019）	0.2952 ** （0.0171）	0.3357 *** （0.0004）
Year/Ind	Yes	Yes	Yes	Yes	Yes
Cons	− 4.6260 *** （0.0048）	− 0.1920 （0.8293）	− 11.3151 * （0.0769）	− 3.9077 ** （0.0191）	0.8195 （0.6528）
Obs	2110	2496	2496	2464	2060
Adjusted R^2	/	0.1028	0.1473	/	/
Pseudo R^2	0.1776	/	/	0.0666	0.1024

注：括号内是 P 值，＊、＊＊、＊＊＊分别表示10%、5%和1%的显著性水平。

4.3.4 投服中心持股行权与两类代理问题

前文基本检验结果表明，投服中心持股行权试点产生了积极的效果，发挥了治理效应、示范引导效应和威慑效应，从而提高了上市公司治理水平（治理效应），带动了其他中小股东积极参与公司治理（示范引导效应），以及提高公司诉讼风险和被媒体负面报道风险对内部人侵权行为形成了威慑（威慑效应）。进一步地，我们考察这些作用效果最终是否缓解了上市公司的内部代理问题，从而达到保护中小股东利益的目的。相关模型构建如下：

$$Msfee_{i,t}/Occup_{i,t} = \beta_0 + \beta_1 Treat_i + \beta_2 Post_t + \beta_3 Treat_i \times Post_t$$
$$+ \beta_k Controls_{i,t} + \varepsilon_{i,t} \qquad (4.4)$$

　　模型中的因变量 $Msfee$ 为管理层代理成本，借鉴李寿喜等（2007）、罗进辉（2012）的做法以管理费用/总资产来衡量。因变量 $Occup$ 为控股股东代理成本，借鉴姜国华和岳衡（2005）、陈克兢（2019）的研究，以控股股东占款/总资产来衡量。我们通过梳理归属于控股股东的应收账款和应付账款、预付账款和预收账款、其他应收款与其他应付款科目，以（应收账款 – 应付账款）+（预付账款 – 预收账款）+（其他应收款 – 其他应付款）计算出归属于控股股东的资金占用。

　　表4.11 列示了投服中心持股行权影响两类代理成本的多元回归结果。列（1）中的交乘项 $Treat \times Post$ 的回归系数不显著，说明投服中心持股行权试点以后，试点区域内上市公司的管理层代理问题并未明显缓解。列（2）中交乘项 $Treat \times Post$ 的回归系数显著为负，说明投服中心持股行权试点以后，试点区域内上市公司的控股股东掏空问题明显减轻。总体上，上述结果说明投服中心持股行权能够有效缓解控股股东代理问题，抑制控股股东的掏空行为，但对管理层代理问题的抑制作用不明显。

表4.11　　　　　　　　　　投服中心持股行权与两类代理问题

变量	(1)	(2)
	$Msfee$	$Occup$
$Treat$	0.0166 ** (0.0103)	0.0023 *** (0.0006)
$Post$	0.0107 ** (0.0247)	0.0008 * (0.0742)
$Treat \times Post$	– 0.0024 (0.5969)	– 0.0020 ** (0.0126)
$Size$	– 0.0361 *** (0.0002)	– 0.0002 (0.3742)

续表

变量	（1）	（2）
	Msfee	*Occup*
Lev	− 0. 1296 *** （0. 0067）	0. 0014 （0. 2630）
PPE	− 0. 0951 *** （0. 0007）	− 0. 0197 ** （0. 0128）
Grow	− 0. 0304 *** （0. 0052）	− 0. 0009 （0. 3366）
Age	0. 0179 *** （0. 0043）	0. 0044 *** （0. 0003）
Ownership	− 0. 0001 （0. 1326）	0. 0000 （0. 2894）
Balance	0. 0013 （0. 1754）	− 0. 0006 （0. 1421）
Mshare	0. 0049 （0. 7590）	− 0. 0034 （0. 3426）
Msalary	0. 0147 ** （0. 0386）	− 0. 0018 ** （0. 0110）
Boardsize	0. 0009 （0. 4812）	0. 0003 （0. 1463）
Indep	0. 0679 （0. 1502）	− 0. 0050 （0. 2559）
Dual	0. 0008 （0. 8389）	− 0. 0011 * （0. 0581）
*Big*4	0. 0525 *** （0. 0007）	0. 0060 *** （0. 0037）
Investor	0. 1290 *** （0. 0048）	0. 0008 （0. 9409）
Soe	0. 0210 ** （0. 0371）	− 0. 0003 （0. 6383）

续表

变量	(1)	(2)
	Msfee	*Occup*
Year/Ind	Yes	Yes
Cons	0.6899 *** (0.0013)	0.0251 ** (0.0169)
Obs	3485	3516
Adjusted R^2	0.2975	0.0533

注：括号内是 P 值，*、**、*** 分别表示 10%、5% 和 1% 的显著性水平。

出现这种结果的原因可能是，我国上市公司股权结构集中，管理者往往由控股股东任命，公司资源配置都在控股股东及其代理人的交替超强控制之下（郝颖等，2006），因而相比股东与管理者之间的第一类代理问题，控股股东与中小股东之间的第二类代理问题更突出。控股股东通过高度控制权侵占公司资源以获取控制权私利，损害公司中小股东利益的现象明显（豆中强和刘星，2010；顾乃康等，2015）。投服中心作为中小股东的利益代表，通过发挥相应的监管作用能够显著抑制内部大股东对中小股东的侵占行为，维护中小股东合法权益。

4.3.5 全国推广后的投服中心持股行权效果

前文我们以投服中心 2016 年的持股行权试点事件为准自然实验，构建双重差分模型并得出结论，投服中心持股行权产生了治理效果、示范引导效果和威慑效果。2017 年 4 月，投服中心在全国范围内推行持股行权工作，如果投服中心持股行权的效果确实存在，我们预计投服中心在全国范围内推行持股行权试点后，实验组和控制组上市公司之间的治理水平、股东大会参与度、诉讼风险以及媒体负面报道风险差异将缩小。我们参考葛文霞等（Ge W. X. et al.，2022）的研究，将投服中心在全国范围内推行持股行权后的年份（2018～2020 年）纳入考察期，并构建一个新的指标 *After*（2018～

2020 年取值为 1，2014 ~ 2017 年取值为 0）进行检验。表 4.12 列示了回归结果，结果显示，*Treat × Post* 的回归系数显著性与基本假设基本结果一致，而 *Treat × After* 的回归系数均未通过显著性检验。该结果说明，投服中心持股行权在 2017 年全面推广后，实验组和对照组之间的公司治理水平、股东大会参与度、诉讼风险以及媒体负面报道风险差异不再明显。总体而言，我们发现一些证据表明，投服中心在全国范围内推广持股行权工作后，实验组和控制组上市公司之间的公司治理水平、股东大会参与度、诉讼风险以及媒体负面报道风险差异逐渐缩小，也反映出 2017 年投服中心持股行权工作在全国范围内推广后对所有 A 股上市公司均产生了积极影响。

表 4.12　　　　　　全国推广后的投服中心持股行权效果

变量	（1）IndepObject	（2）BIC	（3）AMeeting3	（4）Lawsuit	（5）Media
Treat	− 0.2043 (0.1818)	− 0.1610 *** (0.0000)	− 0.4310 (0.3164)	− 0.1400 (0.1876)	0.0113 (0.8934)
Post	− 0.4507 ** (0.0219)	− 0.2624 *** (0.0000)	− 1.8162 *** (0.0000)	0.4865 *** (0.0000)	− 0.3903 *** (0.0000)
Treat × Post	0.4208 ** (0.0359)	0.0870 *** (0.0056)	0.6583 *** (0.0014)	0.2064 * (0.0712)	0.2024 * (0.0964)
After	− 0.0824 (0.3626)	− 0.3243 *** (0.0000)	− 1.7494 *** (0.0000)	0.0912 (0.4066)	− 0.0711 (0.3702)
Treat × After	0.2530 (0.1187)	0.0631 * (0.0857)	0.2708 * (0.0851)	0.1839 (0.1239)	0.0663 (0.3717)
Size	− 0.0286 (0.6767)	0.2278 *** (0.0000)	− 0.2293 (0.1722)	− 0.1464 *** (0.0001)	− 0.0982 *** (0.0003)
Lev	0.0953 (0.4493)	− 1.3078 *** (0.0000)	− 1.8338 *** (0.0054)	1.2296 *** (0.0000)	0.4810 *** (0.0012)
PPE	0.6054 ** (0.0228)	− 0.4621 *** (0.0008)	− 0.3086 (0.7579)	− 0.0796 (0.7526)	0.0508 (0.9228)
Grow	− 0.2711 *** (0.0090)	0.4626 *** (0.0000)	− 0.3754 ** (0.0206)	− 0.0401 (0.4507)	− 0.0345 (0.6431)

续表

变量	(1) IndepObject	(2) BIC	(3) AMeeting3	(4) Lawsuit	(5) Media
Age	0.1073 (0.3263)	-0.3372*** (0.0000)	-0.1619 (0.3996)	0.1200** (0.0130)	0.1544 (0.1142)
Ownership	-0.0040* (0.0789)	0.0033*** (0.0000)	0.0291*** (0.0000)	-0.0019 (0.2961)	-0.0025 (0.2211)
Balance	0.1100** (0.0134)	-0.1276*** (0.0000)	-1.8385*** (0.0000)	0.0565 (0.1266)	0.1096** (0.0178)
Mshare	-0.0988 (0.6770)	0.0676 (0.4972)	-0.4282 (0.5652)	-0.3061 (0.1842)	-0.8243*** (0.0000)
Msalary	0.0226 (0.7945)	0.1546*** (0.0001)	1.5974*** (0.0000)	0.0256 (0.6072)	-0.0845 (0.1103)
Boardsize	0.0498** (0.0103)	-0.0118** (0.0175)	0.0076 (0.8926)	0.0284*** (0.0071)	0.0237** (0.0227)
Indep	1.0817** (0.0465)	0.3631 (0.1557)	-4.3739*** (0.0041)	0.5332 (0.1747)	-0.6974 (0.1084)
Dual	-0.0891 (0.2583)	-0.0005 (0.9893)	-0.7726*** (0.0052)	0.1152* (0.0653)	-0.0104 (0.8490)
Big4	-0.1129 (0.4795)	0.0488 (0.6333)	-0.1838 (0.5273)	-0.0854 (0.6015)	0.2182 (0.3477)
Investor	-1.0775 (0.2392)	0.6865*** (0.0041)	-17.6669*** (0.0000)	-0.8552* (0.0744)	-0.1727 (0.6950)
Soe	0.0360 (0.6029)	-0.1678*** (0.0001)	-1.6083*** (0.0026)	0.1258 (0.1279)	0.3029*** (0.0004)
Year/Ind	Yes	Yes	Yes	Yes	Yes
Cons	-2.7112*** (0.0000)	0.6307 (0.1120)	-17.9580*** (0.0000)	-0.6629 (0.4569)	-2.7130*** (0.0001)
Obs	7058	7209	7209	7209	7115
Adjusted R^2	/	0.1248	0.1067	/	/
Pseudo R^2	0.0677	/	/	0.0563	0.0616

注：括号内是 P 值，*、**、*** 分别表示10%、5%和1%的显著性水平。

4.4　本章小结

本章节利用2016年投服中心持股行权试点为准自然实验，以考察投服中心持股行权的效果。实证研究结果发现，投服中心持股行权产生了明显的积极效果。首先，投服中心持股行权提高了上市公司独立董事的反对率，提高了上市公司的内部控制质量，发挥了治理作用；其次，投服中心持股行权引导了更多的中小股东参加股东大会，发挥了示范引导作用；最后，投服中心持股行权提高了上市公司面临的诉讼风险，同时提高了公司被媒体负面报道的概率，发挥了威慑作用。进一步地，我们发现投服中心持股行权能够抑制控股股东的掏空行为，而对管理层代理问题的缓解作用不明显。

第 5 章

投服中心持股行权与公司并购绩效的理论分析与实证检验

5.1 制度背景与问题引出

5.1.1 我国上市公司并购重组现状

并购重组是上市公司的一项重要投资决策，能够助力公司谋求多元化发展（杨威等，2019）、提升市场竞争力（徐虹等，2015），是公司青睐的外延方式，也是投资者关切的公司投资行为。为激发并购市场活力，政府出台了一系列政策。2008 年 12 月，原银监会发布了《商业银行并购贷款风险管理指引》，首次允许商业银行开展并购贷款业务，拓宽了企业并购活动的融资渠道。2010 年 9 月，国务院印发了《国务院关于促进企业兼并重组的意见》，明确了企业兼并重组的重要意义，随后各级人民政府也分别颁布了促进企业兼并重组的地方性政策文件，为促进企业兼并重组制定优惠政策、清除制度障碍。2014 年 10 月，证监会同时发布了《上市公司重大资产重组管理办法》和《关于修改〈上市公司收购管理办法〉的决定》，进一步推进了我国上市公司并购重组的市场化进程。在政策环境利好以及企业利益追求的双重驱动下，我国资本市场的并购重组活动得到了迅速发展，上市公司的并

购数量与并购规模快速增长。2015 年，我国上市公司的并购重组规模达到
高峰。

　　图 5.1 绘制了 2008～2020 年我国非金融上市公司的并购情况。如图 5.1
所示，2008～2015 年，我国非金融上市公司并购事件数量、并购总金额都
呈现快速增长趋势，在 2015 年出现峰值。上市公司并购交易数量由 2008 年
的 1209 起增长至 2015 年的 1910 起，增长比例为 58.0%；并购交易金额由
2008 年的 3157 亿元增长至 2015 年的 14113 亿元，增长比例达到 347.04%。
2016 年及之后的年份，我国非金融上市公司的并购交易数量及并购交易金
额出现双降。2016 年 A 股并购市场降温的原因可能是并购监管收紧，证监
会 2016 年 9 月修订《上市公司重大资产重组管理办法》，完善了重组上市
的认定标准和配套监管，同时加大了对上市公司和中介机构的问责力度，旨
在抑制投机炒壳。随着并购监管政策的进一步趋严，我国并购重组市场逐渐
降温。

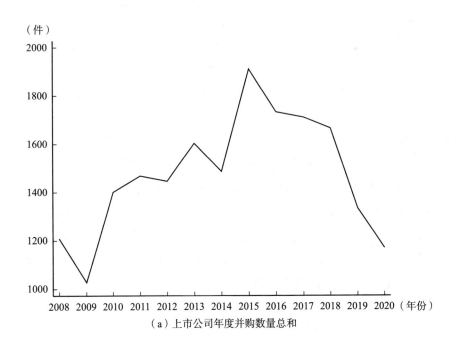

（a）上市公司年度并购数量总和

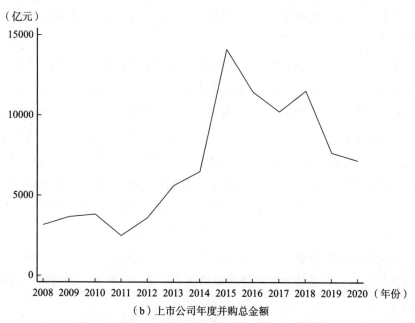

（b）上市公司年度并购总金额

图 5.1　2008～2020 年我国非金融上市公司并购情况

注：为了与考察上市公司并购前后经营业绩的数据保持一致，此处用到的数据为并购交易地位为买方的并购事件，同时剔除了最终没有成功的并购事件。本书涉及的图均由作者使用 Stata 17 软件整理绘制。

　　并购效率是并购活动的核心要点，并购效率观认为公司的并购活动有利于改进经营业绩。然而，结合实践来看，在我国并购重组市场不断升温的同时，上市公司的并购绩效不甚理想，公司存在"越并越亏"的现象。例如，瑞康医药（002589）发布的 2019 年度业绩快报显示，2019 年公司净利润亏损 10 亿元，相较 2018 年利润下滑率高达 231.06%[①]。图 5.2 绘制了 2008～2020 年我国上市公司并购前后的平均绩效变化，公司的并购交易数据和财务数据均来源于 CSMAR 数据库。对比图 5.2 中上市公司实施并购前后的财务表现，发现我国上市公司并购事件发生后，公司的总资产收益率（Roa）与市场价值（TQ）明显下滑，表明上市公司开展并购活动不仅未明显提升公司绩效，反而损害了公司绩效。

──────────

① 资料来源：笔者根据国泰安数据库中上市公司并购数据整理得到。

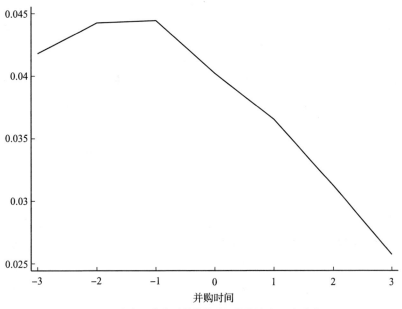

（a）上市公司并购前后经营业绩（*Roa*）变化

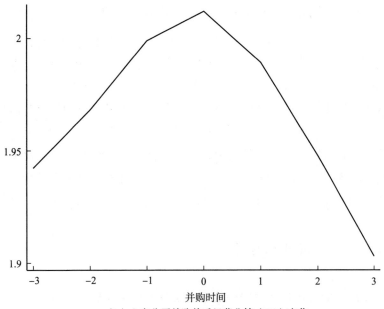

（b）上市公司并购前后经营业绩（*TQ*）变化

图5.2　我国非金融上市公司并购前后经营业绩变化

究其上市公司并购折价的缘由，以往研究指出，代理问题是困扰并购绩效提升的核心因素。在我国，上市公司的股权高度集中，管理者往往由控股股东任命，公司资源配置决策处于控股股东及其代理人的控制之中（郝颖等，2006），控股股东可以利用其控制权通过自利目标选择、溢价支付等方式攫取私有收益，实现对上市公司中小股东利益的侵占（李增泉等，2005；Cheung et al.，2009；蒋弘和刘星，2012；逯东等，2019）。尤其是在并购业绩补偿承诺制度的推动下，并购重组市场中高估值、高溢价、高承诺"三高"问题突出，并购重组沦为交易主体套利的工具。一方面，内部人通过操纵高估值、高溢价、高承诺并购事件推动股价上涨，在并购后进行股票减持、股权质押实施高位套现（安郁强和陈选娟，2019；章卫东等，2021）。另一方面，公司通过"三高"并购活动形成了大规模商誉，为后续业绩爆雷埋下隐患（陈耿和严彩红，2020）。在并购完成或业绩承诺到期后，标的公司业绩大面积下滑，上市公司大额计提商誉减值准备，导致公司业绩爆雷。超额商誉不仅未能给公司带来并购协同效应，还耗费了公司的现金资源，引发利益相关方的负面评价，从而对公司未来的经营业绩产生负面影响（魏志华和朱彩云，2019）。例如，瑞康医药（002589）在其发布的重大损失公告中表示，2019年亏损的主要原因系期内对收购的 96 家公司计提商誉减值准备，涉及金额约为 22.4 亿元[①]。此外，康恩贝（600572）、众泰汽车（000980）、天夏智慧（000662）等上市公司也均因计提并购形成的商誉减值而相继爆雷。近年来，我国 A 股并购市场活跃，其中也不乏上市公司为了追逐市场热点、做高股价进行的"高溢价"收购，游戏、影视等轻资产类"双高"并购现象突出。随着并购完成后商誉"泡沫"的破灭，计提商誉减值导致上市公司业绩下滑甚至变脸的案例频繁出现，资本市场并购活动呈现出"一边喜报频频，一边雷声阵阵"的特征，上市公司低效率的并购行为让大量中小股东损失惨重。

5.1.2　主要问题的提出

为加强上市公司并购过程中的中小投资者权益保护，投服中心持续关注

---

① 资料来源：笔者根据国泰安数据库中上市公司并购数据整理得到。

上市公司并购重组情况，以股东身份督促上市公司开展高效率的并购重组活动。根据中国投资者网公开披露的投服中心行权动态，在 2016 年 7 月狮头股份（600539）召开的公司重组说明会现场，投服中心质询重组预案估值过高、标的资产独立性不足等问题。随后，狮头股份终止了该次重组交易。同样，2018 年 9 月，利欧股份（002131）拟以 23.4 亿元收购苏州梦嘉①，投服中心对并购标的资产估值合理性、持续盈利能力质疑，并通过媒体公开发声，最终公司取消了该次收购。截至 2021 年 4 月底，投服中心已对 189 项上市公司重大资产重组行权，其中 61 项已终止重组交易，47 项修改了重组预案。投服中心质询的正面回复率为 71.17%，建议采纳率为 65.47%②。作为证监会加强投资者保护工作的延伸手段，投服中心在 A 股上市公司并购活动的治理过程中，无疑发挥着重要的作用。

为避免中小股东的利益在公司并购重组过程中受到损害，首先，投服中心通过强化董事监督治理效果，完善公司内部控制，帮助上市公司做出更优的并购决策，实现更好的并购整合；其次，投服中心针对上市公司资产收购事项，聚焦于交易定价的合理性、标的资产盈利能力、公司是否有能力为标的资产提供持续支持等关键问题对上市公司进行直接质询，示范引导中小投资者积极对上市公司重组事项行使股东权利，督促上市公司合理开展并购活动；最后，投服中心通过对公司行权将引起主流媒体的负面报道，引发大规模"围观"，强大舆论压力对上市公司起到监督约束的效用，督促上市公司优化上市公司并购决策。上述作用的发挥，将有助于上市公司做出更优的并购决策（优化公司并购目标选择），并实现更好的并购整合（提高公司并购整合能力），提升上市公司的并购绩效，有效维护中小股东利益。

基于投服中心对上市公司资产收购事项的关注及现实行权案例，本章节将重点讨论投服中心持股行权是否有助于提高上市公司的并购绩效？以及投服中心持股行权提高并购绩效的机制如何？并在上述问题的基础上进一步探索与之相关联的影响因素。

---

① 利欧股份：23.4 亿买公号闪电告吹后追讨 4600 万　欠款者是第三大股东表弟［EB/OL］.中国证券报，2019 - 08 - 27.

② 资料来源：中国投资者网公开披露的投服中心业务动态。

5.2　理论分析与假设提出

我国资本市场中内部人通过并购重组进行利益输送的案例层出不穷，给广大投资者造成严重损失。为避免中小股东的利益在公司并购重组过程中受到损害，投服中心密切关注上市公司并购重组情况，以股东身份促进上市公司高效率开展并购重组活动。我们预期，投服中心持股行权将提高上市公司的并购绩效。具体地，考虑到公司的并购绩效受到并购目标选择和并购整合效率的强烈影响（逯东等，2019），本书将分别从并购目标选择和并购整合能力两个方面对投服中心的行权效果展开分析。

首先，投服中心有助于优化上市公司并购目标选择。第一，投服中心能够强化董事监督治理效果，督促上市公司优化内部控制制度，提高上市公司的内部控制质量（治理效应）。根据上市公司收购的内部决策程序，董事在公司收购议案的提出、审议以及并购后的整合工作中均起着关键性作用（Kolasinski & Li，2013）。投服中心能够显著增强独立董事的监督治理作用，约束内部人开展低效率并购活动，保障公司并购活动的效率提升。此外，高质量的内部控制有助于优化公司并购程序（张新民等，2018；张腊凤和张蓉，2021），包括目标资产寻找、谈判与并购战略部署等过程，从而优化公司并购目标选择。投服中心督促上市公司完善公司内部控制，帮助上市公司做出更优的并购决策，减少商誉泡沫的形成，为并购效率的提升打下坚实的基础。第二，投服中心将示范行权唤起中小股东行权的意识（示范引导效应）。投服中心通过深入分析上市公司重组方案，针对并购的必要性、标的资产估值的合理性、标的方业绩承诺可行性等问题对上市公司提出直接质询，要求上市公司规避"质次价高"的资产收购。投服中心的系列行权事件将对中小股东起到示范效果，引导中小股东积极参与上市公司的并购决策，直接否决非效率并购议案，或通过"围观"的力量向内部管理者施加压力，从而抑制公司非效率并购行为的产生。第三，当公司出现重大重组决策失误时，投服中心对公司行权将引起主流媒体的负面报道（威慑效应），引发大规模"围观"，强大舆论压力对上市公司起到监督约束的效用，督促上市公司内部管理者调整优化并购决策。

其次，投服中心有助于提高上市公司并购整合能力。并购整合能力是并购能否产生价值的根源，在交易完成后，收购公司需要尽快对双方资源进行整合以实现协同效应，促进公司的财务绩效和市场绩效的提升（李善民和刘永新，2010）。并购整合过程是一个极为复杂的系统工程，涉及并购双方的战略、文化、资源、组织和责任等多方面内容的整合（崔永梅和余璇，2011），如果公司在后期整合管理中处理不当，会导致严重后果乃至造成公司并购失败。在上市公司并购整合的过程中，高质量的内部控制可以提高公司的并购整合能力，优化公司并购效率，从而对公司的并购绩效产生积极影响（杨道广等，2014；Harp & Barnes，2018）。投服中心密切关注上市公司内部控制制度是否完备，通过规范董监高述职流程、推动董事监事换届改选、问询公司内部控制制度安排与执行情况，完善上市公司内部治理结构，提高了上市公司内部控制质量（治理效应）。高质量的内部控制水平，有利于督促相关人员及时、高效地开展各类并购整合工作，保障公司更有效地开展并购后的资源整合活动，提高上市公司并购整合效率（张新民等，2018），实现并购后的预期协同效应与整合效果（武恒光等，2022），进而改善并购绩效的表现。

综合上述分析，我们提出假设：

H4：投服中心持股行权将提高上市公司的并购绩效。

5.3　实验设计

5.3.1　样本选取及数据来源

本章节选取 2014～2017 年发生了并购交易事件的中国 A 股上市公司为研究对象，选择并购交易地位为买方的并购事件，并根据以下标准对数据进行了筛选：（1）剔除并购失败或交易总额小于100万的样本，因为这类并购不太可能对上市公司产生实质性的影响（陈胜蓝和马慧，2017；巫岑等，2021）；（2）剔除ST类和金融类上市公司；（3）如果公司同一年度发生多起并购，仅保留第一次并购；（4）剔除相关财务数据缺失的样本。本章节使用的上市公司并购数据、公司财务数据及公司治理特征数据均来源于CSMAR数据库。本章节对所有连续型变量进行了上下1%的缩尾处理，以排除极端值对结论的影响。

5.3.2   模型设定与变量说明

为准确地识别出投服中心持股行权对公司并购活动的影响，我们以2016年投服中心在上海、湖南、广东（不含深圳）三个地区持股行权试点事件为准自然实验，构建以下双重差分（DID）模型对主要假设进行验证：

$$CAR_{i,t}/\Delta Roa_{i,t}/\Delta TQ_{i,t} = \beta_0 + \beta_1 Treat_i + \beta_2 Post_t + \beta_3 Treat_i \times Post_t$$
$$+ \beta_k Controls_{i,t} + \varepsilon_{i,t} \tag{5.1}$$

模型中的因变量 CAR 为上市公司的短期并购绩效，参考已有研究（Masulis et al.，2007；Chen et al.，2015），以上市公司发布首次并购公告在 [-2，2] 窗口期内的累计超额收益率衡量。具体地，使用布朗和沃纳（Brown & Warner，1985）的市场模型，根据公司在 [-210，-11] 窗口期内的日个股收益率和日市场收益率预测出公司在 [-2，2] 窗口期内的个股收益率，实际值与预测值之差即为超额收益率。

因变量 ΔRoa 和 ΔTQ 为上市公司的长期并购绩效，借鉴现有研究（Alhenawi & Krishnaswami，2015；逯东等，2019；应千伟和何思怡，2021），分别以首次并购公告日前后一年的公司总资产收益率、托宾Q值之差来衡量。

$Treat$ 为投服中心持股行权试点的实验组变量。当上市公司位于上海、湖南、广东（不含深圳）三个试点地区时，$Treat$ 取值为1；当上市公司位于江苏、湖北、深圳三个地区时，$Treat$ 取值为0。

$Post$ 为投服中心持股行权试点的时间虚拟变量。定义投服中心开展试点工作当年及后一年（即2016年和2017年）为1，开展试点工作前两年（即

2014 年和 2015 年）为 0。

模型中 Controls 包含了所有的控制变量。参考逯东等（2019）的研究，模型中还控制了可能影响公司并购绩效的其他变量。首先，公司特征层面，控制了公司的规模（Size）、负债情况（Lev）、成长机会（Grow）、现金持有（Cash）、固定资产比例（PPE）、股票回报率（Ret）、公司年龄（Age）、经营稳定性（Top5sale）等变量。其次，公司治理层面，控制了高管海外经历（Oversea）、高管薪酬（Msalary）、高管持股（Mshare）。再次，还控制了相对并购交易规模（MASize）。最后，参考潘红波和余明桂（2011）的研究，还控制了公司注册地所在省份的人均 GDP（GDP）。与此同时，模型中还分别控制了年份（Year）和行业（Industry）的固定效应。

模型中的 i 和 t 分别为公司和年份，ε 为回归模型的残差。本章节所有回归均进行了标准误调整，以排除异方差对结果的影响。

上述指标的定义及具体计算方法如表 5.1 所示。

表 5.1　　　　　　　　　　　　　　变量定义

变量名称		变量符号	变量定义
因变量	短期并购绩效	CAR	用上市公司发布首次并购公告日期前 210 至前 11 个交易日的公司个股日收益率和市场日收益率数据估算出公司并购公告日前后 2 个交易日的个股收益率的预测值，以实际值减去预测值计算出并购公告日前后 2 个交易日的累计超额收益率
	长期并购绩效	ΔRoa	上市公司并购首次公告日前后一年的 Roa 变化值，其中 Roa 等于利润总额与总资产的比值
		ΔTQ	上市公司并购首次公告日前后一年的 TQ 变化值，其中 TQ 等于市值与总资产的比值
自变量	投服中心持股行权试点的实验组虚拟变量	Treat	当上市公司位于上海、湖南、广东（不含深圳）时取值为 1，当上市公司位于江苏、湖北、深圳时取值为 0
	投服中心持股行权试点的时间虚拟变量	Post	投服中心持股行权试点当年及下一年（即 2016 年和 2017 年）取值为 1，试点前两年（即 2014 年和 2015 年）取值为 0

续表

变量名称		变量符号	变量定义
控制变量	公司规模	*Size*	期末总资产的自然对数
	资产负债率	*Lev*	期末负债总额/期末总资产
	成长机会	*Grow*	(本期营业收入 - 上期营业收入)/上期营业收入
	现金持有	*Cash*	货币资金/总资产
	固定资产比例	*PPE*	固定资产/总资产
	股票回报率	*Ret*	考虑现金红利再投资的年度收益率
	公司年龄	*Age*	公司上市年限的自然对数
	经营稳定性	*Top5sale*	前五大客户销售收入/总销售收入
	相对交易规模	*MASize*	并购交易金额与总资产的比值
	高管海外经历	*Oversea*	当公司高管具有海外经历时，取1，否则取0
	高管薪酬	*Msalary*	高管薪酬总额的自然对数
	高管持股	*Mshare*	高管持股比例
	人均 GDP	*GDP*	公司注册地所在省份的人均 GDP（万元）

5.4 实证分析

5.4.1 描述性统计

1. 变量描述性统计

表5.2列示了全样本的描述性统计。从衡量并购业绩的指标来看，并购市场反应变量 *CAR* 的均值为0.015，表明整体而言，样本上市公司发布并购公告收获了正面的市场反应。进一步地，并购绩效变量 ΔRoa 和 ΔTQ 的均值分别为 -0.003 和 -0.165，表明样本上市公司发生并购一年后不仅未提高企业绩效，反而一定程度上降低了企业绩效。这一结论与逯东等（2019）的研究保持一致，说明我国上市公司并购活动的效率普遍低下，而低效并购

无疑会对股东的财富价值造成严重损害。变量 *Treat* 的均值为 0.498，变量 *Post* 的均值为 0.533，说明样本中有 49.8% 的公司－年度观测值是实验组，有 53.3% 的观测值处于投服中心持股行权试点的时间之后。总体而言，实验组和对照组的样本较为平衡。

表 5.2　　　　　　　　　　　　变量描述性统计

变量	N	Mean	Min	p25	p50	p75	Max	SD
CAR	428	0.015	− 0.138	− 0.041	− 0.004	0.040	0.271	0.090
ΔRoa	428	− 0.003	− 0.139	− 0.020	− 0.003	0.015	0.142	0.042
ΔTQ	428	− 0.165	− 2.525	− 0.565	− 0.132	0.245	1.971	0.783
Treat	428	0.498	0	0	0	1	1	0.501
Post	428	0.533	0	0	1	1	1	0.499
Size	428	21.86	19.57	21.18	21.80	22.48	24.09	0.899
Lev	428	0.383	0.058	0.253	0.376	0.516	0.776	0.170
Grow	428	0.384	− 0.591	0.062	0.212	0.483	5.075	0.733
Cash	428	0.177	0.027	0.091	0.144	0.222	0.591	0.118
PPE	428	0.153	0.004	0.063	0.124	0.220	0.537	0.117
Ret	428	0.355	− 0.495	− 0.223	0.116	0.677	3.401	0.799
Age	428	1.899	0.693	1.609	1.792	2.303	3.219	0.686
Top5sale	428	0.307	0.024	0.164	0.261	0.413	0.867	0.189
MASize	428	0.346	0	0.0265	0.102	0.253	7.215	0.930
Oversea	428	0.654	0	0	1	1	1	0.476
Msalary	428	14.86	13.12	14.38	14.86	15.31	16.61	0.695
Mshare	428	0.109	0	0.001	0.034	0.190	0.555	0.149
GDP	428	7.718	4.261	6.712	7.351	8.453	12.46	1.734

　　控制变量 *Size* 和 *Lev* 的均值分别为 21.86 和 0.383，且最大值和最小值差异明显，说明不同上市公司的规模和资产负债率差距较大。*Cash* 的均值为 0.177，说明平均而言样本上市公司持有 17.7% 的现金。*PPE* 的均值为 0.153，说明平均而言样本上市公司持有 15.3% 的固定资产。*Top5sale* 的均

值为 0.307，说明平均而言样本上市公司的前五大客户销售收入占总销售收入的 30.7%，客户集中度较高，公司经营情况较为稳定。*Oversea* 的均值为 0.654，说明 65.4% 样本上市公司的高管具有海外经历。*Mshare* 的均值为 0.109，说明样本上市公司的高管持股比例为 10.9%。*GDP* 的均值为 7.718，即样本上市公司所在省份的人均 GDP 为 7.718 万元。

2. 变量相关性检验

表 5.3 是主要变量的相关系数分析表。从相关系数来看，变量间的相关系数数值均没有超过 0.7 的临界值，说明变量间不存在严重的多重共线性问题影响本章的回归结果。*Post* 与 *CAR* 和 Δ*Roa* 的相关系数分别为 −0.308 和 −0.141，且均在 1% 水平显著，说明 2015 年后样本企业的并购活动造成了市场评价和企业绩效的整体下滑。

表 5.3   变量相关系数

变量	*CAR*	Δ*Roa*	Δ*TQ*	*Treat*	*Post*	*Size*	*Lev*
CAR	1						
Δ*Roa*	−0.053	1					
Δ*TQ*	0.136**	−0.067	1				
Treat	0.069	−0.053	−0.013	1			
Post	−0.308***	−0.141***	0.012	0.080*	1		
Size	−0.123**	−0.085*	0.102**	−0.001	0.137***	1	
Lev	−0.117**	−0.002	0.065	−0.067	0.068	0.445***	1
Grow	0.030	0.011	−0.045	−0.023	0.076	0.079	0.050
Cash	0.069	0.108**	−0.018	0.047	−0.015	−0.146***	−0.278***
PPE	−0.010	0.055	−0.040	−0.079	−0.043	−0.139***	0.024
Ret	0.268***	0.144***	−0.020	−0.096**	−0.677***	−0.171***	−0.130***
Age	0.014	0.048	−0.078	−0.020	−0.019	0.446***	0.209***
Top5sale	0.123**	0.070	−0.041	0.053	−0.101**	−0.240***	−0.081*
MASize	0.184***	0.215***	−0.217***	−0.041	−0.129***	−0.308***	−0.096**

续表

变量	CAR	ΔRoa	ΔTQ	Treat	Post	Size	Lev
Oversea	−0.091	−0.015	0.015	0.026	−0.031	0.107 **	0.034
Msalary	−0.153 ***	−0.087 *	0.085 *	0.044	0.166 ***	0.530 ***	0.200 ***
Mshare	−0.069	−0.078	−0.048	−0.031	0.025	−0.294 ***	−0.117 **
GDP	−0.110 *	−0.089 *	0.043	0.109 **	0.323 ***	0.091 *	0.011

变量	CAR	ΔRoa	ΔTQ	Treat	Post	Size	Lev
Grow	1						
Cash	−0.122 **	1					
PPE	−0.148 ***	−0.234 ***	1				
Ret	0.100 **	0.010	0.015	1			
Age	0.028	−0.076	−0.067	0.005	1		
Top5sale	0.036	0.023	−0.016	0.104 **	−0.111 **	1	
MASize	−0.073	0.094 *	0.089 *	0.250 ***	0.067	0.244 ***	1
Oversea	−0.061	−0.011	−0.035	0.009	−0.052	0.011	−0.016
Msalary	−0.051	0.051	−0.149 ***	−0.245 ***	0.131 ***	−0.187 ***	−0.220 ***
Mshare	0.045	0.083 *	0.035	−0.010	−0.391 ***	0.061	0.002
GDP	0.064	0.089 *	−0.077	−0.211 ***	0.050	−0.038	−0.108 **

变量	Oversea	Msalary	Mshare	GDP
Oversea	1			
Msalary	0.153 ***	1		
Mshare	0.024	−0.061	1	
GDP	0.020	0.124 **	0.016	1

注：*、**、***分别表示10%、5%和1%的显著性水平。

5.4.2 基本检验结果

表5.4列示了投服中心持股行权对公司并购绩效的 DID 模型回归结果。其中，列（1）是投服中心试点与并购市场反应的回归结果，交乘项 *Treat* × *Post* 的回归系数为 −0.0076，但未通过显著性检验，说明投服中心持股行权

以后试点地区的上市公司发布并购公告的市场反应未产生明显变化。列
（2）和列（3）列示了投服中心试点与并购绩效的回归结果，列（2）中
$Treat \times Post$ 的回归系数为 0.0073，在 5% 的水平显著，说明投服中心持股行
权试点以后，试点区域内上市公司并购后的资产收益率明显提高。列（3）
中 $Treat \times Post$ 的回归系数为 0.2680，在 1% 的水平显著，说明投服中心持股
行权试点以后，试点区域内上市公司并购后的市场价值明显提高。以上结果
整体说明，投服中心持股行权将提高上市公司长期并购绩效，但对于并购的
市场反应无显著影响。结果验证了假设 H4。

表 5.4　　　　　　　　　　投服中心持股行权与公司并购绩效

变量	（1）CAR	（2）ΔRoa	（3）ΔTQ
Treat	0.0200 (0.2699)	− 0.0058 * (0.0550)	− 0.1940 ** (0.0167)
Post	− 0.0426 ** (0.0172)	− 0.0235 *** (0.0006)	− 0.1703 (0.1023)
Treat × Post	− 0.0076 (0.7871)	0.0073 ** (0.0377)	0.2680 *** (0.0026)
Size	0.0017 (0.8555)	− 0.0026 (0.3247)	0.0693 (0.1083)
Lev	− 0.0249 (0.1946)	0.0137 (0.4757)	0.3605 *** (0.0057)
Grow	0.0131 * (0.0886)	0.0031 (0.4409)	− 0.0931 (0.3864)
Cash	0.0244 (0.1190)	0.0463 ** (0.0197)	− 0.0272 (0.9442)
PPE	− 0.0005 (0.9922)	0.0229 (0.1257)	− 0.0663 (0.8586)
Ret	0.0047 (0.4468)	0.0020 (0.5963)	0.1678 ** (0.0168)

续表

变量	(1)	(2)	(3)
	CAR	ΔRoa	ΔTQ
Age	0.0035 (0.4179)	− 0.0004 (0.9007)	− 0.1570 (0.2888)
Top5sale	0.0324 (0.1115)	0.0093 (0.3125)	0.0843 (0.7189)
MASize	0.0080 (0.2661)	0.0071* (0.0791)	− 0.1960*** (0.0011)
Oversea	− 0.0201*** (0.0002)	0.0004 (0.9050)	− 0.0195 (0.6090)
Msalary	− 0.0089** (0.0436)	0.0007 (0.6868)	0.0025 (0.9579)
Mshare	− 0.0342 (0.3410)	− 0.0273** (0.0482)	− 0.3025 (0.4153)
GDP	− 0.0004 (0.8933)	0.0005 (0.6719)	0.0156 (0.2813)
Year/Ind	Yes	Yes	Yes
Cons	0.1448 (0.4358)	0.0694 (0.2119)	− 1.1288 (0.3579)
Obs	428	428	428
Adjusted R^2	0.1732	0.1407	0.1476

注：括号内是 P 值，＊、＊＊、＊＊＊分别表示 10%、5% 和 1% 的显著性水平。

在控制变量方面，*Size* 的回归系数不显著，说明并购绩效与企业的规模大小无关。列（3）中 *Lev* 的回归系数显著为正，而列（1）和列（2）中 *Lev* 的回归系数不显著，说明并购的市场绩效与公司负债率显著正相关，而并购的市场反应和财务绩效与公司负债率无明显关联。列（1）中公司成长性变量 *Grow* 的回归系数显著为正，说明上市公司成长性越高，公司并购活动的市场反应越积极。列（2）中 *Cash* 的回归系数显著为正，说明上市公司现金持有越多，公司并购财务绩效也越好。*Age* 的回归系数不显著，说明公司并购绩效与上市年限无关。*MASize* 的回归系数在列（2）中显著为正，在列（3）中显著为负，说明并购交易规模越大，公司并购后的财务绩效越好，市场绩效越差。

5.4.3 稳健性检验

1. 平行趋势检验

为了保证实验组样本和控制组样本的因变量在政策之前的变动趋势相同，本书对 DID 模型的平行趋势进行检验。在回归中加入 *Treat* 与各年份虚拟变量的交乘项，变量 *Year*2014 在 2014 年取值为 1，其他年份取 0，其余年份以此类推。为避免虚拟变量设置陷阱，剔除了与 2017 年对应的年度虚拟变量 *Year*2017。若平行趋势假设成立，则预计投服中心开展试点工作之前年份的虚拟变量系数不显著，即实验组和控制组的并购绩效在投服中心持股行权试点前不存在显著差异。表 5.5 报告了平行趋势检验的回归结果。结果显示，列（1）~ 列（3）中交乘项 *Treat* × *Year*2014、*Treat* × *Year*2015 的回归系数均不显著，说明在投服中心持股行权试点之前（2014 ~ 2015 年），实验组和控制组公司的并购绩效不存在显著的差异，符合 DID 回归中的平行趋势的前提条件。列（3）中交乘项 *Treat* × *Year*2016 的回归系数显著为正，说明在投服中心持股行权试点以后（2016 年），试点区域内上市公司的并购绩效明显提升。综合上述结果来看，总体而言，本章节的 DID 模型满足平行趋势假设。

表 5.5   投服中心持股行权与公司并购绩效：平行趋势检验

变量	(1)	(2)	(3)
	CAR	Δ*Roa*	Δ*TQ*
Treat	0.0196 (0.1862)	− 0.0067 (0.4159)	− 0.1047 (0.1506)
Treat × *Year*2014	− 0.0293 (0.3291)	0.0036 (0.6994)	− 0.0857 (0.5137)

续表

变量	(1) CAR	(2) ΔRoa	(3) ΔTQ
Treat × Year2015	0.0260 (0.4256)	−0.0007 (0.9246)	−0.0883 (0.4136)
Treat × Year2016	−0.0130 (0.5191)	0.0148 (0.2714)	0.3231 *** (0.0039)
Size	0.0009 (0.9194)	−0.0026 (0.3356)	0.0681 * (0.0972)
Lev	−0.0288 (0.4118)	0.0125 (0.4844)	0.3247 *** (0.0060)
Grow	0.0129 (0.2024)	0.0030 (0.4561)	−0.0961 (0.3758)
Cash	0.0228 (0.6484)	0.0443 ** (0.0167)	−0.0718 (0.8492)
PPE	−0.0056 (0.9077)	0.0245 (0.1038)	−0.0296 (0.9338)
Ret	0.0060 (0.6227)	0.0019 (0.6169)	0.1674 ** (0.0194)
Age	0.0040 (0.6919)	−0.0007 (0.8322)	−0.1619 (0.2720)
Top5sale	0.0326 (0.2232)	0.0082 (0.3648)	0.0574 (0.8020)
MASize	0.0063 (0.2452)	0.0075 * (0.0690)	−0.1888 *** (0.0010)
Oversea	−0.0187 (0.1298)	0.0005 (0.8757)	−0.0146 (0.7324)
Msalary	−0.0085 (0.3859)	0.0011 (0.5217)	0.0111 (0.8122)
Mshare	−0.0246 (0.4591)	−0.0293 ** (0.0438)	−0.3342 (0.3798)
GDP	−0.0003 (0.9228)	0.0006 (0.6503)	0.0171 (0.2379)

续表

变量	(1)	(2)	(3)
	CAR	Δ*Roa*	Δ*TQ*
Year/Ind	Yes	Yes	Yes
Cons	0.1680 (0.3119)	0.0647 (0.2364)	−1.2186 (0.3202)
Obs	309	428	428
Adjusted R²	0.1846	0.1447	0.1526

注：括号内是 P 值，＊、＊＊、＊＊＊分别表示 10%、5% 和 1% 的显著性水平。

2. 安慰剂检验

考虑本书相关结论也可能受到政策实施前其他政策或随机性因素的影响，本书设计了安慰剂检验进行排除。假设投服中心持股行权试点的时间提前 2 年（即假设投服中心持股行权试点的年份为 2014 年），将研究时间区间整体前移。我们选取虚拟政策时间前后两年（即 2012 ~ 2015 年）为研究区间，构建新的政策变量 *Post*1，该变量在 2012 ~ 2013 年取值为 0，在 2014 ~ 2015 年取值为 1。其他设定均保持不变。表 5.6 报告了虚拟试点时间的回归结果，结果显示，列（1）~ 列（3）中交乘项 *Treat* × *Post*1 的回归系数均未通过显著性检验，说明投服中心持股行权提高公司并购绩效的结论不受政策实施前其他政策或随机性因素的影响。

表 5.6　　　　　　　投服中心持股行权与公司并购绩效：安慰剂检验

变量	(1)	(2)	(3)
	CAR	Δ*Roa*	Δ*TQ*
Treat	0.0116 (0.5257)	−0.0121 (0.1264)	−0.0683 (0.7126)
*Post*1	0.0590＊ (0.0664)	0.0013 (0.8826)	0.0249 (0.9012)
Treat × *Post*1	0.0047 (0.8605)	0.0048 (0.6024)	−0.1028 (0.6384)

续表

变量	(1) CAR	(2) ΔRoa	(3) ΔTQ
Size	−0.0203 (0.1238)	−0.0006 (0.8749)	0.0563 (0.5209)
Lev	0.0402 (0.5294)	0.0145 (0.4475)	−0.4363 (0.2108)
Grow	−0.0138 (0.4522)	0.0078 (0.1133)	−0.2753 ** (0.0401)
Cash	−0.0016 (0.9799)	0.0172 (0.4174)	−0.3543 (0.4311)
PPE	0.0182 (0.7897)	0.0262 (0.2586)	0.6031 (0.2633)
Ret	0.0103 (0.3038)	−0.0027 (0.3407)	0.0500 (0.5722)
Age	0.0096 (0.4585)	0.0018 (0.5925)	−0.2979 *** (0.0032)
Top5sale	0.0133 (0.7380)	0.0283 * (0.0618)	0.0376 (0.9020)
MASize	−0.0035 (0.4078)	0.0039 (0.1617)	−0.1800 *** (0.0002)
Oversea	−0.0131 (0.4267)	0.0043 (0.3119)	0.0459 (0.6827)
Msalary	−0.0051 (0.7018)	−0.0088 ** (0.0220)	−0.0704 (0.4243)
Mshare	−0.0432 (0.2939)	−0.0087 (0.5830)	−0.0499 (0.8968)
GDP	−0.0001 (0.9803)	0.0026 * (0.0657)	−0.0054 (0.8722)
Year/Ind	Yes	Yes	Yes

续表

变量	(1) *CAR*	(2) *ΔRoa*	(3) *ΔTQ*
Cons	0.4751 * (0.0556)	0.1389 * (0.0899)	1.1614 (0.4908)
Obs	319	319	319
Adjusted R^2	0.1345	0.1973	0.2288

注：括号内是 P 值，*、**、*** 分别表示 10%、5% 和 1% 的显著性水平。

3. PSM – DID 检验

前文在选取试点地区［上海、湖南、广东（不含深圳）］的对照组时，以地理位置、人口、产业结构和经济状况作为标准，选取了江苏、湖北、深圳作为对照组。为克服选取对照组时的主观性因素，进一步采取 PSM 方法为实验组样本匹配对照组。具体地，本书以模型（5.1）中的控制变量为匹配变量，进行最邻近有放回 1∶1 匹配，得到实验组和控制组共 381 个样本，并利用匹配后的样本对基本结果进行再次验证。表 5.7 列示了使用 PSM 方法的回归结果。Panel A 的 PSM 平衡性检验显示，匹配之前，实验组和控制组的部分匹配变量存在显著差别，而在匹配之后，两组的匹配变量无显著差异，表明匹配变量通过了平衡性检验。Panel B 的回归结果显示，列（1）中交乘项 *Treat × Post* 的回归系数未通过显著性检验，列（2）和列（3）中交乘项 *Treat × Post* 的回归系数均显著为正，表明在排除人为选择对照组样本时可能存在的主观性因素后，投服中心持股行权提高并购绩效的结论依然稳健。

4. 删除 2017 年的样本

前文模型设定部分提到，定义投服中心开展试点工作当年及后一年（即 2016 年和 2017 年）为 1，开展试点工作前两年（即 2014 年和 2015 年）为 0。将 2017 年也纳入政策实施年份的考虑在于，2017 年 4 月投服中心在全国范围内开展持股行权后发挥作用还需要一定时间，因此预计投服中心在试点地区与非试点地区的行权效果差异依然存在。出于稳健性的考虑，本书将 2017 年的样本进行剔除，仅以 2016 年作为投服中心试点后的年份重新定义 $Post2$ 变量，以排除 2017 年投服中心在全国范围内持股行权对结论的可能影响。变量 $Post2$ 在 2014～2015 年取值为 0，在 2016 年取值为 1，并以 $Post2$ 变量代替 $Post$ 变量再次对基本结果进行估计。结果如表 5.8 所示，列（1）中交乘项 $Treat \times Post2$ 的回归系数未通过显著性检验，列（2）和列（3）中交乘项 $Treat \times Post2$ 的回归系数均显著为正，说明在考虑选择样本时间区间的偏差后，本章节基本检验结果仍然具有稳健性。

表 5.7　　　　投服中心持股行权与公司并购绩效：PSM – DID 检验

Panel A PSM 平衡性检验

变量	Unmatched	Mean		t-test
	Matched	Treated	Control	p > |t|
Size	U	21.852	21.871	0.784
	M	21.852	21.83	0.782
Lev	U	0.3725	0.3953	0.088
	M	0.3725	0.3800	0.642
Grow	U	0.3545	0.3732	0.723
	M	0.3545	0.3754	0.737
Cash	U	0.1828	0.1664	0.043
	M	0.1828	0.1750	0.459
PPE	U	0.1465	0.1725	0.005
	M	0.1465	0.1437	0.780
Ret	U	0.3173	0.3894	0.216
	M	0.3173	0.3247	0.917
Age	U	1.8667	1.9064	0.436
	M	1.8667	1.8655	0.985
Top5sale	U	0.3159	0.2994	0.232
	M	0.3159	0.3129	0.866

续表

Panel A PSM 平衡性检验

变量	Unmatched	Mean		t-test
	Matched	Treated	Control	p > |t|
MASize	U	0.3068	0.3923	0.242
	M	0.3068	0.2556	0.445
Oversea	U	0.6595	0.6133	0.200
	M	0.6595	0.6595	1.000
Msalary	U	14.882	14.77	0.031
	M	14.882	14.885	0.962
Mshare	U	0.1106	0.1050	0.611
	M	0.1106	0.1146	0.772
GDP	U	7.852	7.5771	0.142
	M	7.852	7.8536	0.994

Panel B 使用匹配样本的回归检验

变量	(1)	(2)	(3)
	CAR	ΔRoa	ΔTQ
Treat	0.0091	0.0063	-0.0919
	(0.7102)	(0.1834)	(0.2185)
Post	-0.0586***	-0.0180	-0.0625
	(0.0026)	(0.1506)	(0.3750)
Treat × Post	-0.0019	0.0092*	0.2207**
	(0.9484)	(0.0737)	(0.0271)
Size	0.0155	-0.0060**	-0.0754**
	(0.1331)	(0.0262)	(0.0310)
Lev	-0.0425	0.0205*	0.8080***
	(0.1935)	(0.0891)	(0.0012)
Grow	0.0212*	0.0086**	-0.1213
	(0.0786)	(0.0417)	(0.3894)

续表

Panel B 使用匹配样本的回归检验

变量	(1)	(2)	(3)
	CAR	ΔRoa	ΔTQ
Cash	- 0.0065 (0.8930)	0.0526 *** (0.0004)	0.2004 (0.7159)
PPE	- 0.0275 (0.4122)	0.0632 *** (0.0002)	- 0.3656 (0.2659)
Ret	- 0.0172 *** (0.0001)	0.0028 (0.5880)	0.1807 ** (0.0128)
Age	- 0.0049 (0.4904)	- 0.0011 (0.6636)	- 0.1056 (0.3140)
Top5sale	- 0.0095 (0.6211)	0.0010 (0.8794)	0.0700 (0.6128)
MASize	0.0245 *** (0.0076)	- 0.0003 (0.9140)	- 0.1928 ** (0.0150)
Oversea	- 0.0021 (0.6945)	0.0059 (0.3497)	0.0330 (0.3715)
Msalary	- 0.0220 *** (0.0003)	0.0035 * (0.0827)	0.0526 (0.6133)
Mshare	- 0.0091 (0.8243)	- 0.0346 *** (0.0041)	- 0.1905 (0.5859)
GDP	0.0031 (0.5096)	- 0.0036 (0.6186)	- 0.0232 ** (0.0384)
Year/Ind	Yes	Yes	Yes
Cons	0.0516 (0.7875)	0.1049 * (0.0665)	0.9456 (0.5497)
Obs	381	381	381
Adjusted R^2	0.1682	0.1893	0.1249

注：括号内是 P 值，＊、＊＊、＊＊＊分别表示 10%、5% 和 1% 的显著性水平。

表 5.8　　　　投服中心持股行权与公司并购绩效：删除 2017 年的样本

变量	(1)	(2)	(3)
	CAR	ΔRoa	ΔTQ
Treat	0.0223 (0.2455)	−0.0075 * (0.0740)	−0.1791 *** (0.0094)
Post2	−0.0390 *** (0.0025)	−0.0161 *** (0.0035)	−0.2420 *** (0.0042)
Treat × Post2	−0.0144 (0.6778)	0.0150 * (0.0832)	0.4239 *** (0.0001)
Size	−0.0074 (0.6576)	−0.0021 (0.4059)	−0.0032 (0.9626)
Lev	−0.0185 (0.4449)	0.0006 (0.9455)	0.4832 *** (0.0057)
Grow	0.0198 ** (0.0174)	0.0023 (0.5156)	−0.0843 (0.5424)
Cash	0.0191 (0.1975)	0.0182 (0.2961)	−0.0711 (0.8561)
PPE	0.0066 (0.9159)	0.0113 (0.5161)	0.1033 (0.8163)
Ret	0.0032 (0.5628)	−0.0001 (0.9691)	0.1405 * (0.0586)
Age	0.0106 (0.2361)	0.0023 (0.3103)	−0.2134 (0.3134)
Top5sale	0.0166 (0.5114)	0.0066 (0.6172)	−0.0022 (0.9937)
MASize	0.0072 (0.3293)	0.0059 * (0.0991)	−0.1603 *** (0.0081)
Oversea	−0.0248 *** (0.0000)	0.0033 (0.1854)	−0.0311 (0.6315)
Msalary	−0.0034 (0.5712)	−0.0026 (0.4805)	0.0684 (0.3453)

续表

变量	（1）	（2）	（3）
	CAR	ΔRoa	ΔTQ
Mshare	− 0. 0442 （0. 3901）	− 0. 0147 （0. 1479）	− 0. 5176 （0. 2975）
GDP	− 0. 0017 （0. 6260）	0. 0013 （0. 5650）	0. 0127 （0. 5569）
Year/Ind	Yes	Yes	Yes
Cons	0. 2504 （0. 3615）	0. 1015 * （0. 0727）	− 0. 4792 （0. 7817）
Obs	324	324	324
Adjusted R^2	0. 1772	0. 1375	0. 1693

注：括号内是 P 值，＊、＊＊、＊＊＊分别表示10%、5%和1%的显著性水平。

5.4.4　投服中心持股行权提高公司并购绩效的机制检验

1. 治理效应 VS 示范引导效应 VS 威慑效应

前文得出稳健的结论，投服中心持股行权将提高上市公司的并购绩效。在假设分析中，本书提出了投服中心持股行权提高公司并购绩效的三条影响路径（治理效应、示范引导效应以及威慑效应），本书将在本章节对这三条机制进行逐一检验。本书使用阶梯因果关系法（Baron & Kenny, 1986）构建测试方程如下：

第一步：

$$\Delta Roa_{i,t} / \Delta TQ_{i,t} = \beta_0 + \beta_1 Treat_i + \beta_2 Post_t + \beta_3 Treat_i \times Post_t + \beta_k Controls_{i,t} + \mu_{i,t}$$

第二步：

$$IndepObject_{i,t} / BIC_{i,t} / AMeeting_{i,t} / Media_{i,t} = \alpha_0 + \alpha_1 Treat_i + \alpha_2 Post_t + \alpha_3 Treat_i \times Post_t + \alpha_k Controls_{i,t} + \varepsilon_{i,t}$$

第三步：

$$\Delta Roa_{i,t}/\Delta TQ_{i,t} = \gamma_0 + \gamma_1 IndepObject_{i,t}/BIC_{i,t}/AMeeting_{i,t}/Media_{i,t} + \gamma_2 Treat_i$$
$$+ \gamma_3 Post_t + \gamma_4 Treat_i \times Post_t + \gamma_k Controls_{i,t} + \delta_{i,t} \qquad (5.2)$$

在模型（5.2）中，$IndepObject$ 是独立董事是否在会上发表过反对意见的虚拟变量；BIC 是公司内部控制质量的变量；$AMeeting$ 是中小股东参与年度股东大会情况的变量，等于出席年度股东大会的所有股东股份减去前十大股东股份；$Media$ 为上市公司当年是否被媒体披露重大负面消息。

如果 $IndepObject$、BIC、$AMeeting$ 和 $Media$ 在投服中心持股行权提高公司并购绩效的影响中起到了中介作用，预计在第一步中，β_3 显著为正（这一结果已报告于表 5.4 中）。在第二步中，预计 α_3 将显著为正，即投服中心持股行权可以显著提高独立董事提出反对意见的概率、公司的内部控制质量、中小股东在年度股东大会上的参与度以及上市公司被媒体负面报道的概率（这一结果已报告于表 4.4、表 4.5 和表 4.6 中）。第三步中，我们预计 γ_1 将显著为正，即独立董事提出反对意见、高质量的内部控制、高水平的中小股东在年度股东大会上参与度、被媒体负面报道可以显著提高公司的并购绩效，这意味着 $IndepObject$、BIC、$AMeeting$ 和 $Media$ 在投服中心持股行权提高公司并购绩效的影响中起到了中介作用，即投服中心持股行权在提高公司并购绩效的影响中发挥了治理作用、示范引导作用和威慑作用。

表 5.9 报告了回归的结果[①]。由于表 5.4 已经报告了投服中心持股行权对并购绩效的影响（第一步），同时，第 4 章中表 4.4、表 4.5 和表 4.6 已经报告了投服中心持股行权对独立董事提出反对意见、内部控制质量、中小股东在年度股东大会上的参与度以及上市公司被媒体负面报道概率的影响（第二步），表 5.9 中不再重复该结果。

---

① 由于前文基本检验结果表明，投服中心持股行权提高了上市公司的长期并购绩效，但对于并购的市场反应无显著影响，因此本部分仅针对实验组和控制组公司的并购绩效变量 ΔRoa 和 ΔTQ 展开检验。同样，在本章 5.4.5 进一步检验中也采取这种汇报方式。

表 5.9　　　　　投服中心持股行权提高公司并购绩效的机制检验：
治理效应 VS 示范引导效应 VS 威慑效应

变量	治理效应			示范引导效应			威慑效应	
	（1）	（2）	（3）	（4）	（5）	（6）	（7）	（8）
	ΔRoa	ΔTQ	ΔRoa	ΔTQ	ΔRoa	ΔTQ	ΔRoa	ΔTQ
IndepObject	-0.0137 (0.6110)	0.0541 (0.6067)						
BIC			0.0033** (0.0344)	-0.0281 (0.1710)				
AMeeting					0.0000 (0.9490)	0.0036* (0.0960)		
Media							0.0232*** (0.0000)	0.3192 (0.5754)
Treat	-0.0031 (0.3467)	-0.1416** (0.0226)	-0.0059 (0.2820)	-0.1939 (0.1403)	-0.0031 (0.3077)	-0.1307 (0.1487)	-0.0032 (0.4096)	-0.1587** (0.0267)
Post	-0.0241*** (0.0009)	-0.0181 (0.8994)	-0.0242*** (0.0035)	-0.1322 (0.4250)	-0.0249*** (0.0003)	-0.0077 (0.9616)	-0.0197** (0.0204)	-0.0952 (0.5993)
Treat × Post	0.0058 (0.1368)	0.1423** (0.0147)	0.0101 (0.1875)	0.2266 (0.1398)	0.0061* (0.0731)	0.1256 (0.4837)	0.0034 (0.5209)	0.2029*** (0.0013)
Size	-0.0036 (0.1960)	0.1088** (0.0280)	-0.0040 (0.2069)	0.0925 (0.1425)	-0.0036 (0.1587)	0.1141 (0.1616)	-0.0019 (0.4965)	0.0824* (0.0761)
Lev	0.0184 (0.3511)	0.3342*** (0.0093)	0.0196 (0.1739)	0.2968 (0.2509)	0.0187 (0.3785)	0.3455 (0.4195)	0.0192 (0.3531)	0.3648*** (0.0076)
Grow	0.0050 (0.1898)	-0.1470* (0.0658)	0.0072** (0.0340)	-0.1607** (0.0280)	0.0052 (0.2132)	-0.1403 (0.2075)	0.0009 (0.8586)	-0.0748 (0.4936)
Cash	0.0355* (0.0803)	0.1290 (0.7704)	0.0406** (0.0312)	0.0419 (0.8999)	0.0351* (0.0792)	0.1219 (0.6775)	0.0404** (0.0345)	0.0790 (0.8454)
PPE	0.0093 (0.6194)	-0.1649 (0.6883)	0.0172 (0.3880)	0.0177 (0.9616)	0.0097 (0.6187)	-0.1680 (0.6885)	0.0148 (0.4339)	-0.2546 (0.5626)
Ret	-0.0012 (0.6630)	0.1396* (0.0822)	0.0009 (0.8316)	0.1875* (0.0696)	-0.0012 (0.6498)	0.1487 (0.2168)	0.0004 (0.8971)	0.1158 (0.1096)

续表

变量	治理效应			示范引导效应			威慑效应	
	(1)	(2)	(3)	(4)	(5)	(6)	(7)	(8)
	ΔRoa	ΔTQ	ΔRoa	ΔTQ	ΔRoa	ΔTQ	ΔRoa	ΔTQ
Age	0.0025 (0.5999)	−0.2136 (0.1129)	0.0027 (0.4043)	−0.1989*** (0.0048)	0.0023 (0.6405)	−0.2172* (0.0925)	0.0003 (0.9344)	−0.1745 (0.2194)
Top5sale	0.0117* (0.0999)	−0.1849 (0.3316)	0.0177 (0.1754)	−0.0469 (0.8325)	0.0121* (0.0864)	−0.1784 (0.3123)	0.0038 (0.6115)	−0.0745 (0.7471)
MASize	0.0074* (0.0707)	−0.1776*** (0.0021)	0.0066* (0.0553)	−0.1896*** (0.0002)	0.0075* (0.0644)	−0.1735** (0.0354)	0.0077* (0.0591)	−0.1804*** (0.0020)
Oversea	0.0001 (0.9541)	0.0169 (0.7627)	0.0004 (0.9321)	−0.0164 (0.8342)	0.0002 (0.9395)	0.0192 (0.6460)	0.0011 (0.6486)	0.0165 (0.7041)
Msalary	0.0017 (0.4171)	−0.0158 (0.7072)	0.0003 (0.9387)	0.0046 (0.9463)	0.0018 (0.3111)	−0.0262 (0.7863)	0.0010 (0.5922)	−0.0155 (0.7045)
Mshare	−0.0227 (0.1283)	−0.3837 (0.4151)	−0.0272 (0.1022)	−0.2925 (0.3627)	−0.0232 (0.1206)	−0.2702 (0.5914)	−0.0187 (0.2447)	−0.4052 (0.3319)
GDP	0.0017 (0.1906)	−0.0027 (0.8810)	0.0009 (0.4446)	0.0078 (0.7315)	0.0016 (0.2044)	−0.0028 (0.9202)	0.0007 (0.6299)	0.0077 (0.6284)
Year/Ind	Yes	Yes	Yes	Yes	Yes	Yes	Yes	Yes
Cons	0.0600 (0.2702)	−1.5868 (0.2700)	0.0738 (0.2764)	−1.3148 (0.3069)	0.0582 (0.2851)	−1.5552 (0.4080)	0.0382 (0.4521)	−1.1506 (0.3702)
Obs	380	380	426	426	380	380	381	381
Adjusted R²	0.1590	0.1786	0.1729	0.1683	0.1577	0.1808	0.1462	0.1605

注：括号内是 P 值，*、**、*** 分别表示 10%、5% 和 1% 的显著性水平。

首先，本书关注投服中心持股行权的治理作用。列（1）和列（2）中 *IndepObject* 的系数均不显著，表明 *IndepObjec* 在投服中心持股行权提高公司并购绩效的影响中未起到中介作用。列（3）中 *BIC* 的系数显著为正，即高质量的内部控制可以明显提高公司的并购绩效，表明 *BIC* 在投服中心持股行权提高公司并购绩效的影响中起到了中介作用，即投服中心持股行权在提高公司并购绩效的影响中发挥了治理作用。其次，本书关注投服中心持股行权的示范引导作用。列（6）中 *AMeeting* 的系数显著为正，即中小股东在年度股东大会上的高程度参与可以明显提高公司的并购绩效，表明 *AMeeting* 在投服中心持股行权提高公司并购绩效的影响中起到了中介作用，即投服中心持股行权在提高公司并购绩效的影响中发挥了示范引导作用。最后，本书关注投服中心持股行权的威慑作用。列（7）中 *Media* 的系数显著为正，即被媒体负面报道能够显著提高公司的并购绩效，表明 *Media* 在投服中心持股行权提高公司并购绩效的影响中起到了中介作用，即投服中心持股行权在提高公司并购绩效的影响中发挥了威慑作用。

综上所述，本书的实证研究结果表明，投服中心持股行权通过发挥治理效应、示范引导效应及威慑效应，进而提高了公司的并购绩效。

2. 事前效应 VS 事后效应

在假设部分提到，投服中心持股行权通过优化并购目标和提高并购整合能力两条路径提高上市公司并购绩效。因此，本书分别从并购目标选择和并购整合能力两条路径对投服中心持股行权的作用进行一一验证。

首先，投服中心持股行权优化公司并购目标选择的路径检验。根据前文假设分析，投服中心通过督促公司完善内部控制、示范引导中小投资者参与公司并购决策、引发媒体负面报道形成威慑等多种手段，促使管理者在做标的选择、估值定价等并购决策时更谨慎和理性，从源头上优化公司并购目标选择，提高并购效率。当前 A 股市场并购重组中高估值、高业绩承诺的"三高"现象突出，"三高"并购项目实质体现为并购目标的选择和估值不当，一旦标的公司业绩未达到预期，将导致上市公司对并购中形成的商誉进行大额减计，从而造成上市公司业绩大幅跳水。据此，预计投服中心对并购目标的优化，将抑制公司进行高估值、高溢价、高承诺的"三高"并购项目。为了验证这一猜想，本书构建了如下模型：

$$IMP_{i,t}/ComPerf_{i,t} = \beta_0 + \beta_1 Treat_i + \beta_2 Post_t + \beta_3 Treat_i \times Post_t$$
$$+ \beta_k Controls_{i,t} + \varepsilon_{i,t} \tag{5.3}$$

模型（5.3）中 *IMP* 为公司收购活动所产生的商誉，等于并购当年公司期末的商誉账面价值减去公司期初的商誉账面价值，该变量衡量公司收购项目的高估程度。*ComPerf* 为标的公司对上市公司高业绩承诺，参考潘爱玲等（2017）的研究，采用对赌协议中约定的平均年净利润增长率，该变量衡量公司收购项目的高承诺程度。平均承诺的净利润增长率越高，标的公司实现业绩承诺的难度越大，具有高业绩承诺行为的可能性越高。模型的其他设定、控制变量均与模型（5.1）保持一致。

其次，投服中心持股行权提升公司并购整合能力的路径检验。根据假设分析，投服中心通过强化上市公司内部控制水平，提高上市公司并购整合能力，从而改善公司并购绩效的表现。因此，预计投服中心持股行权将提高上市公司并购的整合能力。为了验证这一猜想，本书构建了如下模型：

$$\Delta IMP_{i,t}/\Delta Zscore_{i,t} = \beta_0 + \beta_1 Treat_i + \beta_2 Post_t + \beta_3 Treat_i \times Post_t$$
$$+ \beta_k Controls_{i,t} + \varepsilon_{i,t} \tag{5.4}$$

本书分别用并购完成后公司计提的商誉减值准备（ΔIMP）、并购完成后公司的破产风险（$\Delta Zscore$）两个指标来衡量公司的并购整合能力。首先，商誉是由企业非同一控制下的溢价并购带来的，如果上市公司并购后整合效果不佳，公司则需要对并购产生的商誉减值进行计提（张新民等，2018）。因此，公司计提的商誉减值越少，反映出公司并购的整合能力越好。模型中 ΔIMP 等于并购完成后一年公司计提的商誉减值，ΔIMP 值越小，意味着公司对并购标的进行了有效整合。其次，并购整合的成败会反映在整合后公司破产风险的变化上（Higgins & Schall，1975），若并购后公司的破产风险较并购之前未明显增加甚至减小，说明表现出较高的并购整合能力（逯东等，2019）。$\Delta Zscore$ 为公司并购前后一年公司破产风险的变化，参考杨道广等（2014）和逯东等（2019）的研究，以上市公司并购首次公告日前后一年的 $Zscore$ 指标的变化值来衡量。该指标为负向指标，$\Delta Zscore$ 值越大，意味着并购后相对并购前公司的破产风险更小，即公司的并购整合越有效。模型的其余设定、控制变量均与模型（5.1）保持一致。

回归结果列示于表 5.10 中。结果显示，列（1）中 $Treat \times Post$ 的回归系数显著为负，说明投服中心持股行权抑制了上市公司收购时所产生的商誉水平。列（2）中 $Treat \times Post$ 的回归系数显著为负，说明投服中心持股行权减少了标的公司对上市公司进行高业绩承诺的现象。总体而言，上述结果支持投服中心持股行权优化公司并购目标选择的影响路径，通过抑制上市公司开展高估值、高溢价、高承诺的"三高"并购活动，从源头上保障公司并购绩效。列（3）中 $Treat \times Post$ 的回归系数显著为负，表明投服中心持股行权降低了并购完成后公司的商誉减值水平。列（4）中 $Treat \times Post$ 的回归系数显著为正，由于 $\Delta Zscore$ 为负向指标，该结果表明投服中心持股行权抑制了公司并购后破产风险的增加。上述结果整体说明，投服中心持股行权通过提高上市公司的并购整合能力，促进公司并购绩效的提升。

表 5.10　　　　投服中心持股行权提高公司并购绩效的机制检验：
事前效应 VS 事后效应

变量	优化公司并购目标选择		提高并购整合能力	
	（1）	（2）	（3）	（4）
	IMP	$ComPerf$	ΔIMP	$\Delta Zscore$
$Treat$	0.0130	0.1266	0.0839 *	− 1.6035 *
	（0.5945）	（0.1477）	（0.0522）	（0.0553）
$Post$	0.0167	− 0.2761	0.0474	− 3.8804 ***
	（0.2780）	（0.1353）	（0.3672）	（0.0004）
$Treat \times Post$	− 0.0213 *	− 0.1344 *	− 0.1244 **	1.4871 *
	（0.0990）	（0.0639）	（0.0369）	（0.0947）
$Size$	0.0158	− 0.1276 ***	− 0.0597 **	0.9864 ***
	（0.2071）	（0.0007）	（0.0358）	（0.0030）
Lev	− 0.1166 ***	0.8150 ***	− 0.0733	5.6877 ***
	（0.0000）	（0.0000）	（0.3754）	（0.0003）
$Grow$	0.0227 **	0.0359	− 0.0017	− 0.6073
	（0.0137）	（0.3386）	（0.9089）	（0.2828）
$Cash$	− 0.2235 ***	1.3390 **	0.0383	− 6.7983 ***
	（0.0000）	（0.0402）	（0.9150）	（0.0032）
PPE	− 0.2514 ***	0.0777	0.0740	− 3.5988
	（0.0000）	（0.8135）	（0.7342）	（0.3370）

续表

变量	优化公司并购目标选择		提高并购整合能力	
	（1）	（2）	（3）	（4）
	IMP	ComPerf	ΔIMP	ΔZscore
Ret	0.0459 ***	− 0.0264	0.1003 *	− 0.1744
	（0.0007）	（0.7494）	（0.0693）	（0.8200）
Age	− 0.0195	0.0924	0.0147	− 0.0427
	（0.1008）	（0.3368）	（0.6675）	（0.9233）
Top5sale	− 0.0048	− 0.4007 ***	0.0948	2.0804 *
	（0.8366）	（0.0007）	（0.4671）	（0.0823）
MASize	− 0.0097	− 0.0363 *	0.0107	− 0.8711
	（0.1888）	（0.0944）	（0.7833）	（0.3091）
Oversea	0.0034	− 0.0169	− 0.0258	− 0.3205
	（0.5215）	（0.7723）	（0.3906）	（0.3583）
Msalary	− 0.0093	0.1693 ***	0.0051	− 0.5303
	（0.3667）	（0.0011）	（0.7582）	（0.2137）
Mshare	− 0.0031	− 0.1606	0.4818	1.9324 *
	（0.9192）	（0.5075）	（0.1841）	（0.0888）
GDP	− 0.0024 **	− 0.0219	− 0.0055	− 0.1364
	（0.0292）	（0.1407）	（0.6332）	（0.3682）
Year/Ind	Yes	Yes	Yes	Yes
Cons	− 0.0200	− 0.2828	1.3188 ***	− 12.3732
	（0.8923）	（0.6071）	（0.0004）	（0.1242）
Obs	378	290	375	428
Adjusted R^2	0.2739	0.1081	0.2230	0.1766

注：括号内是 P 值，＊、＊＊、＊＊＊分别表示 10%、5% 和 1% 的显著性水平。

5.4.5　进一步分析

1. 全国推广后的投服中心持股行权与公司并购绩效

前文以投服中心 2016 年的持股行权试点事件为准自然实验，构建双重差分模型并得出结论，投服中心持股行权将提高企业的并购绩效。2017 年 4月，投服中心在全国范围内推行持股行权工作，如果投服中心对提升公司并购绩效确实存在积极作用，预计投服中心在全国范围内推行持股行权试点后，实验组和控制组上市公司之间的并购绩效差异将缩小。为了证实本书的推论，参考葛文霞等（Ge W. X. et al., 2022）的研究，将投服中心在全国范围内推行持股行权后的年份（2018 ~ 2020 年）纳入考察期，并构建一个新的指标 After（2018 ~ 2020 年取值为 1，2014 ~ 2017 年取值为 0）进行检验。表 5.11 列示了回归结果，结果显示，Treat × Post 的回归系数显著性与基本假设结果一致，而 Treat × After 的回归系数均未通过显著性检验。该结果说明，投服中心持股行权在 2017 年全面推广后，实验组和对照组之间的并购绩效差异不再明显。总体而言，本书发现一些证据表明，投服中心在全国范围内推广持股行权工作后，实验组和控制组上市公司之间的并购绩效差异逐渐缩小，也反映出 2017 年投服中心持股行权工作在全国范围内推广后对所有 A 股上市公司的并购绩效均产生了积极影响。

表 5.11　　　　　　　全国推广后的投服中心持股行权与公司并购绩效

变量	(1)	(2)
	ΔRoa	ΔTQ
Treat	− 0.0070 *	− 0.1866 **
	(0.0523)	(0.0366)
Post	− 0.0236 ***	− 0.1238
	(0.0000)	(0.1588)
Treat × Post	0.0082 ***	0.2760 **
	(0.0089)	(0.0113)
After	− 0.0174	− 0.0397
	(0.2139)	(0.7437)
Treat × After	0.0039	0.1648
	(0.3818)	(0.1907)
Size	− 0.0006	− 0.0360
	(0.7250)	(0.2993)

续表

变量	(1)	(2)
	ΔRoa	ΔTQ
Lev	0.0167 (0.2177)	0.4600 *** (0.0018)
Grow	0.0035 (0.1754)	− 0.0954 (0.1690)
Cash	0.0307 ** (0.0362)	0.0778 (0.6783)
PPE	0.0321 *** (0.0012)	0.0253 (0.9408)
Ret	0.0032 (0.3127)	0.2132 *** (0.0039)
Age	0.0003 (0.9159)	− 0.1179 (0.2566)
Top5sale	0.0110 ** (0.0210)	0.0610 (0.7335)
MASize	0.0084 ** (0.0168)	− 0.2307 *** (0.0009)
Oversea	− 0.0003 (0.9060)	− 0.0835 ** (0.0150)
Msalary	0.0005 (0.8564)	0.0571 ** (0.0193)
Mshare	− 0.0297 *** (0.0001)	− 0.3215 * (0.0742)
GDP	0.0011 * (0.0605)	0.0110 (0.2388)
Year/Ind	Yes	Yes
Cons	0.0202 (0.6657)	0.0263 (0.9697)
Obs	642	642
Adjusted R^2	0.0988	0.1415

注：括号内是 P 值，∗ 、∗∗ 、∗∗∗ 分别表示 10% 、5% 和 1% 的显著性水平。

2. 投服中心持股行权与公司并购绩效：机构投资者

本书以机构投资者持股比例来衡量公司面临的外部监督环境。相比散户投资者，机构投资者的持股比例相对较高，能够较大程度地克服监督"搭便车"问题（Shleifer & Vishny，1986），加上机构投资者具有较强的专业性以及较长的投资期限（Utama & Cready，1997；叶松勤和徐经长，2013），导致机构投资者有更强的动机和能力监督管理层。此外，上市公司并购催生出的投资者热点会吸引机构投资者的密切关注，机构投资者能够通过发起调研缓解并购事件中的信息不对称，进而显著提升并购绩效（陈诣之和潘敏，2022）。本书预期，公司的机构投资者持股比例越高，公司面临着较强的外部约束，公司的并购活动也更加有效，投服中心行权的边际效果较弱。相反，在机构投资者持股较少的公司中，公司面临的外部治理较为薄弱，此时投服中心能够较大限度地发挥行权作用，提升公司并购绩效。

据此，本书在主检验模型的基础上增加了机构投资者持股比例变量（Investor）、实验组变量（Treat）与政策时间变量（Post）的交乘项。Investor 等于机构投资者持有的公司股份数量占公司总股份的百分比，机构投资者持股数据来自 CSMAR 数据库。表 5.12 列示了回归结果，结果显示，列（1）Investor × Treat × Post 的回归系数未通过显著性检验，列（2）中 Investor × Treat × Post 的回归系数显著为负，表明相比于机构持股比例较高的公司，投服中心持股行权提升并购绩效的作用在机构持股比例较低的公司中更显著。上述结果意味着，投服中心持股行权能够在一定程度上弥补机构投资者持股较低而导致的公司外部监督不足，提升公司的并购绩效。

表 5.12　　　　投服中心持股行权与公司并购绩效：机构投资者

变量	(1)	(2)
	ΔRoa	ΔTQ
Treat	0.0010 (0.8550)	− 0.2201 (0.2416)
Post	− 0.0232 *** (0.0001)	− 0.2953 (0.1109)

续表

变量	（1）	（2）
	ΔRoa	ΔTQ
$Treat \times Post$	0. 0017 （0. 7420）	0. 4804 ** （0. 0153）
$Investor$	− 0. 0000 （0. 8800）	− 0. 0150 （0. 1960）
$Investor \times Treat$	− 0. 0000 （0. 9022）	0. 0025 （0. 8434）
$Investor \times Post$	− 0. 0000 （0. 9123）	0. 0300 * （0. 0786）
$Investor \times Treat \times Post$	0. 0008 （0. 2163）	− 0. 0342 ** （0. 0374）
$Size$	− 0. 0025 （0. 1966）	0. 0590 （0. 1926）
Lev	0. 0140 （0. 4547）	0. 3441 ** （0. 0464）
$Grow$	0. 0026 （0. 5067）	− 0. 0788 （0. 4437）
$Cash$	0. 0472 ** （0. 0139）	− 0. 0933 （0. 8463）
PPE	0. 0227 （0. 1107）	− 0. 1858 （0. 6009）
Ret	0. 0010 （0. 7552）	0. 2053 *** （0. 0056）
Age	0. 0013 （0. 7554）	− 0. 1672 （0. 2535）
$Top5sale$	0. 0108 （0. 3553）	0. 0230 （0. 9350）
$MASize$	0. 0078 ** （0. 0347）	− 0. 1788 *** （0. 0051）

变量	(1)	(2)
	ΔRoa	ΔTQ
Oversea	0.0009 (0.8078)	−0.0164 (0.5375)
Msalary	0.0006 (0.6867)	0.0215 (0.7278)
Mshare	−0.0280** (0.0456)	−0.4030 (0.3581)
GDP	0.0007 (0.6648)	−0.0265 (0.6423)
Year/Ind	Yes	Yes
Cons	0.0659 (0.2054)	−0.3955 (0.7972)
Obs	427	427
Adjusted R^2	0.1562	0.1664

注：括号内是 P 值，＊、＊＊、＊＊＊分别表示 10%、5% 和 1% 的显著性水平。

3. 投服中心持股行权与监管问询：互补 VS 替代

自 2014 年 12 月上交所向山水文化（600234）发出第一份关于重组预案的监管问询函以来，问询函在规范上市公司并购重组行为方面发挥了一定的积极作用。除年度报告外，并购重组是交易所问询函涉及最多的内容。监管问询函通过识别并购重组的潜在风险，迫使交易主体修改并购交易方案中的不合理或不合规事项，并最终提升公司的并购重组绩效（李晓溪等，2019b）。一方面，投服中心持股行权可能与问询函制度形成互补关系。投服中心与证监会、沪深交易所之间建立了良好的沟通和信息共享机制，投服中心会将行权对象的问题向监管部门及时反映，引发交易所对该上市公司的问询（陈运森等，2021）。从这个意义上而言，二者形成互补共同作用于提高公司的并购绩效。另一方面，投服中心持股行权可能与问询函制度形成替代关系。与问询函制度的作用类似,投服中心持股行权能质疑并要求公司取消不合理的并购事项。在问询函制度存在遗漏的公司中,投服中心持股行权可以代替问询函制度发挥积极作用。据此,我们进一步讨论对于提升公司并购绩效而言,投服中心持股行权与问询函制度之间是互补关系还是替代关系?

本书在主检验模型的基础上增加了代表公司当年是否收到并购重组问询函的变量(CI)、实验组变量($Treat$)与政策时间变量($Post$)的交乘项。CI 为公司当年是否收到并购重组问询函的虚拟变量,如果公司当年收到了交易所出具的并购重组问询函取值为 1,否则取值为 0,公司并购重组问询函的数据来自 CNRDS 数据库。表 5.13 列示了回归结果,结果显示,列(1)中 $CI \times Treat \times Post$ 的回归系数显著为负,列(2)中 $CI \times Treat \times Post$ 的回归系数未通过显著性检验,表明相比于收到并购重组问询函的上市公司,投服中心持股行权提升并购绩效的作用在未收到并购重组问询函的上市公司中更显著。综合上述结果可以得出结论,投服中心可以替代问询函发挥积极作用提高上市公司并购绩效。在问询函制度无法发挥既定作用的情境中,投服中心可代替问询函制度发挥监管作用,帮助上市公司并购绩效稳固提升。

表 5.13　　　　　　　　投服中心持股行权与公司并购绩效:监管问询

变量	(1)	(2)
	ΔRoa	ΔTQ
$Treat$	0.0008 (0.8710)	− 0.1355 ** (0.0351)
$Post$	− 0.0220 *** (0.0000)	− 0.1010 (0.3221)
$Treat \times Post$	0.0125 ** (0.0169)	0.2241 ** (0.0304)
CI	0.0092 (0.1359)	− 0.1541 (0.2042)

续表

变量	(1)	(2)
	ΔRoa	ΔTQ
$CI \times Treat$	0.0020 (0.8026)	-0.0184 (0.9299)
$CI \times Post$	0.0020 (0.7864)	0.1742 (0.1480)
$CI \times Treat \times Post$	-0.0182 * (0.0593)	-0.0339 (0.8620)
$Size$	-0.0016 (0.4557)	0.0450 * (0.0594)
Lev	0.0083 (0.5896)	0.3875 *** (0.0013)
$Grow$	0.0014 (0.6195)	-0.0273 (0.7399)
$Cash$	0.0404 *** (0.0003)	-0.0323 (0.9353)
PPE	0.0257 ** (0.0262)	-0.1582 (0.5889)
Ret	0.0026 (0.4639)	0.1720 ** (0.0130)
Age	0.0009 (0.8228)	-0.1189 (0.2603)
$Top5sale$	0.0068 (0.3912)	0.1322 (0.4124)
$MASize$	0.0048 ** (0.0186)	-0.1642 *** (0.0001)
$Oversea$	0.0018 (0.6386)	-0.0200 (0.5333)
$Msalary$	0.0023 (0.1320)	0.0129 (0.6869)

续表

变量	(1)	(2)
	ΔRoa	ΔTQ
Mshare	-0.0243 ** (0.0485)	-0.2169 (0.4737)
GDP	-0.0012 (0.3995)	-0.0009 (0.9799)
Year/Ind	Yes	Yes
Cons	0.0402 (0.4448)	-0.8378 (0.3154)
Obs	421	421
Adjusted R²	0.1476	0.1439

注：括号内是 P 值，＊、＊＊、＊＊＊分别表示 10%、5% 和 1% 的显著性水平。

5.5 本 章 小 结

本章节利用 2016 年投服中心持股行权试点为准自然实验，考察投服中心持股行权对公司并购绩效的影响，以检验这一创新制度对中小股东权益的保护效果。实证研究结果发现，投服中心持股行权试点以后，试点区域内上市公司的并购绩效明显提高。机制检验结果发现，投服中心持股行权通过发挥治理效应、示范引导效应及威慑效应，且通过优化公司并购目标选择和提高并购整合能力两条路径，进而提高了公司的并购绩效。进一步分析表明，投服中心持股行权提升公司并购绩效的效果在机构投资者持股比例较低、未收到并购重组问询函的上市公司中更好，意味着在提高公司并购绩效方面，投服中心持股行权可与机构投资者治理、监管问询形成替代。

本章节结论肯定了投服中心在提升上市公司并购绩效方面所起到的积极作用，并发现投服中心可以对机构投资者治理、监管问询等投资者保护手段形成了替代。当机构投资者治理机制、监管问询等监管手段缺失时，投服中心能够发挥自身积极影响，督促公司开展高效率并购活动。因此，后续在投服中心持股行权工作的推进过程中，可适当为投服中心提供更多配套资源（如人力、资金支持），帮助投服中心扩大其对提高公司并购绩效的积极影响，避免中小股东的利益因公司低效率并购活动而蒙受损失。

第6章

投服中心持股行权与公司对外担保的理论分析与实证检验

6.1 制度背景与问题引出

6.1.1 我国上市公司对外担保现状

2000 年以来，监管部门对我国上市公司对外担保行为的态度逐步从禁止转为严格控制。2000 年 6 月，证监会颁发《关于上市公司为他人提供担保有关问题的通知》，规定上市公司不得为股东个人债务及其关联方提供担保，极大地遏制了上市公司对股东的担保行为。2003 年 9 月，证监会颁发《关于规范上市公司与关联方资金往来及上市公司对外担保若干问题的通知》，增加规定上市公司对外担保总额不得超过净资产的 50%，同时禁止上市公司向杠杆率超过 70% 的对象提供担保。2005 年 11 月，证监会与原银监会共同颁发《规范上市公司对外担保行为的通知》，解除了上市公司向控股股东及其关联方提供担保、对外担保总额、担保对象的资产负债率等限制，赋予上市公司对外担保事项的自主决策权。该政策实施之后，我国资本市场对外担保业务发展呈现出新的特征，上市公司对外担保业务得到了迅速发展（张俊瑞等，2014）。

图 6.1 绘制了 2008~2020 年我国非金融上市公司的对外担保情况。如图 6.1 所示，2008 年以来，上市公司对外担保的总金额、对外担保上市公司

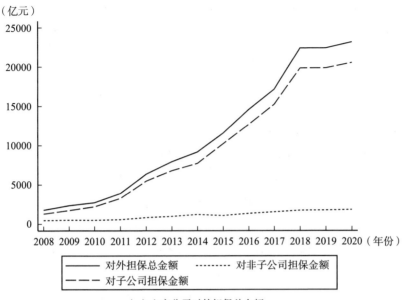

（a）上市公司对外担保总金额

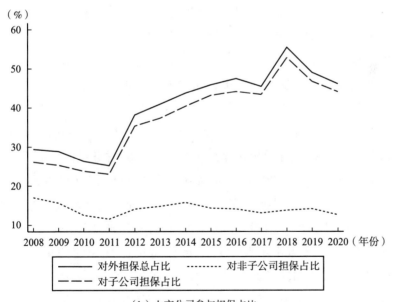

（b）上市公司参与担保占比

图6.1 2008～2020年我国非金融上市公司对外担保

资料来源：笔者根据国泰安数据库中上市公司对外担保数据整理得到。

的比例均出现明显攀升。进一步区分对外担保对象的类型来看，上市公司对子公司担保金额与上市公司对外担保总金额的变动趋势基本一致。在我国的制度背景下，母公司集团作为集团成员企业的"家长"，为了实现集团的整体利益，愿意对其控股子公司的风险进行兜底。

尽管担保活动在缓解金融约束促进中小企业发展方面发挥着积极的作用，但同时也使得贷款风险从银行向提供担保的公司转移（王彦超和陈思琪，2017），极大地提高了担保公司的财务风险。上市公司对外担保会形成或有负债，在对外提供担保的过程中，上市公司需要将自身资产抵押给债权方。若被担保方无法偿还债务，作为担保方的上市公司则需要代替被担保方偿还债务。在上市公司现金资源无法付清的情况下，其用于抵押的资产将被债权方扣留、冻结，无力履行偿还义务的甚至可能被债权人起诉。在我国实践中，上市公司对外担保行为存在严重的逆向选择问题，资产质量不高、盈利较差的上市公司往往更加热衷于对外提供担保（冯根福等，2005；马亚军和冯根福，2005）。王立彦和林小驰（2007）的研究发现，高负债公司，对外担保比例也越高，违背了担保的内在精神，极大地提高了公司的风险。近年来，随着我国资本市场中上市公司对外担保规模的持续扩大，上市公司对外担保的风险逐渐凸显，部分上市公司对外担保数额巨大，致使公司陷入财务危机，经营出现困难，严重的甚至导致公司退市（罗党论和唐清泉，2007）。现有研究表明，我国上市公司对外担保行为明显提高了公司面临的财务风险（吕先锫和王伟，2007；张俊瑞等，2014），进而损害了股东价值（张璐璐和徐飞，2008），严重威胁到中小股东的合法权益。然而，由于较高的治理成本，中小股东在行使其法定治理权时存在明显的"搭便车"心理（Grossman & Hart，1980），导致中小股东对上市公司担保行为的约束作用较弱。与此同时，目前我国缺乏诚信的社会中介机构，大多数中介机构如会计师事务所、律师事务所等没有良好的执业道德和素质，没有起到控制上市公司担保风险的作用。在此情况下，如何有效防范对外担保风险，是值得关注的重要话题。

6.1.2　主要问题的提出

根据投服中心公开资料显示，控制上市公司对外担保风险是投服中心行权、维权工作关注的重点。例如，2017 年 3 月 29 日，投服中心参加中安消（600654）2017 年第二次临时股东大会，针对公司拟为两家下属子公司不超过 1.25 亿元港币的综合授信提供担保的事项①，质问公司在本身负债较多、财务风险较高的情况下进行巨额财务担保是否风险过高，并建议公司根据自身财务状况、偿债能力控制好公司担保总量，尽快解除不用于公司经营用途的对外担保，降低上市公司的对外担保风险。中安消公司董事长和董秘均表示，欢迎公司股东参加股东大会行使权利，并将积极采纳股东建议，抓紧落实。

首先，投服中心持股行权能够强化独立董事的监督治理效果，同时提高上市公司内部控制质量，从而优化上市公司对外担保的调查、评估、审议、监督流程，抑制上市公司非必要或高风险的对外担保事项。其次，投服中心通过发挥示范引导效应，提高中小股东参与公司决策的积极性，发挥中小股东围观的力量，对公司内部人的不合理担保行为形成压力，从而约束公司对外担保总量的持续扩张。最后，投服中心持股行权将提高上市公司面临的法律诉讼风险，引发媒体对公司的负面报道，对内部人员因失职失责而开展大规模对外担保行为形成威慑，从而约束上市公司对外担保行为。

基于上述分析，本书预计，投服中心持股行权将对上市公司的对外担保行为产生积极影响。在本章节，我们将重点讨论投服中心持股行权是否有助于控制上市公司对外担保总量？投服中心持股行权影响公司对外担保的机制如何？投服中心持股行权对上市公司对外担保水平的影响是否有助于降低公司的财务风险？以及上述影响的关联因素。

---

① 资料来源：中国投资者网公开披露的投服中心业务动态。

6.2　理论分析与假设提出

随着我国上市公司对外担保规模的持续扩大，上市公司对外担保的风险也逐渐凸显，严重损害了中小股东的合法权益。投服中心重点关注上市公司的对外担保行为，督促公司控制好公司对外担保总量，尤其是约束高负债、低盈利的上市公司对外担保行为，从而降低上市公司对外担保的风险。具体地，本书分别从治理效应、示范引导效应和威慑效应三个方面对投服中心持股行权影响公司对外担保展开讨论。

首先，投服中心通过强化独立董事的监督治理作用，完善公司内部控制（治理效应），降低上市公司对外担保的整体水平。一方面，公司对外担保事项中隐藏巨大的财务风险和经营风险，公司对外担保的规模越大，董事越可能发表异议（陈仕华和张瑞彬，2020）。研究表明，独立董事是广大中小投资者的利益代表，独立董事针对上市公司对外担保事项提出异议，公司的对外担保水平会明显降低（叶康涛等，2011）。投服中心持股行权通过提高独立董事发表异议的概率，强化独立董事的监督治理效果，将督促上市公司根据自身资产质量、盈利状况控制开展对外担保业务，进而适度降低公司的对外担保总量。另一方面，研究表明，在存在对外担保的上市公司中，高质量的内部控制能够减少公司对外担保的总规模和高风险对外担保的规模（宋迪等，2019）。投服中心持股行权将督促上市公司弥补内部缺陷，提高上市公司内部控制质量。上市公司的内部控制质量越高，公司对担保业务的调查、评估、审议、监督流程更详细和全面，有助于抑制上市公司非必要或高风险的对外担保事项。

其次，投服中心通过持股行权示范引导中小投资者"用手投票"（示范引导效应），降低上市公司对外担保的整体水平。我国现行的上市公司对外担保政策规定，公司对外提供担保需要提交董事会或股东大会审议，且当公司对外担保对象为实际控制人或股东时，须经股东会或股东大会决议。投服中心通过持股行权示范引导中小投资者"用手投票"，同时通过开展权益宣传教育唤醒中小投资者的股东意识，提高中小股东参与公司决策的积极性。中小股东积极参加公司股东大会，可以就公司担保事项行使表决权；即使不发表意见，中小股东积极参会也可以发挥围观的力量，对公司内部人的不良担保行为造成压力，从而约束公司对外担保总量的持续扩张，有效控制公司对外担保风险。

最后，投服中心持股行权将提高上市公司面临的法律诉讼风险，引发媒体对公司的负面报道（威慑效应），提高公司开展不合理对外担保业务的犯错成本，对内部人员因失职失责而开展大规模对外担保的行为形成威慑。无论是已被行权的上市公司，还是区域内其他未被行权的上市公司，为了避免被行权所产生的负面影响，公司内部负责人将更谨慎地审议和开展对外担保业务，同时将公司对外担保的信息及时对外披露，合理控制公司对外担保总量，尽可能降低公司对外担保行为产生的风险。

综合上述分析，提出假说：

H5：投服中心持股行权将降低上市公司的对外担保水平。

上市公司为子公司提供担保和为非子公司提供担保的风险不尽相同。上市公司对外担保产生的风险主要原因是信息不对称性，为了有效控制对外担保风险，理论上要求担保企业对借款企业是熟知的。熟知关系意味着担保企业对于借款企业的情况较为了解，可以利用自身信息优势进行有效监督，从而降低借款企业的违约概率。从这一层面而言，上市公司对子公司担保相对更加符合。当上市公司对外担保对象为子公司时，由于母公司通常掌握着其子公司的经营和财务信息，子公司实施违背公司利益的经营、财务行为相对困难（伊志宏等，2021）。相反，当上市公司对外担保对象为非子公司时，由于担保对象不受上市公司的控制，上市公司与被担保方之间的信息不对称程度较高，被担保公司更容易采取自利行动（如挪用借款、风险投资），从而极大地提高了上市公司对外担保的风险。一些研究支持了这一观点：张璐璐和徐飞（2008）的研究指出，上市公司对子公司担保相当于把钱从"左口袋"拿到"右口袋"，风险在公司整体内部转移，因而上市公司的对外担保风险较小；刘立安和刘海明（2017）研究发现，上市公司为子公司提供担保的行为主要考虑了融资约束而非控股股东的私利；刘成立（2010）和张俊瑞等（2014）的研究发现，相比于上市公司为子公司提供担保，审计师对上市公司为非子公司担保更加敏感。

综合上述分析，预计相比上市公司对子公司担保，上市公司对非子公司担保的风险更高。相应地，投服中心持股行权约束风险较高的非子公司担保行为效果更加明显。据此，提出假设：

H6：区分公司对外担保的类型，相比于对子公司担保，投服中心持股行权降低上市公司对非子公司担保的作用更显著。

6.3 实验设计

6.3.1 样本选取及数据来源

本章节选取 2014～2017 年 A 股上市公司为研究对象，并根据以下标准对数据进行了筛选：（1）剔除 ST 类和金融类上市公司；（2）剔除相关财务数据缺失的样本。最终得到 3660 个的公司 - 年度样本。本章节使用的上市公司对外担保数据、公司财务数据及公司治理特征数据均来源于 CSMAR 数据库。本章节对所有连续型变量进行了上下 1% 的缩尾处理，以排除极端值对结论的影响。

6.3.2 模型设定与变量说明

为准确地识别出投服中心持股行权对公司外部担保行为的影响，我们以 2016 年投服中心在上海、湖南、广东（不含深圳）三个地区持股行权试点事件为准自然实验，构建以下双重差分（DID）模型对主要假设进行验证：

$$Gua_{i,t} = \beta_0 + \beta_1 Treat_i + \beta_2 Post_t + \beta_3 Treat_i \times Post_t + \beta_k Controls_{i,t} + \varepsilon_{i,t}$$

$$(6.1)$$

模型（6.1）中的因变量 Gua 为公司对外担保水平，借鉴伊志宏等（2021）的研究，以上市公司担保总额除以净资产（$Guar$）衡量，并按照公司对外担保的对象进一步分为公司对非子公司担保水平[①]（$OutGuar$）和对子公司担保水平（$SubGuar$）。

$Treat$ 为投服中心持股行权试点的实验组变量。当上市公司位于上海、湖南、广东（不含深圳）三个试点地区时，$Treat$ 取值为 1；当上市公司位于江苏、湖北、深圳三个地区时，$Treat$ 取值为 0。

$Post$ 为投服中心持股行权试点的时间虚拟变量。定义投服中心开展试点工作当年及下一年（即 2016 年和 2017 年）为 1，开展试点工作前两年（即 2014 年和 2015 年）为 0。

模型中 Controls 包含了所有控制变量。参考宋迪等（2019）的研究，模型中控制了可能影响公司对外担保的其他变量，包括公司规模（$Size$）、资产负债率（Lev）、总资产报酬率（Roa）、成长机会（$Grow$）、第一大股东持股比例（$Ownership$）、CEO 与董事长两职兼任情况（$Dual$）、机构投资者持股比例（$Investor$）、独立董事占比（$Indep$）、公司年龄（Age）、产权性质（Soe）以及审计质量（$Big4$）。与此同时，模型中还分别控制了年份（$Year$）和行业（$Industry$）的固定效应。

模型中的 i 和 t 分别为公司和年份，ε 为回归模型的残差。本章节所有回归均进行了标准误调整，以排除异方差对结果的影响。

相关指标的定义及具体计算方法如表 6.1 所示。

---

① 公司对非子公司的担保对象包括：母公司、受同一母公司控制的公司、与第三方实施共同控制的投资方的公司、对公司实施重大影响的公司、合营企业、联营企业、主要投资者个人及与其关系密切的家庭成员、公司或母公司的关键管理人员及其关系密切的家庭成员、主要投资者个人、关键管理人员或与其关系密切的家庭成员控制、共同控制或者施加重大影响的企业、与公司无关联关系的独立第三方。

表 6.1 变量定义

	变量名称	变量符号	变量定义
因变量	公司对外担保水平	*Guar*	公司对外担保金额/净资产
	对非子公司担保水平	*OutGuar*	公司对非子公司担保金额/净资产
	对子公司担保水平	*SubGuar*	公司对子公司担保金额/净资产
自变量	投服中心持股行权试点的实验组虚拟变量	*Treat*	当上市公司位于上海、湖南、广东（不含深圳）时取值为 1，当上市公司位于江苏、湖北、深圳时取值为 0
	投服中心持股行权试点的时间虚拟变量	*Post*	投服中心持股行权试点当年及下一年（即 2016 年和 2017 年）取值为 1，试点前两年（即 2014 年和 2015 年）取值为 0
控制变量	公司规模	*Size*	期末总资产的自然对数
	资产负债率	*Lev*	期末负债总额/期末总资产
	总资产收益率	*Roa*	利润总额/总资产
	成长机会	*Grow*	（本期营业收入 – 上期营业收入）/上期营业收入
	第一大股东持股比例	*Ownership*	第一大股东持股占总股数比例
	CEO 与董事长两职兼任情况	*Dual*	当 CEO 与董事长由同一人担任时，取值为 1，否则为 0
	机构投资者持股比例	*Investor*	构投资者持股数占总股数比例
	独立董事占比	*Indep*	独立董事人数/董事会人数
	公司年龄	*Age*	公司上市年限的自然对数
	产权性质	*Soe*	当公司实际控制人为国有单位或法人，则取值为 0，否则取值为 1
	审计质量	*Big4*	会计师事务所为四大会计师事务所取值为 1，否则取值为 0

6.4 实 证 分 析

6.4.1 描述性统计

1. 变量描述性统计

表6.2列示了全样本的描述性统计。样本上市公司对外担保水平变量 *Guar* 的均值为11.27，说明整体而言，我国上市公司遵循了"对外担保总额不得超过净资产的50%"的政策规定。但值得注意的是，*Guar* 的最大值为138.8，说明在我国部分上市公司中存在过度担保的行为。进一步细分上市公司对外担保的对象显示，上市公司对非子公司的担保水平变量 *OutGuar* 的均值为1.046，对子公司担保水平变量 *SubGuar* 的均值为11.23，说明为子公司担保是上市公司对外担保的主要形式。上市母公司出于集团整体利益，愿意对其控股子公司的风险进行兜底。变量 *Treat* 的均值为0.500，说明样本期间有一半的公司 – 年度观测值是实验组，变量 *Post* 的均值为0.523，说明有52.3%的样本处于投服中心持股行权试点的时间之后。总体而言，实验组和对照组的样本较为平衡。

表6.2　　　　　　　　　　　　变量描述性统计

变量	N	Mean	Min	p25	p50	p75	Max	SD
Guar	3660	11.27	0	0	0.117	10.93	138.8	23.83
OutGuar	3660	1.046	0	0	0	0	30.50	4.287
SubGuar	3660	11.23	0	0	0.959	11.19	132.6	22.99
Treat	3660	0.500	0	0	0	1	1	0.500
Post	3660	0.523	0	0	1	1	1	0.500

续表

变量	N	Mean	Min	p25	p50	p75	Max	SD
Size	3660	22.14	19.60	21.29	22.02	22.85	25.81	1.216
Lev	3660	0.418	0.054	0.258	0.407	0.568	0.879	0.200
Roa	3660	0.038	−0.157	0.014	0.035	0.061	0.177	0.048
Grow	3660	0.235	−0.604	−0.012	0.116	0.296	4.172	0.586
Ownership	3660	31.62	1.196	19.67	30.16	43.02	72.00	16.18
Dual	3660	0.306	0	0	0	1	1	0.461
Investor	3660	0.068	0	0.018	0.049	0.101	0.288	0.063
Indep	3660	0.383	0.250	0.333	0.364	0.429	0.600	0.067
Age	3660	2.227	0.693	1.792	2.197	2.944	3.258	0.715
Soe	3660	0.669	0	0	1	1	1	0.471
Big4	3660	0.060	0	0	0	0	1	0.238

控制变量 *Size* 和 *Lev* 的均值分别为 22.14 和 0.418，最大值和最小值差异明显，说明上市公司间的公司规模和资产负债率存在较大差异。*Roa* 的均值为 0.038，说明样本上市公司平均净资产收益率为 3.8%。*Grow* 的均值为 0.235，说明样本上市公司平均营业收入增长率为 23.5%，拥有相对较高的成长性。*Ownership* 的均值为 31.62，说明样本上市公司平均第一大股东持股比例为 31.62%，反映出我国上市公司的股权集中度较高，在这样的治理结构下，控股股东容易凭借自身控制权侵占中小股东利益。*Dual* 的均值为 0.306，说明样本上市公司两职合一的比例约为 30.6%，公司董事长兼任总经理的情况较为普遍。*Investor* 的均值为 0.068，说明样本上市公司的机构投资者持股比例约为 6.8%。目前我国资本市场仍处于不断完善的阶段，相比成熟的资本市场，机构投资者持股比例不高，这也导致我国机构投资者无法很好地践行股东积极主义。*Indep* 的均值为 0.383，表明样本上市公司平均配置了 1/3 的独立董事，这一比例恰好满足上市公司独立董事制度的要求，表明上市公司主动超额配置独立董事的热情并不高。*Soe* 的均值为 0.669，说明超过一半的样本观测值为民营企业。*Big4* 的均值为 0.060，说明样本上

市公司聘请四大事务所的比例较少，不足10%。

2. 变量相关性检验

表6.3是主要变量的相关系数分析表。从相关系数来看，除了 *Guar* 与 *SubGuar* 这两个因变量间的相关系数达到0.9以外，其他变量间的相关系数数值均没有超过0.7的临界值，说明模型不存在严重的多重共线性问题。*Treat* 与 *Guar*、*OutGuar* 和 *SubGuar* 的相关系数分别为 -0.089、-0.040 和 -0.068，分别在1%、5%和1%的水平显著，说明总体而言，位于上海、广东（不含深圳）和湖南三地的上市公司其对外担保规模小于位于江苏、湖北、深圳的上市公司。*Post* 与 *Guar* 的相关系数为0.029，在10%水平显著，说明2016~2017年样本上市公司的对外担保总额高于2014~2015年，反映出上市公司的对外担保规模随年份逐渐扩大的趋势。

表6.3　　　　　　　　　　　　　变量相关系数

变量	Guar	OutGuar	SubGuar	Treat	Post	Size	Lev
Guar	1						
OutGuar	0.382 ***	1					
SubGuar	0.915 ***	0.166 ***	1				
Treat	-0.089 ***	-0.040 **	-0.068 ***	1			
Post	0.029 *	0.016	0.023	0.002	1		
Size	0.227 ***	0.094 ***	0.256 ***	0.013	0.118 ***	1	
Lev	0.428 ***	0.172 ***	0.451 ***	-0.058 ***	-0.004	0.517 ***	1
Roa	-0.165 ***	-0.071 ***	-0.161 ***	-0.003	0.021	0.052 ***	-0.314 ***
Grow	0.040 **	-0.002	0.045 ***	-0.008	0.077 ***	0.045 ***	0.041 **
Ownership	-0.064 ***	-0.034 **	-0.051 ***	0.018	-0.002	0.186 ***	0.024
Dual	0.022	-0.021	0.014	-0.039 **	0.005	-0.154 ***	-0.086 ***
Investor	0.078 ***	0.055 ***	0.070 ***	-0.039 **	0.008	0.170 ***	0.075 ***

续表

变量	Guar	OutGuar	SubGuar	Treat	Post	Size	Lev
Indep	-0.024	-0.017	-0.024	-0.003	-0.017	-0.061***	-0.061***
Age	0.116***	0.089***	0.129***	0.021	0.069***	0.363***	0.334***
Soe	0.044***	-0.002	0.016	-0.086***	0.027*	-0.381***	-0.271***
Big4	0.010	-0.023	0.022	0.043***	0.006	0.344***	0.126***

变量	Roa	Grow	Ownership	Dual	Investor	Indep	Age
Roa	1						
Grow	0.134***	1					
Ownership	0.115***	-0.012	1				
Dual	0.049***	0.010	0.004	1			
Investor	0.120***	0.060***	-0.100***	0	1		
Indep	0.005	-0.016	0.072***	0.110***	0.008	1	
Age	-0.176***	-0.018	-0.098***	-0.260***	0.003	-0.137***	1
Soe	0.076***	0.103***	-0.234***	0.281***	0.053***	0.144***	-0.519***
Big4	0.045***	-0.037**	0.096***	-0.066***	-0.015	-0.025	0.118***

变量	Soe	Big4
Soe	1	
Big4	-0.190***	1

注：*、**、*** 分别表示10%、5%和1%的显著性水平。

6.4.2　基本检验结果

表6.4列示的是投服中心试点与上市公司对外担保水平的 DID 模型回归结果。列（1）中交乘项 Treat × Post 的回归系数为 -0.9963，且在5%的水平显著，表明投服中心持股行权以后试点地区的上市公司对外担保水平显著降低，结果验证了假设 H5。

表 6.4　　　　　　　　　投服中心持股行权与公司对外担保

变量	(1)	(2)	(3)
	Guar	OutGuar	SubGuar
Treat	− 1. 6879 * (0. 0743)	0. 0959 (0. 5971)	− 1. 8009 ** (0. 0475)
Post	1. 9010 *** (0. 0061)	0. 3941 (0. 1237)	1. 1914 ** (0. 0300)
Treat × Post	− 0. 9963 ** (0. 0110)	− 0. 5742 *** (0. 0014)	− 0. 1315 (0. 7813)
Size	1. 7980 *** (0. 0024)	0. 0899 (0. 4335)	1. 7760 *** (0. 0013)
Lev	46. 6874 *** (0. 0000)	3. 1096 *** (0. 0000)	42. 9921 *** (0. 0000)
Roa	− 25. 0895 *** (0. 0003)	− 1. 7256 (0. 2688)	− 21. 4529 *** (0. 0001)
Grow	0. 0863 (0. 9060)	− 0. 1445 (0. 3687)	0. 2427 (0. 7198)
Ownership	− 0. 0435 *** (0. 0083)	− 0. 0038 (0. 4322)	− 0. 0370 ** (0. 0316)
Dual	1. 5548 (0. 1483)	− 0. 1358 * (0. 0631)	1. 5807 (0. 1153)
Investor	8. 2698 (0. 1366)	2. 4358 * (0. 0574)	5. 3595 (0. 2665)
Indep	− 4. 6408 (0. 5161)	− 0. 3757 (0. 6944)	− 3. 7094 (0. 4959)
Age	1. 2410 (0. 1331)	0. 3360 ** (0. 0238)	0. 7990 (0. 3181)
Soe	9. 3321 *** (0. 0001)	0. 6414 ** (0. 0137)	8. 1770 *** (0. 0000)
Big4	− 2. 9407 (0. 2093)	− 0. 8157 ** (0. 0137)	− 2. 3070 (0. 2655)

续表

变量	(1)	(2)	(3)
	Guar	*OutGuar*	*SubGuar*
Year/Ind	Yes	Yes	Yes
Cons	-56.4950 *** (0.0001)	-3.9688 (0.1104)	-53.6060 *** (0.0001)
Obs	3660	3660	3660
Adjusted R^2	0.2359	0.0487	0.2276

注：括号内是 P 值，＊、＊＊、＊＊＊分别表示 10%、5% 和 1% 的显著性水平。

区分对外担保对象来看，列（2）中 *Treat* × *Post* 的回归系数为 -0.5742，在 1% 的水平显著；列（3）中 *Treat* × *Post* 的回归系数为 -0.1315，但未通过显著性检验，说明投服中心持股行权以后，试点地区的上市公司对非子公司担保水平显著降低，而上市公司对子公司担保水平的降低不明显，结果验证了假设 H6。

从控制变量的结果来看，列（3）中 *Size* 的回归系数显著为正，说明大型公司为子公司提供了更多担保，因为这些企业往往体系庞大，子公司数量较多。列（2）和列（3）中 *Lev* 的回归系数显著为正，说明高杠杆公司为子公司、非子公司均提供了更多担保，这一结果也从侧面反映出我国上市公司对外担保行为中隐藏着较大的风险。列（3）中 *Roa* 的回归系数显著为负，说明业绩较差公司为子公司提供了更多担保，反映出我国上市公司对外担保行为隐藏着较高的风险。列（3）中 *Ownership* 的回归系数显著为负，说明控股股东持股比例较高的上市公司为子公司提供了更少担保。列（2）中 *Age* 的回归系数显著为正，说明上市历史较长的公司更有可能为非子公司提供担保，这与直觉相一致，业绩记录更成熟的公司往往是信用良好的担保人。列（2）和列（3）中 *Soe* 的回归系数显著为正，说明相比国有企业，民营企业提供了更多的对外担保，包括对子公司担保和对非子公司担保。列（2）中 *Big4* 的回归系数显著为负，说明四大审计师的公司更少可能提供对非子公司的担保，较高的审计质量能够抑制上市公司对非子公司担保规模，从而控制上市公司的对外担保风险。

6.4.3 稳健性检验

1. 平行趋势检验

为了保证实验组样本和控制组样本的因变量在政策之前的变动趋势相同，本书对投服中心持股行权降低上市公司担保水平的 DID 模型进行平行趋势检验。在回归中加入 *Treat* 与各年份虚拟变量的交乘项，变量 *Year*2014 在 2014 年取值为 1，其他年份取 0，其余年份以此类推。为避免虚拟变量设置陷阱，剔除了与 2017 年对应的年度虚拟变量 *Year*2017。若平行趋势假设成立，则政策实施前各年份的回归系数不显著，即实验组和控制组上市公司的对外担保水平在政策实施前各年度不存在显著差异。表 6.5 报告了平行趋势检验的回归结果。结果显示，列（1）~列（3）中交乘项 *Treat* × *Year*2014、*Treat* × *Year*2015 的回归系数均不显著，说明在投服中心持股行权试点之前（2014 ~ 2015 年），说明实验组和控制组公司的对外担保水平不存在显著的差异，符合 DID 回归中的平行趋势的前提条件。列（1）和列（3）中交乘项 *Treat* × *Year*2016 的回归系数不显著，而列（2）中交乘项 *Treat* × *Year*2016 的回归系数显著为负，说明在投服中心持股行权试点以后（2016 年），试点区域内上市公司对非子公司的担保水平明显降低。这一结果与我们的预期一致，整体说明本章节的 DID 模型满足平行趋势假设。

表 6.5　　　　投服中心持股行权与公司对外担保：平行趋势检验

变量	(1)	(2)	(3)
	Guar	*OutGuar*	*SubGuar*
Treat	− 2. 2403 * (0. 0733)	0. 1096 (0. 5838)	− 2. 5918 * (0. 0511)
Treat × *Year*2014	1. 3396 (0. 2133)	− 0. 1261 (0. 5379)	1. 6174 (0. 1721)

续表

变量	(1)	(2)	(3)
	Guar	*OutGuar*	*SubGuar*
Treat × Year2015	0.7026 (0.5215)	−0.2942 (0.1075)	0.9380 (0.4305)
Treat × Year2016	−0.5724 (0.6723)	−0.5564 ** (0.0234)	0.3807 (0.7868)
Size	1.6794 *** (0.0069)	0.0924 (0.3026)	1.7783 *** (0.0066)
Lev	43.5036 *** (0.0000)	2.2023 *** (0.0000)	42.9984 *** (0.0000)
Roa	−17.8780 * (0.0596)	−1.0787 (0.3727)	−21.5850 ** (0.0450)
Grow	−0.2109 (0.7567)	−0.1062 (0.3475)	0.2492 (0.7519)
Ownership	−0.0357 (0.2334)	−0.0035 (0.4899)	−0.0370 (0.2355)
Dual	1.3181 (0.2158)	−0.0940 (0.5451)	1.5818 (0.1604)
Investor	7.1545 (0.3225)	2.0628 (0.1572)	5.4052 (0.4792)
Indep	−4.1552 (0.5164)	−0.1519 (0.8726)	−3.7388 (0.5761)
Age	1.3374 (0.1234)	0.2446 (0.1023)	0.7958 (0.3696)
Soe	9.0370 *** (0.0000)	0.4165 * (0.0881)	8.1785 *** (0.0000)
Big4	−3.1533 (0.2608)	−0.6930 ** (0.0113)	−2.3117 (0.4545)
Year/Ind	Yes	Yes	Yes

变量	(1)	(2)	(3)
	Guar	OutGuar	SubGuar
Cons	−54.0823 *** (0.0000)	−3.4432 * (0.0807)	−54.0571 *** (0.0001)
Obs	3660	3660	3660
Adjusted R²	0.2495	0.0517	0.2277

注：括号内是 P 值，＊、＊＊、＊＊＊ 分别表示 10%、5% 和 1% 的显著性水平。

2. 安慰剂检验

考虑到相关结论可能受到政策实施前其他政策或随机性因素的影响，本书设计了安慰剂检验进行排除。假设投服中心持股行权试点的时间为 2014 年，即假设投服中心试点的年份提前 2 年。选取虚拟政策时间前后两年（即 2012 ~ 2015 年）为研究区间，构建新的政策变量 Post1，该变量在 2012 ~ 2013 年取值为 0，在 2014 ~ 2015 年取值为 1。其他设定均保持不变。表 6.6 报告了虚拟试点时间的回归结果，结果显示，列（1）和列（3）中 Treat × Post1 的回归系数均未通过显著性检验，且列（2）中 Treat × Post1 的回归系数显著为正（与基本假设结果相反）。上述结果说明，投服中心持股行权降低公司担保水平的结论不受政策实施前其他政策或随机性因素的影响。

表 6.6　　　　投服中心持股行权与公司对外担保：安慰剂检验

变量	(1)	(2)	(3)
	Guar	OutGuar	SubGuar
Treat	−0.4947 (0.7246)	−0.3782 (0.1963)	−0.1226 (0.9247)
Post1	0.7937 (0.5706)	−0.5663 ** (0.0365)	1.0406 (0.3988)
Treat × Post1	−0.1908 (0.8804)	0.4783 * (0.0986)	−0.6687 (0.5402)

续表

变量	(1)	(2)	(3)
	Guar	OutGuar	SubGuar
Size	1. 8717 **	− 0. 0298	1. 7336 **
	(0. 0257)	(0. 8555)	(0. 0291)
Lev	54. 3096 ***	3. 6888 ***	42. 4521 ***
	(0. 0000)	(0. 0000)	(0. 0000)
Roa	− 36. 2728 ***	− 1. 5925	− 29. 1271 **
	(0. 0042)	(0. 4449)	(0. 0147)
Grow	− 0. 0106	− 0. 2873 *	− 0. 6076
	(0. 9921)	(0. 1000)	(0. 4513)
Ownership	− 0. 0130	0. 0075	− 0. 0432
	(0. 7564)	(0. 3353)	(0. 2343)
Dual	0. 5385	0. 0207	0. 3485
	(0. 7034)	(0. 9358)	(0. 7778)
Investor	14. 8999	3. 8606 *	9. 2617
	(0. 1255)	(0. 0941)	(0. 3537)
Indep	1. 5260	− 0. 1098	1. 0184
	(0. 8496)	(0. 9421)	(0. 8898)
Age	0. 3407	0. 4709 **	0. 3508
	(0. 7882)	(0. 0198)	(0. 7668)
Soe	6. 0433 ***	0. 4536	6. 6247 ***
	(0. 0053)	(0. 2677)	(0. 0004)
Big4	− 7. 5746 **	− 0. 2368	− 3. 6971
	(0. 0119)	(0. 7421)	(0. 3180)
Year/Ind	Yes	Yes	Yes
Cons	− 55. 9029 ***	− 2. 3461	− 52. 2021 ***
	(0. 0020)	(0. 5068)	(0. 0018)
Obs	3286	3286	3286
Adjusted R^2	0. 2831	0. 0538	0. 2214

注：括号内是 P 值，＊、＊＊、＊＊＊分别表示 10%、5% 和 1% 的显著性水平。

3. PSM – DID 检验

在前文实验设计部分，本书以地理位置和经济状况作为标准选取了江苏、湖北、深圳作为试点地区［上海、湖南、广东（不含深圳）］的对照组。为克服选取对照组时的主观性因素，进一步采取 PSM 方法为实验组样本匹配对照组。以模型（6.1）中的控制变量为匹配变量，进行最邻近有放回 1∶1 匹配，得到实验组和控制组共 3352 个样本，并利用匹配后的样本对基本结果进行再次验证。表 6.7 列示了 PSM 匹配样本的回归结果，Panel A 的 PSM 平衡性检验显示，匹配之前，实验组和控制组的部分匹配变量存在显著差别，而在匹配之后，两组的匹配变量无显著差异，表明匹配变量通过了平衡性检验。Panel B 的回归结果显示，列（1）和列（2）中 $Treat \times Post$ 的回归系数均显著为负，列（3）中 $Treat \times Post$ 的回归系数不显著。结果与基本结果一致，表明在排除人为选择对照组时可能存在的主观性因素后，投服中心持股行权降低上市公司对外担保水平的结论依然保持不变。

表 6.7　　　　投服中心持股行权与公司对外担保：PSM – DID 检验

Panel A PSM 平衡性检验

变量	Unmatched	Mean		t-test
	Matched	Treated	Control	p > |t|
Size	U	22.162	22.292	0.000
	M	22.162	22.124	0.350
Lev	U	0.4067	0.4360	0.000
	M	0.4067	0.4019	0.464
Roa	U	0.0376	0.0347	0.027
	M	0.0376	0.0379	0.861
Grow	U	0.2289	0.2187	0.497
	M	0.2289	0.2228	0.751
Ownership	U	31.929	31.889	0.925
	M	31.929	31.981	0.925

续表

Panel A PSM 平衡性检验

变量	Unmatched	Mean		t-test
	Matched	Treated	Control	p > |t|
Dual	U	0.2881	0.2517	0.001
	M	0.288	0.2843	0.798
Investor	U	0.0651	0.0689	0.021
	M	0.0651	0.0663	0.576
Indep	U	0.3827	0.3802	0.139
	M	0.3827	0.3824	0.877
Age	U	2.2409	2.2646	0.190
	M	2.2409	2.2308	0.668
Soe	U	0.6282	0.6223	0.637
	M	0.6282	0.6315	0.837
Big4	U	0.0705	0.0510	0.001
	M	0.0705	0.0645	0.469

Panel B 使用匹配样本的回归检验

变量	(1)	(2)	(3)
	Guar	OutGuar	SubGuar
Treat	0.1228	−0.0555	0.4735
	(0.8926)	(0.5985)	(0.4782)
Post	2.3117 ***	0.3620	0.7613
	(0.0016)	(0.3196)	(0.3728)
Treat × Post	−2.0335 **	−0.6613 ***	−0.9322
	(0.0157)	(0.0041)	(0.4173)
Size	0.8971	−0.0393	1.3472 *
	(0.1555)	(0.6771)	(0.0662)
Lev	45.0437 ***	5.1917 ***	42.5773 ***
	(0.0000)	(0.0000)	(0.0000)
Roa	−6.2803	−0.3236	−7.1961
	(0.3463)	(0.7895)	(0.3254)

续表

Panel B 使用匹配样本的回归检验

变量	(1) Guar	(2) OutGuar	(3) SubGuar
Grow	0.2327 (0.6067)	0.0630 (0.7052)	0.2319 (0.5030)
Ownership	−0.0237 (0.1032)	−0.0060 (0.1675)	−0.0214 (0.1219)
Dual	−0.1633 (0.8011)	−0.0294 (0.7650)	−0.1843 (0.8348)
Investor	−1.7707 (0.8015)	−1.5029 (0.1822)	0.0695 (0.9911)
Indep	−9.0856 * (0.0545)	−1.5473 (0.1406)	−7.8346 ** (0.0403)
Age	1.3713 ** (0.0378)	0.3454 *** (0.0002)	1.1154 (0.1241)
Soe	9.5793 *** (0.0001)	0.8050 *** (0.0007)	8.4042 *** (0.0002)
Big4	−3.4800 *** (0.0100)	−1.2091 *** (0.0000)	−3.2473 ** (0.0220)
Year/Ind	Yes	Yes	Yes
Cons	−38.3033 ** (0.0145)	−1.4071 (0.4146)	−42.5448 ** (0.0179)
Obs	3352	3352	3352
Adjusted R^2	0.2105	0.0574	0.2374

注：括号内是 P 值，*、**、*** 分别表示 10%、5% 和 1% 的显著性水平。

4. 变量替代检验

本书参考张俊瑞等（2014）的研究，以总资产替代净资产标准化上市公司的对外担保水平。表6.8 的结果显示，在变换对外担保水平的衡量方式之后，投服中心持股行权对公司对外担保水平的影响依然稳健。

表 6.8　　　　　　　投服中心持股行权与公司对外担保：变量替代检验

变量	(1)	(2)	(3)
	Guar	OutGuar	SubGuar
Treat	-0.1712	0.0393	-0.2799
	(0.6373)	(0.6485)	(0.3611)
Post	1.2386***	0.1988*	0.8997***
	(0.0000)	(0.0776)	(0.0000)
Treat × Post	-0.3630**	-0.2495***	0.0271
	(0.0152)	(0.0024)	(0.8376)
Size	0.5287***	0.0232	0.5038***
	(0.0016)	(0.5073)	(0.0011)
Lev	11.5699***	0.7228***	10.9868***
	(0.0000)	(0.0043)	(0.0000)
Roa	-3.0406	-0.3158	-2.3559
	(0.1801)	(0.5403)	(0.2326)
Grow	0.1708	-0.0315	0.1738
	(0.5601)	(0.7163)	(0.4714)
Ownership	-0.0153***	-0.0020	-0.0122***
	(0.0021)	(0.4012)	(0.0097)
Dual	0.3551	-0.0627**	0.3530
	(0.2325)	(0.0388)	(0.2389)
Investor	3.9922**	1.2362**	3.0573**
	(0.0157)	(0.0379)	(0.0363)
Indep	-0.1012	-0.2021	-0.0684
	(0.9492)	(0.4561)	(0.9656)
Age	0.8245**	0.1862***	0.5563*
	(0.0150)	(0.0021)	(0.0732)
Soe	4.0467***	0.2757***	3.5759***
	(0.0000)	(0.0094)	(0.0000)

续表

变量	(1)	(2)	(3)
	Guar	*OutGuar*	*SubGuar*
Big4	−1.0674 (0.2235)	−0.3016* (0.0688)	−0.7857 (0.2893)
Year/Ind	Yes	Yes	Yes
Cons	−17.9319*** (0.0001)	−1.2761 (0.1228)	−16.2915*** (0.0000)
Obs	3660	3660	3660
Adjusted R^2	0.1485	0.0302	0.1459

注：括号内是 P 值，＊、＊＊、＊＊＊分别表示 10%、5% 和 1% 的显著性水平。

6.4.4　投服中心持股行权减少公司对外担保的机制检验

前文得出稳健的结论，投服中心持股行权降低了公司的对外担保水平。在假设分析中，本书提出了投服中心持股行权降低公司对外担保水平的三条影响路径（即治理效应、示范引导效应、威慑效应），本书将在本章节对这三条机制进行逐一检验。本书使用阶梯因果关系法（Baron & Kenny，1986）来构建测试方程如下：

第一步：

$$Gua_{i,t} = \beta_0 + \beta_1 Treat_i + \beta_2 Post_t + \beta_3 Treat_i \times Post_t + \beta_k Controls_{i,t} + \mu_{i,t}$$

第二步：

$$IndepObject_{i,t}/BIC_{i,t}/AMeeting_{i,t}/Lawsuit_{i,t}/Media_{i,t} = \alpha_0 + \alpha_1 Treat_i + \alpha_2 Post_t$$
$$+ \alpha_3 Treat_i \times Post_t$$
$$+ \alpha_k Controls_{i,t} + \varepsilon_{i,t}$$

第三步：

$$Gua_{i,t} = \gamma_0 + \gamma_1 IndepObject_{i,t}/BIC_{i,t}/AMeeting_{i,t}/Lawsuit_{i,t}/Media_{i,t}$$
$$+ \gamma_2 Treat_i + \gamma_3 Post_t + \gamma_4 Treat_i \times Post_t + \gamma_k Controls_{i,t} + \delta_{i,t} \quad (6.2)$$

在模型（6.2）中，*IndepObject* 是独立董事是否在会上发表过反对意见的虚拟变量；BIC 是公司内部控制质量的变量；$AMeeting$ 是中小股东参与年度股东大会情况的变量，等于出席年度股东大会的所有股东股份减去前十大股东股份；$Lawsuit$ 为公司当年是否受到诉讼；$Media$ 为上市公司当年是否被媒体披露重大负面消息。

如果 $IndepObject$、BIC、$AMeeting$、$Lawsuit$ 和 $Media$ 在投服中心持股行权降低外部担保的影响中起到了中介作用，预计 β_3 在第一步中会显著为负（这一结果已报告于表 6.4 中）；在第二步中，预计 α_3 将显著为正，即投服中心持股行权可以显著提高独立董事提出反对意见的概率、公司的内部控制质量和中小股东在年度股东大会上的参与度，提高公司诉讼风险和公司被媒体负面报道风险（这一结果已报告于第 4 章表 4.4、表 4.5 和表 4.6 中）；在第三步中，预计 γ_1 将显著为负，即独立董事提出反对意见、高质量内部控制、高水平中小股东在年度股东大会上的参与度、公司诉讼风险，以及公司被媒体负面报道风险可以显著降低公司的对外担保水平，这意味着 $IndepObject$、BIC 和 $AMeeting$、$Lawsuit$ 和 $Media$ 在投服中心持股行权降低外部担保水平的影响中起到了中介作用，即投服中心持股行权在降低公司对外担保水平的影响中发挥了治理作用、示范引导作用和威慑作用。

表 6.9 报告了回归的结果①。由于表 6.4 已经报告了投服中心持股行权对公司外部担保的影响（第一步），且表 4.4 和表 4.5 和表 4.6 已经报告了投服中心持股行权对独立董事提出反对意见、内部控制质量、中小股东在年度股东大会上的参与度、公司诉讼风险以及公司被媒体负面报道风险的影响（第二步），表 6.9 中不再重复该结果。

首先，关注投服中心持股行权的治理作用。列（1）中 $IndepObject$ 的系数显著为负，表明独立董事提出反对意见可以明显抑制公司对非子公司的担保行为。列（2）中 BIC 的系数显著为负，表明高质量的内部控制可以明显抑制公司对非子公司的担保行为。上述结果说明，$IndepObject$ 和 BIC 在投服中心持股行权降低对非子公司担保的影响中起到了中介作用，即投服中心持

---

① 由于基础检验结果表明，投服中心持股行权显著降低了上市公司对非子公司担保水平，而降低对子公司担保水平的作用不明显。因此，本部分仅针对投服中心持股行权对上市公司对非子公司担保的影响机制进行检验。

股行权在降低公司对非子公司担保的影响中发挥了治理作用。其次，关注投服中心持股行权的示范引导作用。列（3）中 *AMeeting* 的系数显著为负，表明中小股东在年度股东大会上的高程度参与可以明显抑制公司对非子公司的担保行为。上述结果说明，*AMeeting* 在投服中心持股行权降低对非子公司担保的影响中起到了中介作用，即投服中心持股行权在减少公司对非子公司担保的影响中发挥了示范引导作用。最后，关注投服中心持股行权的威慑作用。列（4）中 *Lawsuit* 的系数不显著，列（5）中 *Media* 的系数不显著，表明 *Lawsuit* 以及 *Media* 在投服中心持股行权降低对非子公司担保的影响中未起到中介作用，即投服中心持股行权在减少公司对非子公司担保的影响中未发挥威慑作用。

表 6.9　　　　　　投服中心持股行权减少公司对外担保的机制检验

变量	治理效应		示范引导效应	威慑效应	
	（1）	（2）	（3）	（4）	（5）
	OutGuar	*OutGuar*	*OutGuar*	*OutGuar*	*OutGuar*
IndepObject	−0.5283 * (0.0583)				
BIC		−0.0690 * (0.0978)			
AMeeting			−0.0128 * (0.0960)		
Lawsuit				0.3464 (0.4369)	
Media					−0.1077 (0.8642)
Treat	0.1355 (0.7808)	0.1090 (0.5311)	0.2322 (0.1533)	0.2464 (0.5986)	0.2409 (0.6064)
Post	−0.0288 (0.9312)	0.3798 * (0.0696)	−0.0287 (0.8093)	−0.0257 (0.9412)	0.0105 (0.9745)
Treat × *Post*	−0.3159 (0.1774)	−0.6006 * (0.0670)	−0.3488 * (0.0852)	−0.3699 * (0.0893)	−0.3650 * (0.0974)

续表

变量	治理效应		示范引导效应	威慑效应	
	(1)	(2)	(3)	(4)	(5)
	OutGuar	*OutGuar*	*OutGuar*	*OutGuar*	*OutGuar*
Size	0.0429 (0.7758)	0.1034 * (0.0546)	0.0191 (0.5070)	0.0217 (0.8772)	0.0154 (0.9094)
Lev	2.8707 *** (0.0025)	3.0314 *** (0.0002)	2.8380 ** (0.0280)	2.8073 *** (0.0008)	2.8679 *** (0.0007)
Roa	−1.1197 (0.3740)	−1.3721 (0.4458)	−1.6487 (0.4563)	−1.5967 (0.2377)	−1.8071 (0.1977)
Grow	−0.0485 (0.7929)	−0.0994 (0.4652)	−0.0202 (0.9130)	−0.0122 (0.9447)	−0.0097 (0.9556)
Ownership	−0.0017 (0.7942)	−0.0035 (0.7730)	−0.0004 (0.9685)	−0.0006 (0.9309)	−0.0006 (0.9230)
Dual	−0.4882 *** (0.0038)	−0.1365 (0.2100)	−0.4651 ** (0.0404)	−0.4644 *** (0.0086)	−0.4580 *** (0.0067)
Investor	0.1014 (0.9474)	2.6583 (0.2933)	0.1995 (0.9396)	0.4261 (0.7821)	0.3515 (0.8278)
Indep	0.5147 (0.6355)	−0.2143 (0.7967)	0.4212 (0.6719)	0.4020 (0.7084)	0.4315 (0.6785)
Age	0.2256 (0.1044)	0.3120 (0.2371)	0.2766 * (0.0636)	0.2583 ** (0.0496)	0.2624 * (0.0505)
Soe	0.4135 (0.2260)	0.6626 * (0.0600)	0.4981 ** (0.0344)	0.5337 ** (0.0259)	0.5399 ** (0.0318)
Big4	−0.8468 ** (0.0110)	−0.8216 *** (0.0080)	−0.8462 ** (0.0205)	−0.8331 ** (0.0103)	−0.8388 ** (0.0100)
Year/Ind	Yes	Yes	Yes	Yes	Yes
Cons	−3.0862 (0.3674)	−3.7724 * (0.0541)	−2.5636 * (0.0625)	−2.5298 (0.3816)	−2.4401 (0.3881)
Obs	2440	3609	2440	2445	2445
Adjusted R^2	0.0755	0.0498	0.0474	0.0473	0.0465

注：括号内是 P 值，*、**、*** 分别表示 10%、5% 和 1% 的显著性水平。

综上所述，我们的实证研究结果表明，投服中心持股行权通过发挥治理效应、示范引导效应，进而降低了上市公司对非子公司担保水平。

6.4.5　进一步分析

1. 全国推广后的投服中心持股行权与公司对外担保

前文以投服中心 2016 年的持股行权试点事件为准自然实验，构建双重差分模型并得出结论，投服中心持股行权将降低公司对外担保的整体水平和对非子公司担保水平。2017 年 4 月，投服中心在全国范围内推行持股行权工作，如果投服中心对降低公司对外担保水平确实存在积极影响，预计投服中心在全国范围内推行持股行权试点后，实验组和控制组上市公司之间的对外担保水平差异将缩小。为了证实本书的推论，参考葛文霞等（Ge W. X. et al.，2022）的研究，将投服中心在全国范围内推行持股行权后的年份（2018~2020 年）纳入考察期，并构建一个新的指标 *After*（2018~2020 年取值为 1，2014~2017 年取值为 0）进行检验。表 6.10 列示了回归结果①，结果显示，列（1）和列（2）中 *Treat* × *Post* 的回归系数显著为负，而 *Treat* × *After* 的回归系数均未通过显著性检验。该结果说明，投服中心持股行权在 2017 年全面推广后，实验组和对照组之间的对外担保差异不再明显。总体而言，我们发现一些证据表明，投服中心 2017 年在全国范围内推广持股行权工作后，实验组和控制组上市公司之间的对外担保水平差异逐渐缩小，也反映出 2017 年投服中心持股行权工作在全国范围内推广后对所有 A 股上市公司的对外担保均产生了积极影响。

2. 投服中心持股行权是否降低了公司对外担保风险

上市公司对外担保作为正常的经济活动之一，理论上，资产状况良好的

---

① 由于基础研究结果表明，投服中心持股行权显著降低了上市公司对外担保整体水平和对非子公司担保水平，而降低对子公司担保水平的作用不明显。因此，限于篇幅，本部分仅针对投服中心持股行权影响上市公司对外担保整体水平和对非子公司担保进行讨论。

上市公司在合理范围内对外担保不会对公司造成负面影响，但如果上市公司对外担保超过其偿还能力，将对公司未来资产质量及经营业绩造成极大的负面影响。在我国实践中，上市公司对外担保行为存在严重的逆向选择问题，资产质量不高、盈利较差的上市公司往往更加热衷于对外提供担保（冯根福等，2005；马亚军和冯根福，2005）。上市公司负债水平、盈利状况在一定程度上反映了上市公司的对外担保能力，杠杆率较高、盈利较差的上市公司为非子公司提供担保，将明显加剧公司的财务风险（刘小年和郑仁满，2005）。王立彦和林小驰（2007）的研究发现，高负债公司，对外担保比例也越高，违背了担保的内在精神，极大地提高了公司的风险。因此，投服中心将重点控制上市公司这类担保风险，积极督促上市公司根据自身负债水平、盈利状况控制好公司担保总量。因此，预计投服中心持股行权降低公司对外担保水平的作用将在负债水平较高、盈利较差时更加显著。需要说明的是，由于基础检验结果表明，投服中心持股行权显著降低了上市公司对非子公司担保水平，而降低对子公司担保水平的作用不明显，因此本部分仅针对投服中心持股行权影响上市公司对非子公司担保进行讨论。

表 6.10　　　　　全国推广后的投服中心持股行权与公司对外担保

变量	(1)	(2)
	Guar	OutGuar
Treat	−1.6909 * (0.0779)	−0.1516 (0.5137)
Post	1.7654 *** (0.0014)	0.3102 (0.2324)
Treat × Post	−0.8412 ** (0.0293)	−0.2618 ** (0.0342)
After	0.2939 (0.4621)	−0.0010 (0.9958)
Treat × After	0.5290 (0.6809)	−0.2464 (0.1895)

续表

变量	（1）	（2）
	Guar	OutGuar
Size	1. 7326 *** （0. 0008）	0. 1105 （0. 3121）
Lev	47. 1121 *** （0. 0000）	3. 3432 *** （0. 0001）
Roa	− 15. 4677 *** （0. 0016）	− 2. 1344 *** （0. 0020）
Grow	− 0. 0416 （0. 9581）	− 0. 2303 （0. 1442）
Ownership	− 0. 0874 *** （0. 0000）	− 0. 0104 *** （0. 0062）
Dual	0. 8885 （0. 1957）	− 0. 2600 * （0. 0824）
Investor	− 2. 6178 （0. 6493）	− 0. 3249 （0. 7516）
Indep	3. 7405 （0. 4474）	0. 4849 （0. 4799）
Age	1. 6806 *** （0. 0014）	0. 2239 （0. 1420）
Soe	8. 8944 *** （0. 0000）	0. 4589 * （0. 0976）
Big4	− 2. 6422 （0. 1357）	− 0. 7310 * （0. 0579）
Year/Ind	Yes	Yes
Cons	− 56. 2738 *** （0. 0000）	− 3. 9354 （0. 1438）
Obs	7661	7659
Adjusted R^2	0. 2327	0. 0526

注：括号内是 P 值，＊、＊＊、＊＊＊分别表示 10%、5% 和 1% 的显著性水平。

（1）公司负债状况。

当上市公司的负债水平较高，上市公司本身面临着较高的债务风险，一旦被担保方出现违约，承担连带责任将恶化担保上市公司的财务状况，严重的甚至导致公司破产。因此，对于负债水平较高的上市公司而言，对外担保事项事关重大，投服中心将严格控制公司对外担保水平，尤其严格把控公司对非子公司担保事项。我们预计，相比负债水平较低的上市公司，投服中心持股行权降低公司对公司担保水平的作用将在负债水平较高的上市公司中更显著。

本章以上市公司杠杆率（Lev）的年度行业中位数为标准将样本划分为低杠杆组和高杠杆组，再次对基本结果进行估计。表 6.11 Panel A 报告了根据上市公司负债水平进行分组的检验结果。结果显示，列（1）和列（2）中 $Treat \times Post$ 的系数均未通过显著性检验，说明投服中心持股行权试点以后，试点地区低负债上市公司的对外担保总额和对非子公司担保未明显减少。列（3）中 $Treat \times Post$ 的系数不显著，列（4）中 $Treat \times Post$ 的系数显著为负，说明投服中心持股行权试点以后，试点地区高负债上市公司对非子公司担保明显减少。此外，组间差异检验结果显示，列（2）与列（4）中 $Treat \times Post$ 的回归系数存在显著差异。该结果与预期的结果一致，表明相比负债水平较低的上市公司，投服中心持股行权降低公司对非子公司担保水平的作用将在负债水平较高的上市公司中更显著。

表 6.11　　　　　　投服中心持股行权是否降低了公司对外担保风险

Panel A 公司的负债水平

变量	低负债		高负债	
	（1）	（2）	（3）	（4）
	Guar	OutGuar	Guar	OutGuar
Treat	− 0.6258 (0.3027)	− 0.3965 ** (0.0387)	− 1.6585 (0.4032)	0.6126 (0.1040)
Post	1.7484 * (0.0798)	− 0.0710 (0.7928)	2.5708 (0.2587)	0.8844 * (0.0608)

续表

Panel A 公司的负债水平

变量	低负债		高负债	
	（1）	（2）	（3）	（4）
	Guar	*OutGuar*	*Guar*	*OutGuar*
Treat × Post	− 0. 6109 （0. 4825）	− 0. 0594 （0. 8039）	− 1. 0832 （0. 6688）	− 1. 0383 ** （0. 0416）
Size	0. 5078 （0. 1018）	0. 0273 （0. 7453）	3. 0488 *** （0. 0001）	0. 2143 （0. 1254）
Lev	14. 4126 *** （0. 0000）	0. 0569 （0. 9421）	76. 0038 *** （0. 0000）	4. 3518 *** （0. 0021）
Roa	4. 0338 （0. 3609）	− 0. 4178 （0. 6485）	− 48. 3399 *** （0. 0094）	− 2. 6306 （0. 4329）
Grow	− 0. 0804 （0. 8378）	0. 0108 （0. 9281）	0. 4452 （0. 7729）	− 0. 3451 * （0. 0671）
Ownership	− 0. 0295 * （0. 0545）	− 0. 0078 * （0. 0627）	− 0. 0988 ** （0. 0289）	0. 0015 （0. 8598）
Dual	− 0. 9466 * （0. 0619）	− 0. 1158 （0. 3157）	4. 7076 *** （0. 0029）	− 0. 1695 （0. 5546）
Investor	3. 4738 （0. 4005）	1. 3015 （0. 3090）	9. 8024 （0. 3711）	3. 5114 （0. 1457）
Indep	− 0. 7047 （0. 8325）	0. 0131 （0. 9869）	0. 3589 （0. 9728）	− 0. 9893 （0. 6478）
Age	0. 5646 （0. 1795）	0. 2013 * （0. 0614）	1. 6211 （0. 1883）	0. 4066 （0. 1323）
Soe	3. 6054 *** （0. 0000）	0. 0772 （0. 6707）	13. 4242 *** （0. 0000）	1. 0365 ** （0. 0139）
*Big*4	− 3. 5163 *** （0. 0000）	− 0. 4738 ** （0. 0288）	0. 5507 （0. 8621）	− 0. 9167 ** （0. 0461）
Year/Ind	Yes	Yes	Yes	Yes

续表

Panel A 公司的负债水平

变量	低负债		高负债	
	（1）	（2）	（3）	（4）
	Guar	*OutGuar*	*Guar*	*OutGuar*
Cons	− 15. 7184 ** （0. 0308）	− 0. 6902 （0. 7228）	− 113. 8325 *** （0. 0000）	− 9. 2837 *** （0. 0040）
Obs	1822	1822	1822	1822
Adjusted R²	0. 1300	0. 0770	0. 2658	0. 0980
Test diff. （p-value）	（1）−（3）: 0. 8569	（2）−（4）: 0. 0756	/	/

Panel B 公司收益情况

变量	盈利较差		盈利较好	
	（1）	（2）	（3）	（4）
	Guar	*OutGuar*	*Guar*	*OutGuar*
Treat	− 2. 8214 * （0. 0639）	0. 2552 （0. 3373）	0. 2468 （0. 8691）	− 0. 0518 （0. 8745）
Post	3. 1325 （0. 1248）	1. 0465 *** （0. 0060）	0. 9724 （0. 5802）	− 0. 2245 （0. 5831）
Treat × *Post*	− 0. 9186 （0. 6565）	− 1. 0451 *** （0. 0056）	− 0. 8901 （0. 6485）	− 0. 0291 （0. 9448）
Size	2. 4893 *** （0. 0005）	0. 1555 （0. 1862）	1. 9009 *** （0. 0025）	0. 1228 （0. 3718）
Lev	47. 7977 *** （0. 0000）	3. 6444 *** （0. 0000）	44. 7319 *** （0. 0000）	2. 1372 *** （0. 0082）
Roa	− 19. 0528 （0. 1971）	− 2. 2077 （0. 4009）	− 29. 4538 ** （0. 0107）	− 5. 5015 *** （0. 0094）
Grow	0. 4767 （0. 7797）	− 0. 3532 * （0. 0785）	− 0. 6799 （0. 4617）	− 0. 1242 （0. 5005）

续表

Panel B 公司收益情况

变量	盈利较差		盈利较好	
	（1）	（2）	（3）	（4）
	Guar	*OutGuar*	*Guar*	*OutGuar*
Ownership	− 0.0818**	− 0.0059	− 0.0358	− 0.0016
	（0.0178）	（0.3852）	（0.2744）	（0.8056）
Dual	0.7462	− 0.2571	2.5759**	0.0011
	（0.5385）	（0.2184）	（0.0371）	（0.9964）
Investor	3.7141	1.6099	10.4800	3.7169*
	（0.6889）	（0.4271）	（0.2117）	（0.0512）
Indep	− 11.6401	− 1.8646	0.7768	− 0.4255
	（0.1591）	（0.2495）	（0.9206）	（0.7943）
Age	0.7155	− 0.0751	1.2328	0.7084***
	（0.5028）	（0.7397）	（0.2266）	（0.0021）
Soe	8.6708***	0.3620	9.0155***	0.9921***
	（0.0000）	（0.2953）	（0.0000）	（0.0022）
Big4	− 3.9642	− 0.6127*	− 1.5305	− 0.7637*
	（0.1234）	（0.0874）	（0.6309）	（0.0803）
Year/Ind	Yes	Yes	Yes	Yes
Cons	− 63.3821***	− 3.7931	− 71.0853***	− 6.0980*
	（0.0000）	（0.1363）	（0.0000）	（0.0528）
Obs	1851	1851	1809	1809
Adjusted R^2	0.2776	0.0842	0.2660	0.1092
Test diff.（p-value）	（1）-（3）：0.9918	（2）-（4）：0.0654	/	/

注：括号内是 P 值，∗、∗∗、∗∗∗ 分别表示 10%、5% 和 1% 的显著性水平。

（2）公司盈利状况。

上市公司的收益情况越好，其创造现金流的能力越强，充足的现金流可以帮助上市公司抵抗对外担保形成的或有风险（马亚军和冯根福，2005）。相反，较差的盈利状况的上市公司本身面临着现金流不足的问题，而对外担保将进一步放大上市公司面临的财务风险。因此，当上市公司的收益水平较低，为缓解对外担保风险而导致公司财务危机，投服中心将重点督促公司降低对非子公司的担保水平。我们预计，相比盈利较好的上市公司，投服中心持股行权降低公司对非子公司担保水平的作用将在盈利较差的上市公司中更显著。

本章以上市公司净资产收益率（Roa）的年度行业中位数为标准将样本划分为盈利较差组和盈利较好组，再次对基本结果进行估计。表 6.11 Panel B 报告了根据上市公司盈利状况进行分组的检验结果。结果显示，列（1）中 Treat × Post 的系数未通过显著性检验，列（2）中 Treat × Post 的系数显著为负，说明投服中心持股行权试点以后，试点地区盈利较差的上市公司对非子公司担保明显减少。列（3）和列（4）中 Treat × Post 的系数均未通过显著性检验，说明投服中心持股行权试点以后，试点地区盈利较好的上市公司对外担保总额和对非子公司担保未明显减少。此外，组间差异检验结果显示，列（2）与列（4）中 Treat × Post 的系数存在显著差异。该结果与预期的结果一致，表明相比盈利较好的上市公司，投服中心持股行权减少公司对非子公司担保的作用将在盈利较差的上市公司中更显著。

3. 投服中心持股行权与公司对外担保：审计质量

审计师审查是公司治理的重要外部监管力量，同时也是控制上市公司对外担保风险的重要方式。在对上市公司进行审计时，审计师会充分考虑公司对外担保事项产生的风险，上市公司的对外担保水平越高，审计师越可能出具持续经营不确定的审计意见（刘成立，2010；张俊瑞等，2014）。投服中心持股行权在约束公司对外担保的作用中，可能与审计制度存在互补和替代两种关系。一方面，投服中心持股行权作为一种创新的公司监管手段，治理路径灵活且富有弹性，可以与外部审计制度形成互补，共同作用于约束公司的对外担保行为，从而整体降低公司的对外担保风险。另一方面，投服中心持股行权可能对审计制度形成替代。大型事务所意味着较高的审计质量

（Dye，1993），因为这类事务所声誉价值更高，更不容易被上市公司收买，高质量审计意味着审计师对公司的对外担保风险存在监督效果。对于审计质量较低的上市公司，由于其受到的来自审计方面的外部监督较少，此时投服中心作为一种外部治理补偿机制能够更好地发挥其治理效果（何慧华和方军雄，2021），从而显著降低公司对外担保水平。

为了验证投服中心持股行权与审计制度的关系，本书在主检验模型的基础上增加了公司是否聘请十大审计机构的虚拟变量（$Big10$）、实验组变量（$Treat$）与政策时间变量（$Post$）的交乘项。其中，$Big10$ 是一个虚拟变量，参照何慧华和方军雄（2021）的研究，如果公司审计师为排名前 10 的会计师事务所取值为 1，否则取 0。表 6.12 的回归结果显示，列（1）和列（2）中 $Big10 \times Treat \times Post$ 的回归系数显著为负，表明相比于非十大事务所审计的上市公司，投服中心持股行权降低公司对外担保的整体水平和对非子公司担保水平的作用在由十大事务所审计的上市公司中更显著。这一结果说明投服中心持股行权可以与外部审计制度形成互补，共同作用于约束公司的对外担保和对非子公司担保行为。

表 6.12　　　　投服中心持股行权与公司对外担保：审计机构

变量	(1)	(2)
	$Guar$	$OutGuar$
$Treat$	-1.3476^{*} (0.0827)	-0.1373 (0.5142)
$Post$	0.9823 (0.3530)	0.0772 (0.7629)
$Treat \times Post$	0.8525 (0.3073)	-0.0706 (0.7137)
$Big10$	2.0931 (0.4011)	0.2796 (0.1083)
$Big10 \times Treat$	-1.4409 (0.4424)	0.5924^{**} (0.0159)

续表

变量	(1)	(2)
	Guar	OutGuar
$Big10 \times Post$	-0.0121 (0.9942)	0.1001 (0.5741)
$Big10 \times Treat \times Post$	-2.2747 * (0.0732)	-1.0734 *** (0.0015)
Size	1.7906 *** (0.0024)	0.0879 (0.4403)
Lev	46.7504 *** (0.0000)	3.0793 *** (0.0000)
Roa	-25.1197 *** (0.0004)	-1.7429 (0.2565)
Grow	0.1055 (0.8877)	-0.1465 (0.3650)
Ownership	-0.0450 *** (0.0053)	-0.0042 (0.3863)
Dual	1.5669 (0.1510)	-0.1396 * (0.0549)
Investor	8.2921 (0.1428)	2.4378 * (0.0574)
Indep	-4.7203 (0.5086)	-0.3645 (0.6987)
Age	1.2363 (0.1244)	0.3426 ** (0.0214)
Soe	9.2006 *** (0.0001)	0.6360 ** (0.0128)
Big4	-3.1560 (0.1314)	-0.8903 *** (0.0085)
Year/Ind	Yes	Yes

续表

变量	(1)	(2)
	Guar	*OutGuar*
Cons	−56.4640*** (0.0001)	−3.8179 (0.1252)
Obs	3660	3660
Adjusted R^2	0.2369	0.0507

注：括号内是 P 值，*、**、*** 分别表示 10%、5% 和 1% 的显著性水平。

4. 投服中心持股行权与公司对外担保：外部法制环境

受制于不同经济发展水平的影响，我国地区间的法制环境存在较大差异。地区法制环境作为上市公司的重要外部治理机制，对企业的对外担保活动具有重要影响（宋迪等，2019）。投服中心持股行权在约束公司对外担保的作用中，可能与外部法制环境存在互补和替代两种关系。一方面，投服中心在持股行权的过程中需要地区完善的法律制度作为支撑，当公司存在程序违规、审核疏漏等引发的对外担保风险时，投服中心可通过完善的法律程序得到有效解决。从这一层面来说，投服中心持股行权可与外部法制环境形成互补，共同作用于降低公司的对外担保风险。另一方面，投服中心持股行权可能对外部法制环境形成替代，当公司面临的外部法制水平较低时，其受到的外部监督较少，此时投服中心作为一种补偿机制能够更好地发挥其治理作用，从而显著降低公司对外担保水平。

为了验证投服中心持股行权与外部法制环境的关系，我们在主检验模型的基础上增加了公司所在地区法制水平变量（*Legal*）、实验组变量（*Treat*）与政策时间变量（*Post*）的交乘项。其中，*Legal* 参考王小鲁等编著的《中国分省份市场化指数报告（2021）》一书中第六部分《各省份市场化总指数、方面指数评分及排序：2008~2019 年》的市场化分指数"市场中介组织的发育和法治环境排序"，等于各省份市场中介组织的发育和法律制度环境的排名。*Legal* 的数值越大，地区的法制水平越低。表 6.13 的回归结果显示，列（2）中 *Legal* × *Treat* × *Post* 的回归系数显著为正，表明相比于法制水平较低的地区，投服中心持股行权降低公司对非子公司担保水平的作用在法制水平较高的地区更显著。这一结果说明投服中心持股行权可以对外部治理环境形成互补，当公司面临的外部法制环境较好时，投服中心将与外部法制环境共同作用于约束公司对非子公司担保行为。

表6.13　　　投服中心持股行权与公司对外担保：外部法制水平

变量	(1)	(2)
	Guar	*OutGuar*
Treat	− 5.7024 **	− 0.5889 **
	(0.0211)	(0.0463)
Post	2.2643 **	0.5772 *
	(0.0240)	(0.0518)
Treat × Post	− 0.1418	− 1.0002 ***
	(0.8981)	(0.0090)
Legal	− 0.4286 ***	− 0.0473
	(0.0003)	(0.1138)
Legal × Treat	0.7538 ***	0.1062 **
	(0.0072)	(0.0263)
Legal × Post	0.0112	− 0.0255
	(0.8888)	(0.2213)
Legal × Treat × Post	− 0.1517	0.0849 *
	(0.4107)	(0.0604)
Size	1.9367 ***	0.1187
	(0.0002)	(0.3475)
Lev	47.8222 ***	3.1445 ***
	(0.0000)	(0.0000)
Roa	− 20.8595 ***	− 1.6203
	(0.0004)	(0.2002)
Grow	0.0017	− 0.1518
	(0.9971)	(0.3183)

续表

变量	（1）	（2）
	Guar	*OutGuar*
Ownership	− 0. 0580 ** （0. 0126）	− 0. 0056 （0. 3091）
Dual	1. 5270 （0. 1841）	− 0. 1538 ** （0. 0439）
Investor	9. 6910 ** （0. 0462）	2. 1425 * （0. 0843）
Indep	− 5. 0233 （0. 5257）	− 0. 6452 （0. 5274）
Age	1. 2473 （0. 1361）	0. 3812 ** （0. 0443）
Soe	9. 0280 *** （0. 0005）	0. 6480 ** （0. 0344）
Big4	− 2. 5792 （0. 3273）	− 0. 7166 ** （0. 0279）
Year/Ind	Yes	Yes
Cons	− 67. 2448 *** （0. 0000）	− 5. 6730 * （0. 0598）
Obs	3660	3660
Adjusted R^2	0. 2733	0. 0815

注：括号内是 P 值，＊、＊＊、＊＊＊分别表示10%、5%和1%的显著性水平。

6.5 本章小结

本章节利用 2016 年投服中心持股行权试点为准自然实验，考察投服中心持股行权对公司对外担保的影响，以检验这一创新制度对中小股东权益的保护效果。实证研究结果发现，投服中心持股行权试点以后，试点区域内上市公司对外担保水平明显下降，这种作用主要体现在对非子公司担保方面，而在对子公司担保方面不明显。机制检验发现，投服中心持股行权通过发挥治理效应、示范引导效应，进而降低了上市公司对非子公司担保水平。进一步研究表明，投服中心持股行权降低公司对非子公司担保水平的作用效果在负债率较高、盈利较差的上市公司中更显著，说明投服中心持股行权有助于约束上市公司的高风险对外担保行为。此外，投服中心持股行权降低公司对外担保水平的作用在由十大事务所审计的上市公司和法制水平较高的地区更显著，说明投服中心持股行权能够与审计制度、外部法制环境形成互补，共同作用于约束公司的对外担保和对非子公司担保行为。

本章节的研究发现可能具有一些政策启示：第一，本章节发现投服中心持股行权不仅能够降低上市公司对外担保和对非子公司担保的整体水平，且主要针对杠杆率较高、盈利较差的上市公司发挥作用，从而降低这类高风险对外担保公司的财务风险。因此，后续可适当为投服中心提供更多的人力、资金支持，帮助投服中心扩大其对公司对外担保的积极影响，避免中小投资者的利益因公司高风险对外担保行为而蒙受损失。第二，本章节发现投服中心持股行权有助于降低上市公司对非子公司担保水平，而对子公司担保水平无明显降低作用。然而，上市公司对子公司担保的潜在风险同样不容忽视。因此，监管机构后续可以重点关注上市公司对子公司担保行为的合理性，进一步降低中小投资者利益损失的风险。

第 7 章

投服中心持股行权与公司股利
分配的理论分析与实证检验

7.1 制度背景与问题引出

7.1.1 我国上市公司股利分配现状

资产收益权是我国《公司法》明确规定的股东基本权利,包括公司股利分配权和股权增值收益权。股利分配作为上市公司股东取得资产收益的一种重要途径,是上市公司履行股东受托责任的重要体现。然而,由于我国上市公司的股权结构集中,股利政策的制定往往服务于大股东的利益需求,而忽略了广大中小投资者的诉求(黄娟娟和沈艺峰,2007),控股股东利用其自身控制地位对公司的股利政策施加影响从而攫取中小股东的现象时有发生。

1. 我国上市公司现金分红情况

公司现金分红关系投资者切身利益,一直是监管部门和资本市场关注的热门话题。现金股利侵占假说提出,现金股利是股权集中背景下控股股东侵害小股东利益的手段之一(Gugler & Yurtoglu,2003;邓建平和曾勇,2005;Aoki,2014)。我国上市公司的股权结构相对集中,控股股东往往掌握着公司的资源配置权，有能力影响公司股利政策，使公司的现金股利政策服务于自身利益，从而牺牲中小股东利益。以往研究表明，拥有高控制权的控股股东倾向于扣留公司利润，以便于其实施占用、掏空活动将公司资产隐蔽地转移至自己手中（Gugler & Yurtoglu，2003；邓建平和曾勇，2005；Feng，2011），从而导致公司现金股利减少。当前，我国证券市场上投资者保护的总体水平仍然较低，投资者对公司内部代理问题引发的征用风险较为警惕，理性的投资者会对控股股东掏空行为形成预期，并将现金股利视为保护自身利益的工具。当公司内部控制质量较低时，缺少有效的机制来保证留存现金的安全性和投资资金的回报率，投资者更偏好公司发放现金股利以缓解内部人的逆向选择和道德风险（屈依娜和陈汉文，2018）。

为了维护中小股东的分红权益，证监会从 2000 年开始先后出台了一系列政策规范上市公司的股利分配行为。2006 年、2008 年的半强制分红政策将上市公司再融资资格与股利分配水平挂钩；2011 年的现金股利承诺新政要求申请上市的公司必须在公司章程中做出现金分红承诺；2013 年，在原有的半强制分红政策基础上，证监会颁布了"差异化分红"监管政策，要求上市公司派发现金红利的比例应与企业成长性和有无重大资金支出安排挂钩；2018 年正式发布的新《上市公司治理准则》规定，上市公司应当积极回报股东，在公司章程中明确利润分配办法尤其是现金分红政策。在政府出台一系列鼓励分红的政策后，上市公司分红意愿明显增强。

图 7.1 列示了 2008～2020 年我国非金融上市公司现金分红的统计情况。从现金分红总金额来看，自 2008 年以来，我国资本市场中上市公司派发的现金分红总金额逐年增长。从现金分红水平来看，2008～2012 年，我国上市公司的现金分红率（每股现金股利/每股基本收益）经历了快速增长，并在2012 年到达峰值；2013 年，我国上市公司年度平均现金分红率明显下降，且直至 2020 年，上市公司年度平均现金分红率均维持在 30% 以下，与西方成熟资本市场仍存在明显差距。2013 年公司分红水平出现明显下滑的原因主要在于，2013 年证监会颁布了"差异化分红"监管政策，规定上市公司可根据自身成长性和重大资金支出安排分派股息，但未明确成长型和成熟型

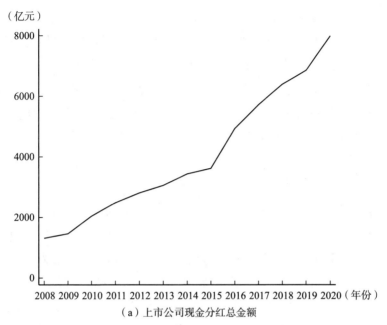

（a）上市公司现金分红总金额

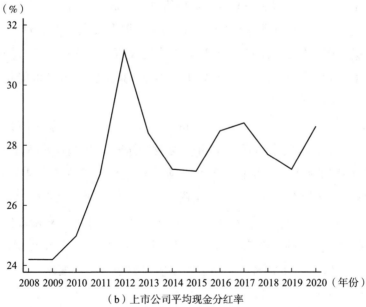

（b）上市公司平均现金分红率

图 7.1　2008～2020 年我国非金融上市公司现金分红情况

资料来源：笔者根据国泰安数据库中上市公司利润分配数据整理得到。

公司的界定标准以及公司是否存在重大资金支出安排的判定依据，分红监管从名义上的"硬约束"沦为"软约束"，为上市公司规避高比例现金分红提供了操作空间（王国俊等，2017）。根据本章节统计数据（见表 7.2），我国上市公司平均支付了 27.2% 的净利润作为现金分红，且至少 1/4 的样本上市公司未支付现金股利。因此，如何进一步提高上市公司的实质性分红水平仍是当前我国保障中小投资者合法收益权的重要课题。

2. 我国上市公司送转情况

股票送转是除现金股利外上市公司的另一种利润分配方式，包括送红股与转增股两种形式。送股是将利润额折算成股本，转增股是将公司的资本公积或盈余公积转为股本，送转股政策的本质是一种股票拆分行为，不会造成股东财富增加。近年来，我国上市公司"高送转"热情高涨，公司内部人通过推出"高送转"股利政策进行利益输送的丑闻不绝于耳。上市公司内部人利用"高送转"股利政策进行市值管理，造成投资者"名义股价幻觉"（俞红海，2014），引导股票价格上涨进而减持股票套利（李心丹等，2014；谢德仁等，2016）。蔡海静等（2017）的研究发现，上市公司送转股比例越高，大股东减持规模越大，结果说明公司的"高送转"政策可能是大股东进行掏空的手段。

图 7.2 列示了 2008～2020 年我国非金融上市公司股票送转情况。自2008 年以来，我国资本市场中上市公司股票送转总额整体呈现上升趋势，至 2015 年达到顶峰，一度形成资本市场"高送转"的现象。从 2016 年开始，在资本市场对公司股票送转行为的强监管之下，公司高送转数量开始逐渐递减。2017 年，证监会发布了《上市公司股东、董监高减持股份的若干规定》对上市公司的股票高送转和内部人员减持行为进行约束，高送转遇冷现象进一步凸显①。同样，上市公司年度股票送转率的变动趋势与上市公司股票送转总额总体一致。

---

① 需要说明的是，这一政策的实施不会影响到本书的结论，因为该政策的实施主体是全国范围内的上市公司，这将导致中国所有上市公司受到同等程度的影响。而在本书双重差分模型设计下，如果观察到在实验组和控制组之间存在差异，则可以说明差异是该政策以外其他因素引起的。

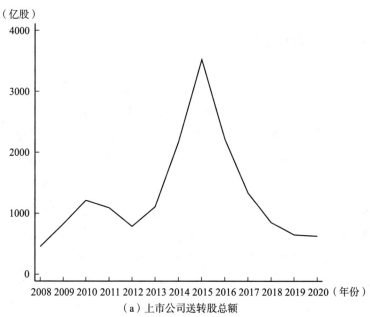

（a）上市公司送转股总额

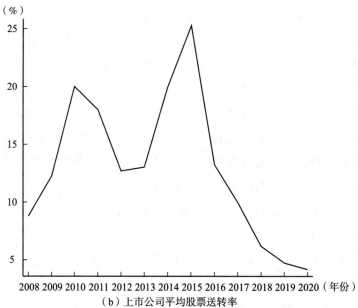

（b）上市公司平均股票送转率

图 7. 2　2008～2020 年我国非金融上市公司股票送转情况

资料来源：笔者根据国泰安数据库中上市公司利润分配数据整理得到。

7.1.2 主要问题的提出

上市公司股利分配是投资者实现资产收益权的重要途径，为保障投资者的合法收益权，督促上市公司合理分红是投服中心持股行权业务的重点事项之一。投服中心总经理徐明曾公开指出，上市公司中存在着符合现金分红的情况却不分红或少分红、高股票送转配套内部人减持的现象，导致上市公司的股票价格大幅下降，致使广大投资者利益受到损害。投服中心表示，未来将把公司股利分配事项行权常态化，切实督促上市公司加大对投资者的现金回报，规范公司"高送转"行为，保护中小投资者的合法权益。例如，上海能源（600508）2016年度在具备现金分红的条件下选择不分红，天海防务（300008）2016年度拟计划进行每10股派0.5元的低比例分红，投服中心分别建议两家公司进行现金分红和提高分红比例。随后，上海能源增加了每10股派发1元现金的分红方案，天海防务将现金分红比例由每10股派发0.5元提高为每10股派发1元。昊志机电（300503）2016年年报期间推出每10股转23股的"高送转"方案，并伴有原始股东股份减持，投服中心建议公司调整分配方案。随后，公司将转增比例降低为每10股转15股。①

在提高上市公司现金股利水平方面。投服中心持股行权将提高公司内部控制质量，督促公司完善其现金分红规章制度并严格按照现金分红相关法律法规、公司章程的规定进行现金分红，同时抑制公司内部现金资源的浪费，从而提高上市公司现金股利水平；有针对性地对股利分配水平较低的上市公司行权（陈运森等，2021），示范引导中小股东积极参与股东大会（何慧华和方军雄，2021），让中小股东有机会针对公司的利润分配事项发表意见；借助媒体舆论的监督力量对公司不合理分配行为形成威慑作用，促使公司主动加大对上市公司的分红力度，与外部投资者共享利润。同样地，在约束上市公司股票"高送转"行为方面。投服中心持股行权将强化独立董事的监督治理作用，同时引导中小股东积极参与股东大会对上市公司不合理股票

---

① 资料来源：中国投资者网公开披露的投服中心业务动态。

"高送转"方案发表意见，提高公司面临的诉讼风险和引发媒体对该公司的负面报道，对上市公司内部人利用"高送转"减持套利的行为起到威慑作用，从而约束公司股票"高送转"行为。

基于投服中心持股行权对上市公司股利分配事项的关注以及现实行权案例，本章节将重点讨论投服中心持股行权是否有助于规范上市公司股利分配行为（提高现金股利水平、约束公司股票"高送转"行为），从而维护了中小投资者的利益？投服中心持股行权影响公司股利分配的机制如何？并进一步探索与上述影响相关联的因素。

7.2　理论分析与假设提出

7.2.1　投服中心持股行权与公司现金股利

首先，投服中心持股行权能够提高公司的内部控制质量（治理效应），压缩公司有利润却不分红行为的自由决策空间，减少内部人对现金资源的浪费。一方面，高质量的内部控制将督促上市公司规范和完善利润分配的内部决策程序和机制，督促上市公司按照《上市公司章程指引（2016 年修订）》《上市公司股东大会规则（2016 年修订）》、2020 年《证券法》等规定在公司章程中明确现金分红优先顺序，明确听取中小投资者意见，明确利润分配政策决策机制，明确现金分红最低比例等条款。同时，高质量的内部控制也将监督公司严格遵守相关法律和公司章程合约，加大对投资者的现金回报。另一方面，上市公司内部人具有很强的动机和能力开展掏空行为，其中包括将利润用于进行一些有利于其私有收益的低收益率投资活动（Peng et al.，2011；林钟高和陈曦，2016），而现金资源的浪费将造成上市公司分配给外部投资者的现金股利减少。高质量的内部控制抑制公司内部人的资金占用、掏空行为，减少现金资源的浪费，从而促使上市公司有更多的剩余利润用于发放现金股利。

其次，投服中心示范行权能够唤醒中小股东的维权意识，提高中小股东参与股东大会的积极性（示范引导效应）。投服中心将有针对性地对股利分配水平较低的上市公司行权（陈运森等，2021），对于上市公司提出的不合理利润分配预案（如2016年度上海能源、天海防务的现金分配方案），投服中心通过发送股东建议函、现场参加股东大会等方式提出直接质询，督促上市公司对现金分红预案进行修改。投服中心的系列行权事件将对中小股东起到示范效果，引导中小股东积极参与股东大会并行使对公司现金分配议案的投票表决权。中小股东通过在股东大会对低现金股利分配议案或不进行利润分配的议案投出反对票，促使上市公司实施较高水平的现金股利分配，从而显著提升上市公司现金股利的支付意愿和支付水平（徐寿福和武霞，2020）。

最后，投服中心在对部分上市公司的现金股利分配方案行权后，将引发媒体对该公司的负面报道（威慑效应），极大地提高了上市公司的犯错成本，不仅能够对上市公司起到监督约束的效用，同时也能够对试点区域内其他未被行权的上市公司产生溢出效应（陈运森等，2021）。为避免因为现金股利分配方案被投服中心行权而产生消极的市场反应，试点区域内其他未被行权的上市公司将主动加大对投资者的现金回报。

综合上述分析，提出假设：

H7：投服中心持股行权将提高上市公司的现金股利水平。

7.2.2　投服中心持股行权与公司股票送转

长时间以来，我国资本市场上充斥着基于"数字游戏"的高送转现象，相比于"真金实银"的现金股利，股票送转不仅无助于股东权益的增加（谢德仁，2013），反而可能成为公司内部人高位减持套利的工具（李心丹等，2014；谢德仁等，2016；蔡海静等，2017；戚拥军等，2020）。为保障投资者合法权益不受损失，上市公司的股票送转行为也是投服中心重点关注的事项。

首先，投服中心持股行权将强化独立董事的监督治理作用（治理效应）。上市公司制订的股票高送转利润分配方案，需经董事会审议通过，独立董事应当就方案的合理性与可行性发表明确意见。投服中心持股行权通过完善独立董事述职流程，要求披露独立董事决策的合理依据，督促公司独立董事勤勉尽责，强化独立董事的监督治理作用。独立董事可以通过对股票高送转议案提出反对意见，约束公司股票高送转行为。

其次，投服中心持股行权将激发中小股东参与公司决策的积极性，引导中小股东积极参与股东大会（示范引导效应）。投服中心针对上市公司"高送转"预案以及伴有大股东及高管减持的"高送转"行为（如2016年度昊志机电、润欣股份的"高送转"利润分配方案），围绕上市公司"高送转"方案的合理性以及是否存在配合大股东、高管减持等问题，以参加股东大会的形式提出质询，建议上市公司修改不合理的股票送转方案。投服中心的系列行权事件将对中小股东起到示范效果，引导中小股东积极参与股东大会并在股东大会上对公司股票"高送转"议案投出反对票。此外，即使中小股东在股东大会上不发表意见，也可以发挥中小股东"围观"决策的力量，对公司内部人利用"高送转"减持套利的机会主义行为形成约束。

最后，投服中心持股行权将提高公司面临的诉讼风险，引发媒体对该公司的负面报道（威慑效应）。投服中心针对上市公司"高送转"预案行权将提高公司面临的诉讼风险，引发媒体对该公司的负面报道，极大地提高被行权上市公司的犯错成本，倒逼已被行权上市公司后续主动约束自身股票"高送转"行为。与此同时，投服中心对部分公司的"高送转"方案行权，能够对其他未被行权的上市公司产生溢出效应（陈运森等，2021）。对于试点区域内其他未被行权的上市公司而言，有了被行权公司的前车之鉴，将主动减少自身股票"高送转"行为，以避免自身被行权而产生负面影响。

综合上述分析，提出假设：

H8：投服中心持股行权将约束上市公司的股票"高送转"行为。

7.3 实验设计

7.3.1 样本选取及数据来源

本章节以2013~2016年中国A股非金融类上市公司作为研究对象，并将上市公司 2015 年和 2016 年的股利政策定义为受到政策影响的年份。我国上市公司的利润分配预案随年报公布，并在年报公布后召开股东大会对利润分配事项进行决议。其中，上市公司年报被要求于次年的 4 月 30 日前披露，年度股东大会被要求于次年的 6 月 30 日之前召开。

如图 7.3 所示，投服中心于 2016 年 2 月 19 日在上海、湖南、广东（不含深圳）三个地区试点持股行权工作，该时点在 2015 年年报披露和年度股东大会截止日期之前，投服中心仍然能够对试点地区上市公司 2015 年的股利分配方案进行干预。因此，上市公司 2015 年的股利政策被认为受到了政策影响。此外，投服中心于 2017 年 4 月 14 日将持股行权试点区域扩展至全国范围，虽然全国推广工作将同时对试点地区与非试点地区上市公司产生影响，但考虑囿于人力等资源的限制，投服中心通过持股行权在全国范围内发挥治理作用还需要一定时间（何慧华和方军雄，2021），预计投服中心对试点地区与非试点地区上市公司 2016 年的股利政策依然存在差异性影响。因此，将上市公司 2016 年上市公司的股利政策也纳入受影响的年份。值得说明的是，这一做法可能导致投服中心持股行权效果被低估，而不是被高估，从而进一步增强相关结论的可靠性。

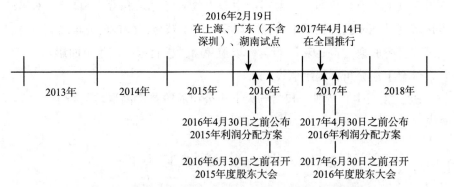

图 7.3　投服中心试点与上市公司股利分配决策时间顺序

还根据以下标准对数据进行剔除：（1）金融类上市公司；（2）ST 上市公司；（3）相关财务数据缺失的样本。本章节使用的上市公司利润分配数据、公司财务数据及公司治理特征数据均来源于 CSMAR 数据库。本章节对所有连续型变量进行了上下 1% 的缩尾处理，以排除极端值对结论的影响。

7.3.2　模型设定与变量说明

为准确地识别出投服中心持股行权对公司股利分配的影响，以 2016 年投服中心在上海、湖南、广东（不含深圳）三个地区试点持股行权事件为准自然实验，构建了以下双重差分（DID）模型对主要假设进行验证：

$$Div_{i,t} = \beta_0 + \beta_1 Treat_i + \beta_2 Post_t + \beta_3 Treat_i \times Post_t + \beta_k Controls_{i,t} + \varepsilon_{i,t}$$

$$(7.1)$$

模型（7.1）中因变量 Div 为上市公司股利分配变量，分别包含了现金股利变量和股票送转变量。上市公司现金股利方面，参考魏志华等（2017）和潘越等（2021）的研究，以现金股利支付率衡量上市公司的现金股利水平（$DivCash$），等于每股现金股利/每股收益。上市公司股票送转方面，首先，选取股票送转比衡量上市公司的送转水平（$DivStock$），等于公司送股比与转增比之和，如公司每 10 股送 2 股，转增 3 股，则送增比为 0.5（0.2 + 0.3）。其次，进一步辨别公司的"高送转"行为，参考李心丹等（2014）的研究，将送转比率等于或高于 0.5 的送转行为定义为"高送转"（$HDivStock$），并对"高送转"的样本取值为 1，否则取值为 0。最后，考虑到上市公司的股票送转行为往往配合内部人股票减持以实现套现，我们设置了公司股票送转同时是否伴随内部人员减持的虚拟变量（$DSRedu$），若公司股票送转同时伴随下一期内部人员减持则取值为 1，否则取值为 0。

$Treat$ 为投服中心持股行权试点的实验组变量。当上市公司位于上海、湖南、广东（不含深圳）三个试点地区时，$Treat$ 取值为 1；当上市公司位于江苏、湖北、深圳三个地区时，$Treat$ 取值为 0。

$Post$ 为投服中心持股行权试点的时间虚拟变量。与前面章节不同，考虑投服中心于 2016 年 2 月 19 日试点持股行权工作，能够对试点地区的上市公司 2015 年的利润分配方案产生影响，本章节对上市公司股利分配决策受到投服中心持股行权试点影响的年份（即 2015 年和 2016 年）取值为

1，并对上市公司股利分配决策受影响的前两年（即 2013 年和 2014 年）取值为 0。

模型中 Controls 包含了可能影响公司现金股利水平和公司股票送转的变量。参考陈运森等（2019a）的研究在模型中控制了企业规模（*Size*）、资产负债率（*Lev*）、总资产收益率（*Roa*）、公司成长性（*TQ*）、未分配利润（*Reni*）、是否再融资（*SEO*），董事会规模（*Boardsize*）、第一大股东持股比例（*Ownership*）、独立董事比例（*Indep*）。此外，模型还增加控制了控股股东两权分离度（*Separation*）、机构投资者持股比例（*Investor*）。参考李心丹等（2014）的研究，在模型中增加控制了年末收盘股价（*StockPrice*）、年末行业平均股价（*IndSP*）、每股未分配利润（*PPS*）、每股资本公积金（*RPS*）、年投资回报（*Ret*）、年股票价格波动（*Volatility*）。与此同时，模型中还分别控制了年份（*Year*）和行业（*Industry*）的固定效应。

模型中的 i 和 t 分别为公司和年份，ε 为回归模型的残差。本章节所有回归均进行了标准误调整，以排除异方差对结果的影响。

上述指标的定义及具体计算方法如表 7.1 所示。

表7.1 　　　　　　　　　　　　　　 变量定义

变量名称		变量符号	变量定义
因变量	现金股利	*DivCash*	税前每股现金股利/基本每股收益
	股票送转	*DivStock*	公司送股比与转增比之和
		HDivStock	若公司送转比率达到或超过 0.5，则取值为 1，否则取值为 0
		DSRedu	若公司股票送转同时伴随下一期内部人员减持，则取值为 1，否则取值为 0
自变量	投服中心持股行权试点的实验组虚拟变量	*Treat*	当上市公司位于上海、湖南、广东（不含深圳）时取值为 1，当上市公司位于江苏、湖北、深圳时取值为 0
	投服中心持股行权试点的时间虚拟变量	*Post*	上市公司股利分配决策受到投服中心持股行权试点影响的年份（即 2015 年和 2016 年）取值为 1，上市公司股利分配决策受影响的前两年（即 2013 年和 2014 年）取值为 0

续表

变量名称	变量符号	变量定义
公司规模	*Size*	期末总资产的自然对数
资产负债率	*Lev*	期末负债总额/期末总资产
总资产收益率	*Roa*	利润总额/总资产
公司成长性	*TQ*	（流通股份数每股价格 × 每股股价 + 非流通股份数 × 每股净资产 + 负债账面价值）/总资产
未分配利润	*Reni*	未分配利润/期末总资产
是否再融资	*SEO*	公司当年有再融资行为时，取值为 1，否则取值为 0
董事会规模	*Boardsize*	董事会人数总和
独立董事比例	*Indep*	独立董事人数/董事会人数
第一大股东持股比例	*Ownership*	第一大股东持股占总股数比例
两权分离度	*Separation*	控股股东控制权与所有权之间的差值
机构投资者持股比例	*Investor*	构投资者持股数占总股数比例
年末收盘股价	*StockPrice*	每年年末最后一个交易日股票收盘价
年末行业平均股价	*IndSP*	年末行业内股票平均价格
每股未分配利润	*PPS*	公司每股未分配利润
每股资本公积金	*RPS*	公司每股资本公积金
年投资回报	*Ret*	考虑现金红利再投资的年个股回报率
年股票价格波动	*Volatility*	年度股票价格的方差

（控制变量）

7.4　实证分析

7.4.1　描述性统计

1. 变量描述性统计

表 7.2 列示了全样本的描述性统计。从衡量股利分配的指标来看，

DivCash 的均值为 0.272，表明样本上市公司平均支付了 27.2% 的净利润作为现金分红；*DivCash* 的下四分位数为 0，说明至少 1/4 的样本上市公司未支付现金股利。*DivStock* 的均值为 0.435，表明样本上市公司平均每股送转增了 0.435 股股票。*HDivStock* 的均值为 0.169，表明有 16.9% 的样本上市公司存在"高送转"的行为。*DSRedu* 的均值为 0.126，表明有 12.6% 的样本上市公司存在股票送转的同时伴随着内部人员减持股票的现象。*Treat* 的均值为 0.498，*Post* 的均值为 0.509，说明样本中有 49.8% 的公司 – 年度观测值是实验组，有 50.9% 的观测值处于投服中心持股行权试点的时间之后。总体而言，本章节实验组和对照组的样本较为平衡。

表 7.2   变量描述性统计

变量	N	Mean	Min	p25	p50	p75	Max	SD
DivCash	3304	0.272	0	0	0.231	0.368	1.597	0.286
DivStock	3304	0.435	0	0	0	1	1	0.496
HDivStock	3304	0.169	0	0	0	0	1	0.375
DSRedu	3304	0.126	0	0	0	0	1	0.332
Treat	3304	0.498	0	0	0	1	1	0.500
Post	3304	0.509	0	0	1	1	1	0.500
Size	3304	22.03	19.31	21.19	21.88	22.72	25.65	1.220
Lev	3304	0.419	0.048	0.252	0.406	0.573	0.883	0.205
Roa	3304	0.038	−0.153	0.014	0.035	0.062	0.179	0.048
TQ	3304	2.611	0.953	1.467	1.986	2.919	15.06	2.064
Reni	3304	0.0573	0.004	0.027	0.043	0.068	0.366	0.054
SEO	3304	0.624	0	0	1	1	1	0.485
Boardsize	3304	9.381	5	8	9	11	17	2.326
Indep	3304	0.382	0.250	0.333	0.364	0.429	0.600	0.066
Ownership	3304	31.42	1.283	18.90	29.98	42.99	72.00	16.49
Separation	3304	5.201	0	0	0	9.245	29.32	7.681
Investor	3304	0.068	0	0.015	0.046	0.101	0.318	0.068

续表

变量	N	Mean	Min	p25	p50	p75	Max	SD
StockPrice	3304	16.96	3.380	9.070	13.80	20.91	62.19	11.35
IndSP	3304	17.34	7.300	14.25	16.36	19.49	36.61	5.226
PPS	3304	1.201	−2.172	0.477	0.975	1.667	6.619	1.349
RPS	3304	1.747	0.001	0.608	1.334	2.427	7.813	1.560
Ret	3304	0.379	−0.460	−0.0460	0.253	0.643	2.590	0.599
Volatility	3304	3.376	0.273	1.119	2.202	4.372	18.67	3.419

2. 变量相关性检验

表7.3是主要变量的相关系数分析表。从相关系数来看，除了因变量 *DivStock* 与因变量 *HDivStock*、*DSRedu* 间的相关系数分别达到0.897和0.732，以及因变量 *HDivStock* 与因变量 *DSRedu* 间的相关系数达到0.731以外，其他变量间的相关系数数值均没有超过0.7的临界值，说明模型不存在严重的多重共线性问题。*Treat* 与 *DivStock* 的相关系数为 −0.036，在5%水平显著，说明实验组上市公司的送转比例略低于控制组上市公司。*Treat* 与 *HDivStock* 的相关系数为 −0.048，在1%水平显著，说明实验组上市公司的"高送转"现象明显少于控制组上市公司。

表7.3　　　　　　　　　　变量相关系数

变量	*DivCash*	*DivStock*	*HDivStock*	*DSRedu*	*Treat*	*Post*	*Size*
DivCash	1						
DivStock	0.008	1					
HDivStock	0.017	0.897 ***	1				
DSRedu	0.044 **	0.732 ***	0.731 ***	1			
Treat	0.015	−0.036 **	−0.048 ***	0.005	1		
Post	−0.020	−0.001	−0.024	−0.005	0.004	1	
Size	0.047 ***	−0.091 ***	−0.103 ***	−0.088 ***	0.011	0.122 ***	1

续表

变量	DivCash	DivStock	HDivStock	DSRedu	Treat	Post	Size
Lev	-0.143***	-0.150***	-0.156***	-0.152***	-0.060***	0.001	0.503***
Roa	0.155***	0.143***	0.157***	0.155***	0.001	-0.029*	0.046***
TQ	-0.137***	0.015	0.006	0.030*	0.029*	0.217***	-0.512***
Reni	-0.030*	-0.167***	-0.166***	-0.155***	-0.035**	-0.032*	-0.005
SEO	0.010	0.052***	0.045***	0.065***	0.030*	0.320***	0.232***
Boardsize	0.015	-0.086***	-0.090***	-0.076***	0.045***	0	0.236***
Indep	0.006	0.044**	0.037**	0.053***	-0.026	0.005	-0.039**
Ownership	0.071***	0.023	0.032*	-0.002	0.018	-0.024	0.206***
Separation	0.001	-0.040**	-0.047***	-0.031*	-0.069***	-0.031*	0.031*
Investor	-0.023	0.155***	0.149***	0.158***	-0.042**	0.100***	0.145***
StockPrice	-0.018	0.307***	0.293***	0.245***	-0.007	0.268***	-0.167***
IndSP	-0.042**	0.128***	0.111***	0.097***	0.020	0.538***	-0.176***
PPS	0.152***	0.078***	0.087***	0.065***	-0.022	0.005	0.440***
RPS	0.047***	0.229***	0.225***	0.171***	-0.056***	-0.023	0.045***
Ret	-0.065***	0.192***	0.183***	0.111***	0.012	-0.023	-0.199***
Volatility	-0.042**	0.296***	0.264***	0.205***	-0.006	0.306***	-0.165***

变量	Lev	Roa	TQ	Reni	SEO	Indep	Boardsize
Lev	1						
Roa	-0.344***	1					
TQ	-0.196***	-0.006	1				
Reni	0.199***	-0.060***	0.225***	1			
SEO	0.040**	0.069***	-0.048***	-0.144***	1		
Boardsize	0.155***	-0.031*	-0.109***	0.089***	0.025	1	
Indep	-0.063***	0.004	0.037**	-0.061***	0.023	-0.191***	1
Ownership	0.016	0.088***	-0.180***	-0.021	0.018	0.009	0.068***
Separation	0.063***	0.023	-0.007	0.003	-0.021	0.047***	-0.079***
Investor	0.036**	0.161***	0.073***	-0.111***	0.173***	-0.018	0.035**
StockPrice	-0.213***	0.262***	0.339***	-0.146***	0.095***	-0.087***	0.059***

变量	Lev	Roa	TQ	Reni	SEO	Indep	Boardsize
IndSP	− 0. 187 ***	0. 011	0. 328 ***	− 0. 111 ***	0. 090 ***	− 0. 073 ***	0. 059 ***
PPS	− 0. 021	0. 411 ***	− 0. 336 ***	− 0. 115 ***	0. 087 ***	0. 069 ***	− 0. 011
RPS	− 0. 208 ***	− 0. 024	− 0. 200 ***	− 0. 260 ***	0. 086 ***	− 0. 018	0. 060 ***
Ret	− 0. 067 ***	0. 031 *	0. 322 ***	− 0. 021	− 0. 159 ***	− 0. 047 ***	0. 040 **
Volatility	− 0. 182 ***	0. 193 ***	0. 315 ***	− 0. 163 ***	0. 074 ***	− 0. 103 ***	0. 073 ***

变量	Ownership	Separation	Investor	StockPrice	IndSP	PPS	RPS
Ownership	1						
Separation	− 0. 337 ***	1					
Investor	− 0. 107 ***	0. 017	1				
StockPrice	0. 027	0. 010	0. 303 ***	1			
IndSP	− 0. 063 ***	− 0. 041 **	0. 120 ***	0. 447 ***	1		
PPS	0. 169 ***	0. 067 ***	0. 167 ***	0. 308 ***	− 0. 077 ***	1	
RPS	0. 056 ***	− 0. 004	0. 134 ***	0. 383 ***	0. 058 ***	0. 192 ***	1
Ret	− 0. 011	− 0. 005	0. 124 ***	0. 390 ***	0. 345 ***	− 0. 101 ***	0. 006
Volatility	− 0. 004	− 0. 017	0. 181 ***	0. 709 ***	0. 515 ***	0. 087 ***	0. 156 ***

变量	Ret	Volatility
Ret	1	
Volatility	0. 450 ***	1

注：＊、＊＊、＊＊＊分别表示10%、5%和1%的显著性水平。

7.4.2　基本检验结果

表7.4列示了投服中心持股行权影响上市公司现金股利分配的 DID 模型回归结果。列（1）是全样本的回归结果，$Treat \times Post$ 的回归系数未通过显著性检验，说明整体而言，投服中心持股行权试点以后，试点区域内上市公司的现金股利水平变化不明显。

表 7. 4　　　　　　　　　　　投服中心持股行权与公司现金股利

变量	全样本	试点前现金股利水平较低	试点前现金股利水平较高
	（1）	（2）	（3）
	DivCash	*DivCash*	*DivCash*
Treat	0. 0069	− 0. 0087	0. 0102
	（0. 6217）	（0. 3077）	（0. 5908）
Post	− 0. 0136	0. 0521 **	− 0. 0776 **
	（0. 5283）	（0. 0196）	（0. 0115）
Treat × Post	0. 0040	0. 0494 **	− 0. 0300
	（0. 8364）	（0. 0157）	（0. 2517）
Size	− 0. 0013	− 0. 0079	0. 0115
	（0. 8321）	（0. 2749）	（0. 1883）
Lev	− 0. 2155 ***	− 0. 0605	− 0. 1834 ***
	（0. 0000）	（0. 1142）	（0. 0013）
Roa	0. 4917 ***	0. 2678 ***	0. 2184
	（0. 0000）	（0. 0028）	（0. 3190）
TQ	− 0. 0158 ***	− 0. 0042 *	− 0. 0153 **
	（0. 0000）	（0. 0669）	（0. 0137）
Reni	0. 1873 **	0. 0781	0. 1538
	（0. 0153）	（0. 2067）	（0. 3118）
SEO	0. 0028	0. 0176	− 0. 0164
	（0. 8074）	（0. 1120）	（0. 2781）
Boardsize	0. 0022	0. 0000	0. 0030
	（0. 3104）	（0. 9937）	（0. 3054）
Indep	0. 0514	0. 0296	0. 1361
	（0. 4961）	（0. 7242）	（0. 1793）
Ownership	0. 0007 **	0. 0011 ***	0. 0001
	（0. 0444）	（0. 0093）	（0. 7533）
Separation	0. 0004	− 0. 0000	0. 0007
	（0. 5486）	（0. 9783）	（0. 4863）

续表

变量	全样本	试点前现金股利水平较低	试点前现金股利水平较高
	（1）	（2）	（3）
	DivCash	*DivCash*	*DivCash*
Investor	− 0. 0544	0. 0210	− 0. 0671
	（0. 4695）	（0. 7362）	（0. 5300）
StockPrice	− 0. 0011	− 0. 0018 *	0. 0017
	（0. 1320）	（0. 0633）	（0. 1189）
IndSP	0. 0066 **	0. 0017	0. 0086 **
	（0. 0324）	（0. 6600）	（0. 0428）
PPS	0. 0184 ***	0. 0302 ***	− 0. 0217 ***
	（0. 0001）	（0. 0000）	（0. 0014）
RPS	0. 0013	0. 0022	0. 0022
	（0. 7090）	（0. 6009）	（0. 6858）
Ret	− 0. 0016	− 0. 0004	− 0. 0298 **
	（0. 8755）	（0. 9659）	（0. 0442）
Volatility	− 0. 0021	0. 0027	− 0. 0074 ***
	（0. 2679）	（0. 2397）	（0. 0094）
Year/Ind	Yes	Yes	Yes
Cons	0. 2490 *	0. 3577 *	− 0. 0867
	（0. 0999）	（0. 0552）	（0. 6215）
Obs	3304	1325	1979
Adjusted R^2	0. 0809	0. 1664	0. 0577
Test diff. （p-value）	/	（2）−（3）：0. 0155	

注：括号内是 P 值，＊、＊＊、＊＊＊分别表示10%、5%和1%的显著性水平。

　　本书进一步根据投服中心试点前上市公司的现金股利水平高低进行分组检验，将投服中心试点前两年现金股利水平均值低于中位数的上市公司定义为"试点前现金股利水平较低"，将等于或高于中位数的上市公司定义为"试点前现金股利水平较高"。列（2）中 *Treat* × *Post* 的回归系数显著为正，说明投服中心持股行权以后，试点前原本现金分红水平较低的上市公司现金股利水平明显提高。列（3）中 *Treat* × *Post* 的回归系数未通过显著性检验，说明投服中心持股行权以后，试点地区原本现金分红水平较高的上市公司的现金股利水平有所降低，但变化不明显。此外，列（2）和列（3）的组间系数差异性检验结果显示，两组中 *Treat* × *Post* 的系数存在显著差异。

上述结果说明，投服中心对试点地区的上市公司持股行权，能够督促原本现金分红水平较低的上市公司提高现金分红比例，结果支持了假设 H7。

在现实中，现金股利并非越高越好，异常高派现同样可能是控股股东掏空上市公司的手段（刘峰和贺建刚，2004；马曙光等，2005；Atanassov & Mandell，2018），不利于企业的持续发展。投服中心能够起到了"查漏补缺"的作用，督促原本低现金股利水平的上市公司积极派现，而未导致原本高现金股利水平的上市公司进一步提高股息，有利于从整体上提高我国上市公司现金股利政策的合理性。

表 7.5 列示了投服中心持股行权影响上市公司股票送转行为的回归结果。列（1）中 *Treat* × *Post* 的回归系数显著为负，说明投服中心持股行权试点以后，试点区域内上市公司的送转率明显降低。列（2）中 *Treat* × *Post* 的回归系数显著为负，说明投服中心持股行权试点以后，试点区域内上市公司的"高送转"行为受到明显抑制。列（3）中 *Treat* × *Post* 的回归系数显著为负，说明投服中心持股行权以后，试点地区的上市公司股票送转同时伴随内部人员减持的情况明显减少。

表 7.5　　　　　　　　　　投服中心持股行权与公司股票送转

变量	(1)	(2)	(3)
	DivStock	*HDivStock*	*DSRedu*
Treat	0.0023 (0.8969)	− 0.0586 (0.6865)	0.2585 * (0.0771)
Post	0.0552 * (0.0728)	0.4794 ** (0.0473)	0.8667 *** (0.0004)

续表

变量	(1)	(2)	(3)
	DivStock	*HDivStock*	*DSRedu*
Treat × Post	− 0. 0470 *	− 0. 3843 *	− 0. 3799 *
	(0. 0712)	(0. 0660)	(0. 0621)
Size	− 0. 0280 ***	− 0. 3414 ***	− 0. 2603 ***
	(0. 0018)	(0. 0001)	(0. 0009)
Lev	− 0. 0260	− 0. 0290	− 0. 3079
	(0. 5548)	(0. 9474)	(0. 4610)
Roa	0. 6621 ***	9. 2954 ***	8. 9093 ***
	(0. 0000)	(0. 0000)	(0. 0000)
TQ	− 0. 0225 ***	− 0. 2132 ***	− 0. 1025 **
	(0. 0000)	(0. 0000)	(0. 0143)
Reni	− 0. 3489 ***	− 13. 9147 ***	− 13. 3560 ***
	(0. 0003)	(0. 0000)	(0. 0000)
SEO	0. 0310 **	0. 1802	0. 1543
	(0. 0463)	(0. 1475)	(0. 2194)
Boardsize	− 0. 0061 **	− 0. 0529 **	− 0. 0356
	(0. 0365)	(0. 0351)	(0. 1463)
Indep	− 0. 0238	− 0. 5673	0. 5958
	(0. 8280)	(0. 4793)	(0. 4443)
Ownership	0. 0002	0. 0031	− 0. 0009
	(0. 6184)	(0. 3709)	(0. 7887)
Separation	− 0. 0016 *	− 0. 0159 **	− 0. 0101
	(0. 0609)	(0. 0342)	(0. 1709)
Investor	0. 4049 ***	3. 1142 ***	3. 4841 ***
	(0. 0008)	(0. 0001)	(0. 0000)
StockPrice	0. 0035 **	0. 0180 **	0. 0159 *
	(0. 0332)	(0. 0429)	(0. 0606)
IndSP	− 0. 0079 *	− 0. 0696 *	− 0. 0116
	(0. 0931)	(0. 0502)	(0. 7378)

续表

变量	(1) DivStock	(2) HDivStock	(3) DSRedu
PPS	-0.0090 (0.2136)	0.0551 (0.4209)	0.0189 (0.7635)
RPS	0.0335*** (0.0000)	0.1603*** (0.0005)	0.1159*** (0.0069)
Ret	0.0742*** (0.0001)	0.5509*** (0.0000)	0.3547*** (0.0016)
Volatility	0.0207*** (0.0000)	0.0722*** (0.0006)	0.0414** (0.0390)
Year/Ind	Yes	Yes	Yes
Cons	0.7787*** (0.0001)	6.7809*** (0.0003)	2.4129 (0.2213)
Obs	3304	3292	3292
Adjusted R^2	0.1754	/	/
Pseudo R^2	/	0.1956	0.1531

注：括号内是 P 值，*、**、*** 分别表示 10%、5% 和 1% 的显著性水平。

上述结果说明，投服中心持股行权从整体上降低了上市公司的股票送转水平，约束上市公司"高送转"行为，同时抑制上市公司内部人员通过股票送转计划减持套利的现象，结果支持了假设 H8。

7.4.3 稳健性检验

1. 平行趋势检验

为了保证实验组样本和控制组样本的因变量在政策之前的变动趋势相同，本书将对投服中心持股行权影响上市公司股利分配的 DID 模型进行平行趋势检验。在回归中加入 Treat 与各年份虚拟变量的交乘项，变量

*Year*2013 在 2013 年取值为 1，其他年份取 0，其余年份以此类推。为避免虚拟变量设置陷阱，剔除了与 2016 年对应的年度虚拟变量 *Year*2016。若平行趋势假设成立，则预计投服中心开展试点工作之前年份的虚拟变量系数不显著，即实验组和控制组的股利分配在投服中心持股行权试点前不存在显著差异。表 7.6 报告了平行趋势检验的回归结果。结果显示，列（1）~ 列（6）中 *Treat* × *Year*2013 和 *Treat* × *Year*2014 的回归系数均不显著，说明在投服中心持股行权试点之前（2013 ~ 2014 年），实验组和控制组公司的股利分配不存在显著的差异，符合 DID 回归中的平行趋势的前提条件。列（4）~ 列（5）中 *Treat* × *Year*2015 的回归系数均显著为负，说明投服中心开展持股行权试点工作后（2015 年），试点地区的上市公司明显降低了送转比例，减少了 "高送转" 行为。综合上述结果来看，本章节的 DID 模型基本满足平行趋势假设。

表 7.6　　投服中心持股行权与公司股利分配：平行趋势检验

变量	现金股利			股票送转		
	全样本	试点前现金股利水平较低	试点前现金股利水平较高	送转比	高送转	股票送转 + 内部人员减持
	（1）	（2）	（3）	（4）	（5）	（6）
	DivCash	*DivCash*	*DivCash*	*DivStock*	*HDivStock*	*DSRedu*
Treat	−0.0038 (0.8472)	0.0390 (0.3265)	0.0105 (0.6807)	−0.0104 (0.6726)	−0.1432 (0.5212)	0.0975 (0.6203)
Treat × *Year*2013	0.0127 (0.6419)	−0.0519 (0.2469)	0.0018 (0.9593)	0.0221 (0.4925)	0.0455 (0.8816)	0.2251 (0.4614)
Treat × *Year*2014	0.0089 (0.7536)	−0.0377 (0.3560)	−0.0021 (0.9557)	0.0028 (0.9399)	0.1156 (0.6938)	0.1179 (0.6587)
Treat × *Year*2015	0.0298 (0.2714)	0.0096 (0.8592)	−0.0594 (0.1013)	−0.0694 * (0.0787)	−0.5321 * (0.0816)	−0.4574 (0.1143)
Size	−0.0014 (0.8199)	−0.0046 (0.4438)	0.0112 (0.1999)	−0.0277 *** (0.0020)	−0.3409 *** (0.0001)	−0.2590 *** (0.0009)

续表

变量	现金股利			股票送转		
	全样本	试点前现金股利水平较低	试点前现金股利水平较高	送转比	高送转	股票送转 + 内部人员减持
	(1)	(2)	(3)	(4)	(5)	(6)
	DivCash	DivCash	DivCash	DivStock	HDivStock	DSRedu
Lev	− 0.2146 *** (0.0000)	− 0.0734 ** (0.0198)	− 0.1811 *** (0.0015)	− 0.0282 (0.5218)	− 0.0435 (0.9212)	− 0.3211 (0.4422)
Roa	0.4955 *** (0.0000)	0.2091 ** (0.0119)	0.2280 (0.2969)	0.6496 *** (0.0000)	9.2579 *** (0.0000)	8.8595 *** (0.0000)
TQ	− 0.0158 *** (0.0000)	− 0.0010 (0.4565)	− 0.0152 ** (0.0141)	− 0.0225 *** (0.0000)	− 0.2147 *** (0.0000)	− 0.1033 ** (0.0134)
Reni	0.1878 ** (0.0150)	0.0880 * (0.0790)	0.1564 (0.3036)	− 0.3514 *** (0.0003)	− 13.9347 *** (0.0000)	− 13.3739 *** (0.0000)
SEO	0.0028 (0.8074)	0.0170 * (0.0561)	− 0.0166 (0.2703)	0.0312 ** (0.0451)	0.1813 (0.1459)	0.1558 (0.2158)
Boardsize	0.0022 (0.3117)	− 0.0001 (0.9433)	0.0030 (0.3075)	− 0.0060 ** (0.0366)	− 0.0520 ** (0.0383)	− 0.0349 (0.1542)
Indep	0.0536 (0.4772)	0.0218 (0.7805)	0.1418 (0.1613)	− 0.0294 (0.7879)	− 0.5917 (0.4609)	0.5612 (0.4701)
Ownership	0.0007 ** (0.0460)	0.0011 ** (0.0408)	0.0001 (0.7615)	0.0002 (0.6008)	0.0032 (0.3583)	− 0.0008 (0.8077)
Separation	0.0004 (0.5563)	0.0004 (0.6761)	0.0007 (0.4901)	− 0.0016 * (0.0654)	− 0.0157 ** (0.0363)	− 0.0100 (0.1779)
Investor	− 0.0557 (0.4589)	− 0.0121 (0.7242)	− 0.0711 (0.5064)	0.4074 *** (0.0007)	3.1278 *** (0.0001)	3.4938 *** (0.0000)
StockPrice	− 0.0011 (0.1299)	− 0.0019 *** (0.0038)	0.0017 (0.1221)	0.0036 ** (0.0314)	0.0185 ** (0.0377)	0.0163 * (0.0543)
IndSP	0.0064 ** (0.0363)	0.0020 (0.3695)	0.0088 ** (0.0401)	− 0.0076 (0.1078)	− 0.0667 * (0.0642)	− 0.0091 (0.7964)

续表

变量	现金股利			股票送转		
	全样本	试点前现金股利水平较低	试点前现金股利水平较高	送转比	高送转	股票送转 + 内部人员减持
	（1）	（2）	（3）	（4）	（5）	（6）
	DivCash	*DivCash*	*DivCash*	*DivStock*	*HDivStock*	*DSRedu*
PPS	0.0184 ***	0.0347 ***	− 0.0216 ***	− 0.0092	0.0532	0.0178
	（0.0001）	（0.0000）	（0.0015）	（0.2040）	（0.4341）	（0.7759）
RPS	0.0014	0.0009	0.0025	0.0332 ***	0.1578 ***	0.1139 ***
	（0.6855）	（0.7882）	（0.6460）	（0.0000）	（0.0006）	（0.0079）
Ret	− 0.0014	− 0.0012	− 0.0297 **	0.0736 ***	0.5502 ***	0.3542 ***
	（0.8921）	（0.9180）	（0.0455）	（0.0001）	（0.0000）	（0.0016）
Volatility	− 0.0021	0.0020	− 0.0074 ***	0.0207 ***	0.0718 ***	0.0411 **
	（0.2644）	（0.4207）	（0.0086）	（0.0000）	（0.0007）	（0.0426）
Year/Ind	Yes	Yes	Yes	Yes	Yes	Yes
Cons	0.2505 *	0.3084 **	− 0.0862	0.7672 ***	6.7544 ***	2.3175
	（0.0986）	（0.0411）	（0.6237）	（0.0001）	（0.0004）	（0.2426）
Obs	3304	1325	1979	3304	3292	3292
Adjusted R^2	0.0813	0.2009	0.0590	0.1764	/	/
Pseudo R^2	/	/	/	/	0.1966	0.1540

注：括号内是 P 值，∗、∗∗、∗∗∗分别表示 10%、5% 和 1% 的显著性水平。

2. 安慰剂检验

考虑相关结论可能受到政策实施前其他政策或随机性因素的影响，进一步利用反事实方法进行安慰剂检验。本书假设投服中心持股行权试点的时间为 2014 年，将投服中心试点的真实年份提前 2 年。本书选取上市公司 2011 ～ 2014 年的股利政策为研究对象，构建新的政策变量 *Post*1，该变量在 2011 ～ 2012 年取值为 0，在 2013 ～ 2014 年取值为 1。其他设定均保持不变。表 7.7 报告了虚拟试点时间的回归结果，结果显示，列（1）～列（6）中 *Treat* × *Post*1 的回归系数均未通过显著性检验，证明投服中心持股行权提高公司现金股利水平、约束公司股票送转行为的结论不受政策实施前其他政策或随机性因素的影响。

表7.7　　投服中心持股行权与公司股利分配：安慰剂检验

变量	现金股利			股票送转		
	全样本	试点前现金股利水平较低	试点前现金股利水平较高	送转比	高送转	股票送转 + 内部人员减持
	(1)	(2)	(3)	(4)	(5)	(6)
	DivCash	DivCash	DivCash	DivStock	HDivStock	DSRedu
Treat	0.0185 (0.4142)	0.0048 (0.7129)	0.0021 (0.9442)	0.0064 (0.7276)	0.0433 (0.8529)	0.0679 (0.8024)
Post1	−0.0275 (0.2965)	0.0417 * (0.0852)	−0.0692 * (0.0665)	0.0878 *** (0.0083)	0.7475 ** (0.0178)	1.2810 *** (0.0000)
Treat × Post1	−0.0091 (0.7266)	−0.0095 (0.6665)	0.0052 (0.8803)	0.0001 (0.9972)	−0.0355 (0.8980)	0.2358 (0.4377)
Size	−0.0050 (0.5081)	−0.0281 *** (0.0002)	−0.0046 (0.6714)	−0.0425 *** (0.0000)	−0.6396 *** (0.0000)	−0.5067 *** (0.0000)
Lev	−0.2795 *** (0.0000)	−0.0489 (0.2452)	−0.2089 *** (0.0041)	0.0236 (0.5773)	0.9006 (0.1114)	−0.0374 (0.9415)
Roa	0.4678 *** (0.0038)	0.3656 *** (0.0036)	−0.0126 (0.9669)	0.8658 *** (0.0000)	12.7610 *** (0.0000)	8.5692 *** (0.0000)
TQ	−0.0451 *** (0.0000)	−0.0301 *** (0.0000)	−0.0344 ** (0.0133)	−0.0320 *** (0.0006)	−0.2482 ** (0.0214)	−0.1302 (0.1635)
Reni	0.2263 ** (0.0440)	0.0671 (0.5777)	0.1613 (0.4149)	−0.4291 *** (0.0002)	−15.4369 *** (0.0000)	−11.7704 *** (0.0001)
SEO	0.0108 (0.3782)	−0.0025 (0.8543)	0.0036 (0.8217)	0.0231 * (0.0932)	0.1401 (0.3091)	0.1396 (0.2983)
Boardsize	0.0020 (0.4918)	−0.0004 (0.8877)	0.0046 (0.2448)	−0.0019 (0.5511)	−0.0152 (0.6498)	−0.0319 (0.3379)
Indep	−0.0121 (0.8907)	−0.0156 (0.8546)	0.1204 (0.3436)	0.1669 (0.1272)	1.3528 (0.1403)	1.3097 (0.1450)

续表

变量	现金股利			股票送转		
	全样本	试点前现金股利水平较低	试点前现金股利水平较高	送转比	高送转	股票送转 + 内部人员减持
	（1）	（2）	（3）	（4）	（5）	（6）
	DivCash	DivCash	DivCash	DivStock	HDivStock	DSRedu
Ownership	0.0004 （0.3694）	0.0001 （0.7657）	0.0002 （0.6938）	0.0001 （0.8308）	0.0034 （0.4230）	− 0.0015 （0.7165）
Separation	0.0009 （0.2732）	− 0.0002 （0.7795）	0.0015 （0.2171）	− 0.0011 （0.1930）	− 0.0116 （0.2012）	− 0.0063 （0.4551）
Investor	− 0.1123 （0.1820）	0.0332 （0.6899）	− 0.1742 （0.1398）	0.1972 （0.1133）	2.2861 ** （0.0238）	2.3495 ** （0.0143）
StockPrice	0.0008 （0.4384）	− 0.0005 （0.6494）	0.0032 * （0.0774）	0.0091 *** （0.0000）	0.0410 ** （0.0108）	0.0409 *** （0.0061）
IndSP	0.0052 （0.3151）	0.0117 ** （0.0401）	− 0.0029 （0.6845）	− 0.0113 （0.1238）	− 0.0595 （0.3711）	− 0.0624 （0.3494）
PPS	0.0115 * （0.0587）	0.0354 *** （0.0000）	− 0.0158 * （0.0844）	− 0.0146 * （0.0568）	0.1232 （0.2061）	0.0860 （0.3239）
RPS	− 0.0048 （0.2868）	− 0.0069 （0.1072）	− 0.0088 （0.2553）	0.0281 *** （0.0000）	0.2466 *** （0.0000）	0.0413 （0.4599）
Ret	0.0019 （0.9006）	0.0168 （0.2700）	− 0.0260 （0.2474）	0.0903 *** （0.0000）	0.8968 *** （0.0000）	0.4897 *** （0.0017）
Volatility	− 0.0051 （0.1120）	− 0.0033 （0.3188）	− 0.0087 * （0.0516）	0.0072 （0.1824）	0.0259 （0.4762）	− 0.0129 （0.7249）
Year/Ind	Yes	Yes	Yes	Yes	Yes	Yes
Cons	0.3777 *** （0.0092）	0.3738 ** （0.0440）	0.5872 *** （0.0036）	0.7009 *** （0.0000）	7.5959 *** （0.0001）	− 6.0042 *** （0.0006）
Obs	2393	943	1450	2393	2375	2383
Adjusted R^2	0.0870	0.1209	0.0667	0.2019	/	/
Pseudo R^2	/	/	/	/	0.2496	0.1959

注：括号内是 P 值，＊、＊＊、＊＊＊分别表示 10%、5% 和 1% 的显著性水平。

3. PSM – DID 检验

在前文实验设计部分，本书以地理位置和经济状况作为标准选取了江苏、湖北、深圳作为试点地区［上海、湖南、广东（不含深圳）］的对照组。为克服选取对照组时的主观性因素，进一步采取 PSM 方法为实验组样本匹配对照组。首先，以模型（7.1）中的控制变量为匹配变量，进行最邻近有放回1:1匹配，得到实验组和控制组共3038个样本，并利用匹配后的样本对基本结果进行再次验证。表7.8列示了 PSM 匹配样本的回归结果，Panel A 的 PSM 平衡性检验显示，匹配之前，实验组和控制组的部分匹配变量存在显著差别，而在匹配之后，两组的匹配变量无显著差异，表明匹配变量通过了平衡性检验。Panel B 的回归结果显示，列（2）中 $Treat \times Post$ 的回归系数显著为正，列（4）~列（6）中 $Treat \times Post$ 的回归系数均显著为负。上述结果与基本检验结果一致，表明在排除人为选择对照组时可能存在的主观性因素后，投服中心持股行权提高公司现金股利水平、约束公司股票送转行为的结论依然保持不变。

表 7.8　　　　投服中心持股行权与公司股利分配：PSM – DID 检验

Panel A PSM 模型的平衡性检验

变量	Unmatched	Mean		t-test
	Matched	Treated	Control	p > |t|
Size	U	22.051	22.212	0.000
	M	22.052	22.111	0.179
Lev	U	0.4067	0.4442	0.000
	M	0.4069	0.4064	0.945
Roa	U	0.0374	0.0330	0.002
	M	0.0374	0.0369	0.775
TQ	U	2.6314	2.3841	0.000
	M	2.6278	2.5608	0.299

续表

Panel A PSM 模型的平衡性检验

变量	Unmatched	Mean		t-test
	Matched	Treated	Control	p > |t|
Reni	U	0.0554	0.0574	0.176
	M	0.0554	0.0531	0.158
SEO	U	0.6381	0.6000	0.004
	M	0.6379	0.6628	0.134
Boardsize	U	9.4872	9.5192	0.619
	M	9.4887	9.5551	0.427
Indep	U	0.3802	0.3805	0.888
	M	0.3802	0.3815	0.559
Ownership	U	31.733	31.577	0.736
	M	31.738	32.298	0.353
Separation	U	4.6643	5.4772	0.000
	M	4.6671	4.8152	0.563
Investor	U	0.0650	0.0696	0.014
	M	0.0650	0.0636	0.516
StockPrice	U	16.902	16.042	0.007
	M	16.901	16.853	0.906
IndSP	U	16.944	16.672	0.061
	M	16.936	17.077	0.460
PPS	U	1.1718	1.2009	0.445
	M	1.1723	1.2032	0.515
RPS	U	1.6563	1.7774	0.004
	M	1.6572	1.7133	0.263
Ret	U	0.3867	0.3307	0.000
	M	0.3854	0.3937	0.697
Volatility	U	3.3743	3.2115	0.091
	M	3.3725	3.3954	0.856

续表

Panel B 使用匹配样本的回归检验

变量	现金股利			股票送转		
	全样本	试点前现金股利水平较低	试点前现金股利水平较高	送转比	高送转	股票送转+内部人员减持
	（1）	（2）	（3）	（4）	（5）	（6）
	DivCash	DivCash	DivCash	DivStock	HDivStock	DSRedu
Treat	−0.0007 (0.9518)	−0.0197 ** (0.0126)	−0.0017 (0.9275)	0.0247 (0.1504)	0.1132 (0.4689)	0.4225 *** (0.0074)
Post	0.0198 (0.2705)	0.0674 *** (0.0004)	−0.0282 (0.3038)	0.0400 (0.1737)	0.4585 * (0.0739)	0.8848 *** (0.0007)
Treat × Post	0.0046 (0.7886)	0.0483 ** (0.0128)	−0.0208 (0.4003)	−0.0471 * (0.0698)	−0.4563 ** (0.0426)	−0.4441 ** (0.0455)
Size	0.0061 (0.2747)	−0.0068 (0.3383)	0.0121 (0.1184)	−0.0148 * (0.0911)	−0.2065 ** (0.0194)	−0.1384 * (0.0871)
Lev	−0.1875 *** (0.0000)	−0.0783 ** (0.0345)	−0.1910 *** (0.0002)	−0.0905 ** (0.0463)	−0.6079 (0.1963)	−0.5053 (0.2621)
Roa	−0.5753 *** (0.0000)	−0.2030 ** (0.0286)	−1.0802 *** (0.0000)	0.4372 *** (0.0013)	7.5372 *** (0.0000)	7.8857 *** (0.0000)
TQ	−0.0041 (0.1900)	−0.0045 (0.1584)	−0.0010 (0.8614)	−0.0310 *** (0.0000)	−0.2311 *** (0.0001)	−0.1258 ** (0.0180)
Reni	−0.0448 (0.5711)	−0.1675 ** (0.0137)	0.2337 (0.1398)	−0.2964 *** (0.0030)	−14.0455 *** (0.0000)	−10.2271 *** (0.0001)
SEO	−0.0024 (0.8146)	0.0180 (0.1047)	−0.0192 (0.1946)	0.0282 * (0.0742)	0.1372 (0.3057)	0.2625 * (0.0587)
Boardsize	0.0015 (0.4288)	−0.0002 (0.9340)	0.0010 (0.7177)	−0.0037 (0.2000)	−0.0217 (0.4129)	−0.0315 (0.2148)
Indep	0.1298 * (0.0620)	0.0761 (0.3727)	0.1537 (0.1142)	0.0122 (0.9119)	0.1482 (0.8614)	0.8059 (0.3392)
Ownership	0.0006 ** (0.0498)	0.0008 ** (0.0255)	0.0000 (0.9247)	−0.0002 (0.6969)	0.0016 (0.6713)	−0.0049 (0.1931)

续表

Panel B 使用匹配样本的回归检验

变量	现金股利			股票送转		
	全样本	试点前现金股利水平较低	试点前现金股利水平较高	送转比	高送转	股票送转 + 内部人员减持
	(1)	(2)	(3)	(4)	(5)	(6)
	DivCash	*DivCash*	*DivCash*	*DivStock*	*HDivStock*	*DSRedu*
Separation	0.0002 (0.7202)	0.0004 (0.5762)	−0.0003 (0.7743)	−0.0001 (0.9330)	0.0025 (0.7542)	−0.0034 (0.6719)
Investor	−0.2229 *** (0.0007)	−0.1645 ** (0.0271)	−0.2600 *** (0.0049)	0.3993 *** (0.0008)	3.5594 *** (0.0000)	4.2970 *** (0.0000)
StockPrice	−0.0015 ** (0.0477)	−0.0021 ** (0.0325)	−0.0001 (0.9201)	0.0043 ** (0.0101)	0.0244 ** (0.0116)	0.0126 (0.1724)
IndSP	0.0012 (0.6010)	−0.0029 (0.2452)	0.0048 (0.1989)	−0.0062 (0.2024)	−0.0623 * (0.0791)	−0.0051 (0.8840)
PPS	−0.0113 ** (0.0147)	−0.0008 (0.8871)	−0.0223 *** (0.0021)	−0.0124 * (0.0759)	0.0140 (0.8331)	−0.0063 (0.9196)
RPS	−0.0111 *** (0.0036)	−0.0092 ** (0.0424)	−0.0078 (0.2041)	0.0375 *** (0.0000)	0.1785 *** (0.0005)	0.1669 *** (0.0011)
Ret	0.0071 (0.4454)	0.0112 (0.2440)	−0.0103 (0.4909)	0.0861 *** (0.0000)	0.5539 *** (0.0000)	0.4666 *** (0.0001)
Volatility	−0.0006 (0.7673)	−0.0002 (0.9298)	−0.0008 (0.7841)	0.0170 *** (0.0002)	0.0525 ** (0.0124)	0.0411 ** (0.0416)
Year/Ind	Yes	Yes	Yes	Yes	Yes	Yes
Cons	0.3166 *** (0.0062)	0.5351 *** (0.0004)	0.1297 (0.4145)	0.5009 *** (0.0056)	2.9373 (0.1003)	−0.2985 (0.8618)
Obs	3038	1248	1790	3038	3026	3038
Adjusted R²	0.3432	0.3489	0.2467	0.1863	/	/
Pseudo R²	/	/	/	/	0.1977	0.1627
Test diff. (p-value)	/	(2) − (3): 0.0258		/	/	/

注：括号内是 P 值，*、**、*** 分别表示 10%、5% 和 1% 的显著性水平。

4. 变量替代

进一步地，更换文章主要变量的衡量方式，分别参考陈运森等（2019a）、潘越等（2021）的研究以每股现金股利/每股营业收入 *DivSale*、现金股利/资产总额 *DivAsset* 衡量公司的现金股利水平。表 7.9 的结果显示，在变换现金股利的衡量方式之后，投服中心持股行权提高公司（试点前股利分配水平较低的上市公司）现金股利水平的影响依然稳健。

表 7.9 投服中心持股行权与公司股利分配：变量替代检验

变量	每股现金股利/每股营业收入			现金股利总额/资产总额		
	（1）	（2）	（3）	（4）	（5）	（6）
	全样本	试点前现金股利水平较低	试点前现金股利水平较高	全样本	试点前现金股利水平较低	试点前现金股利水平较高
	DivSale	*DivSale*	*DivSale*	*DivAsset*	*DivAsset*	*DivAsset*
Treat	0.0005 (0.6779)	− 0.0011 ** (0.0205)	− 0.0007 (0.6928)	0.0009 * (0.0690)	− 0.0003 (0.1596)	0.0007 (0.3006)
Post	0.0006 (0.7821)	0.0048 *** (0.0071)	0.0025 (0.3957)	− 0.0014 * (0.0632)	0.0014 ** (0.0395)	− 0.0004 (0.6665)
Treat × Post	0.0007 (0.7218)	0.0036 ** (0.0128)	− 0.0014 (0.5811)	0.0001 (0.9222)	0.0013 ** (0.0186)	− 0.0010 (0.2841)
Size	0.0040 *** (0.0000)	0.0005 (0.3404)	0.0062 *** (0.0000)	0.0006 *** (0.0090)	− 0.0001 (0.5185)	0.0006 * (0.0868)
Lev	− 0.0589 *** (0.0000)	− 0.0072 ** (0.0109)	− 0.0714 *** (0.0000)	− 0.0162 *** (0.0000)	− 0.0018 ** (0.0334)	− 0.0137 *** (0.0000)
Roa	0.2194 *** (0.0000)	0.0516 *** (0.0000)	0.3041 *** (0.0000)	0.1228 *** (0.0000)	0.0240 *** (0.0000)	0.1752 *** (0.0000)
TQ	− 0.0009 ** (0.0185)	− 0.0002 (0.3815)	− 0.0018 ** (0.0128)	− 0.0004 *** (0.0048)	− 0.0001 (0.1511)	− 0.0007 ** (0.0102)
Reni	0.0488 *** (0.0000)	0.0027 (0.4996)	0.0378 * (0.0578)	0.0300 *** (0.0000)	0.0019 (0.2411)	0.0384 *** (0.0000)

续表

变量	每股现金股利/每股营业收入			现金股利总额/资产总额		
	（1）	（2）	（3）	（4）	（5）	（6）
	全样本	试点前现金股利水平较低	试点前现金股利水平较高	全样本	试点前现金股利水平较低	试点前现金股利水平较高
	DivSale	*DivSale*	*DivSale*	*DivAsset*	*DivAsset*	*DivAsset*
SEO	− 0.0028 *** (0.0098)	0.0012 ** (0.0153)	− 0.0042 *** (0.0047)	− 0.0003 (0.5159)	0.0006 ** (0.0150)	− 0.0008 (0.1288)
Boardsize	0.0002 (0.2532)	− 0.0000 (0.8257)	0.0003 (0.2939)	0.0001 (0.1300)	0.0000 (0.7511)	0.0002 * (0.0976)
Indep	− 0.0011 (0.8832)	− 0.0014 (0.8051)	0.0025 (0.8054)	0.0006 (0.8264)	− 0.0004 (0.8619)	0.0026 (0.4743)
Ownership	0.0000 (0.4948)	− 0.0000 (0.5680)	− 0.0000 (0.9747)	0.0000 (0.1251)	0.0000 * (0.0750)	− 0.0000 (0.6324)
Separation	0.0000 (0.8841)	− 0.0000 (0.2971)	0.0000 (0.8961)	0.0000 (0.3124)	0.0000 (0.3657)	− 0.0000 (0.8566)
Investor	− 0.0184 ** (0.0102)	− 0.0155 ** (0.0125)	− 0.0387 *** (0.0000)	− 0.0012 (0.6605)	− 0.0033 (0.1457)	− 0.0102 *** (0.0028)
StockPrice	0.0003 *** (0.0004)	− 0.0001 * (0.0800)	0.0005 *** (0.0001)	0.0001 *** (0.0055)	− 0.0001 *** (0.0011)	0.0001 * (0.0694)
IndSP	− 0.0002 (0.4623)	− 0.0001 (0.8263)	− 0.0002 (0.6199)	0.0000 (0.9735)	0.0001 (0.3059)	0.0000 (0.7885)
PPS	− 0.0003 (0.5283)	0.0010 *** (0.0006)	− 0.0036 *** (0.0000)	0.0007 *** (0.0007)	0.0006 *** (0.0000)	− 0.0002 (0.5129)
RPS	− 0.0005 (0.2288)	− 0.0001 (0.6429)	0.0000 (0.9604)	− 0.0004 ** (0.0133)	− 0.0000 (0.7357)	0.0002 (0.4298)
Ret	− 0.0023 ** (0.0381)	0.0008 (0.2510)	− 0.0017 (0.2863)	− 0.0011 *** (0.0075)	0.0002 (0.3878)	− 0.0007 (0.2320)

续表

变量	每股现金股利/每股营业收入			现金股利总额/资产总额		
	(1)	(2)	(3)	(4)	(5)	(6)
	全样本	试点前现金股利水平较低	试点前现金股利水平较高	全样本	试点前现金股利水平较低	试点前现金股利水平较高
	DivSale	*DivSale*	*DivSale*	*DivAsset*	*DivAsset*	*DivAsset*
Volatility	0.0006 **	0.0007 **	0.0002	0.0002 *	0.0003 ***	− 0.0000
	(0.0186)	(0.0124)	(0.4313)	(0.0679)	(0.0086)	(0.8843)
Year/Ind	Yes	Yes	Yes	Yes	Yes	Yes
Cons	− 0.0450 ***	− 0.0006	− 0.0709 ***	− 0.0025	0.0062	0.0008
	(0.0044)	(0.9572)	(0.0031)	(0.6474)	(0.2427)	(0.9153)
Obs	3304	1245	2059	3304	1191	2113
Adjusted R²	0.3558	0.1819	0.3213	0.4391	0.2155	0.4246
Test diff. (p-value)	/	(2) − (3): 0.0874		/	(5) − (6): 0.0305	

注：括号内是 P 值，＊、＊＊、＊＊＊分别表示 10%、5% 和 1% 的显著性水平。

7.4.4 投服中心持股行权影响公司股利分配的机制检验

前文得出稳健的结论，投服中心持股行权将提高上市公司的现金股利水平，同时约束上市公司股票高送转行为。在假设分析中，本书提出了投服中心持股行权提高公司现金股利的三条影响路径（即治理效应、示范引导效应、威慑效应），本章节将对这三条机制进行逐一检验。

本书使用阶梯因果关系法（Baron & Kenny，1986）来构建测试方程如下：

第一步：

$$Div_{i,t} = \beta_0 + \beta_1 Treat_i + \beta_2 Post_t + \beta_3 Treat_i \times Post_t + \beta_k Controls_{i,t} + \mu_{i,t}$$

第二步：

$$IndepObject_{i,t}/BIC_{i,t}/AMeeting_{i,t}/Lawsuit_{i,t}/Media_{i,t} = \alpha_0 + \alpha_1 Treat_i + \alpha_2 Post_t$$
$$+ \alpha_3 Treat_i \times Post_t$$
$$+ \alpha_k Controls_{i,t} + \varepsilon_{i,t}$$

第三步：

$$Div_{i,t} = \gamma_0 + \gamma_1 IndepObject_{i,t}/BIC_{i,t}/AMeeting_{i,t}/Lawsuit_{i,t}/Media_{i,t} + \gamma_2 Treat_i$$
$$+ \gamma_3 Post_t + \gamma_4 Treat_i \times Post_t + \gamma_k Controls_{i,t} + \delta_{i,t} \tag{7.2}$$

在模型（7.2）中，$IndepObject$ 是独立董事是否在会上发表过反对意见的变量；BIC 是公司内部控制质量的变量；$AMeeting$ 是中小股东参与年度股东大会情况的变量，等于出席年度股东大会的所有股东股份减去前十大股东股份；$Lawsuit$ 为公司当年是否受到诉讼；$Media$ 为上市公司当年是否被媒体披露重大负面消息。

如果 $IndepObject$、BIC、$AMeeting$、$Lawsuit$ 和 $Media$ 在投服中心持股行权提高公司现金股利、约束公司股票高送转行为的影响起到了中介作用，预计 β_3 在第一步中分别显著为正和为负（这一结果已报告于表 7.4 和表 7.5 中）；在第二步中，预计 α_3 将显著为正，即投服中心持股行权可以显著提高独立董事提出反对意见的概率、公司的内部控制质量，提高中小股东在年度股东大会上的参与度，提高公司诉讼风险和公司被媒体负面报道风险（这一结果已报告于第 4 章表 4.4、表 4.5 和表 4.6 中）；在第三步中，预计 γ_1 将分别显著为正和为负，即独立董事提出反对意见、高质量内部控制、高水平中小股东在年度股东大会上的参与度、公司诉讼风险以及公司被媒体负面报道风险可以显著提高公司现金股利、约束公司股票高送转行为，这意味着 $IndepObject$、BIC 和 $AMeeting$、$Lawsuit$ 和 $Media$ 在投服中心持股行权提高公司现金股利、约束公司股票高送转行为的影响中起到了中介作用，即投服中心持股行权提高公司现金股利、约束公司股票高送转行为的影响中发挥了治理作用、示范引导作用和威慑作用。

由于表 7.4 和表 7.5 已经报告了投服中心持股行权对公司现金股利、股票送转的影响（第一步），同时，第 4 章表 4.4、表 4.5 和表 4.6 中已经报告了投服中心持股行权对独立董事提出反对意见、内部控制质量、中小股东在年度股东大会上的参与度、公司诉讼风险以及公司被媒体负面报道风险的影响（第二步），本章节不再重复该结果。

1. 投服中心持股行权提高公司现金股利的机制检验

本书关注投服中心持股行权提高公司现金股利的机制，表 7.10 报告了回归的结果①。列（2）中 *BIC* 的系数显著为正，表明高质量的内部控制可以明显提高公司的现金股利水平，说明 *BIC* 在投服中心持股行权提高公司现金股利的影响中起到了中介作用，即投服中心持股行权在提高公司现金股利的影响中发挥了治理作用。列（3）中 *AMeeting* 的系数显著为正，表明中小股东在年度股东大会上的高程度参与可以明显提高公司的现金股利水平，说明 *AMeeting* 在投服中心持股行权提高公司现金股利的影响中起到了中介作用，即投服中心持股行权在提高公司现金股利的影响中发挥了示范引导作用。列（4）中 *Lawsuit* 的系数不显著，列（5）中 *Media* 的系数不显著，表明 *Lawsuit* 以及 *Media* 在投服中心持股行权提高公司现金股利的影响中未起到中介作用，即投服中心持股行权在提高公司现金股利水平的影响中未发挥威慑作用。

表7. 10　　　　　　投服中心持股行权提高公司现金股利的机制检验

变量	治理效应		示范引导效应	威慑效应	
	(1)	(2)	(3)	(4)	(5)
	DivCash	*DivCash*	*DivCash*	*DivCash*	*DivCash*
IndepObject	− 0. 0229 (0. 4487)				
BIC		0. 0042 ** (0. 0365)			
AMeeting			0. 0007 ** (0. 0155)		
Lawsuit				− 0. 0214 (0. 2880)	
Media					− 0. 0257 (0. 2936)

①　由于基础检验结果表明，投服中心提高现金股利水平的作用仅存在于试点前现金分红水平较低的上市公司中，而在原本现金分红水平较高的上市公司中不明显。因此，本部分在讨论投服中心持股行权提高现金股利的影响机制时，仅选取试点前现金分红水平较低的上市公司样本进行讨论。同样，限于篇幅，在本章7.4.5节进一步检验中关于现金股利的检验也采取这种汇报方式。

续表

变量	治理效应		示范引导效应	威慑效应	
	（1）	（2）	（3）	（4）	（5）
	DivCash	*DivCash*	*DivCash*	*DivCash*	*DivCash*
Treat	− 0.0114 (0.1517)	− 0.0070 (0.4077)	− 0.0107 (0.2028)	− 0.0109 (0.2110)	− 0.0104 (0.2080)
Post	0.0328 (0.2007)	0.0527** (0.0185)	0.0354 (0.1234)	0.0366* (0.0816)	0.0328 (0.1451)
Treat × Post	0.0408** (0.0309)	0.0487** (0.0173)	0.0401** (0.0307)	0.0404** (0.0270)	0.0405** (0.0262)
Size	− 0.0092 (0.1031)	− 0.0081 (0.2600)	− 0.0099 (0.3726)	− 0.0093 (0.3933)	− 0.0093 (0.3964)
Lev	− 0.0576** (0.0210)	− 0.0581 (0.1286)	− 0.0555 (0.2538)	− 0.0543 (0.2920)	− 0.0586 (0.2422)
Roa	0.3071*** (0.0024)	0.2380** (0.0111)	0.3045** (0.0156)	0.2894** (0.0146)	0.2944** (0.0195)
TQ	− 0.0051** (0.0228)	− 0.0039* (0.0918)	− 0.0052** (0.0196)	− 0.0052** (0.0229)	− 0.0052** (0.0209)
Reni	0.0251 (0.3950)	0.0749 (0.2289)	0.0199 (0.6711)	0.0281 (0.5909)	0.0307 (0.5392)
SEO	0.0191 (0.2275)	0.0167 (0.1301)	0.0188 (0.3411)	0.0182 (0.3203)	0.0193 (0.3334)
Boardsize	− 0.0007 (0.5458)	− 0.0000 (0.9934)	− 0.0008 (0.8120)	− 0.0005 (0.8922)	− 0.0009 (0.7883)
Indep	0.0690 (0.5675)	0.0239 (0.7764)	0.0706* (0.0518)	0.0761* (0.0520)	0.0713* (0.0695)
Ownership	0.0006* (0.0768)	0.0010** (0.0121)	0.0006 (0.1900)	0.0006 (0.1969)	0.0006 (0.1862)
Separation	0.0001 (0.9555)	− 0.0001 (0.9271)	0.0000 (0.9655)	0.0000 (0.9881)	0.0001 (0.9462)

续表

变量	治理效应		示范引导效应	威慑效应	
	(1)	(2)	(3)	(4)	(5)
	DivCash	*DivCash*	*DivCash*	*DivCash*	*DivCash*
Investor	0.0147	0.0162	0.0179	0.0084	0.0152
	(0.7433)	(0.7962)	(0.8197)	(0.9199)	(0.8579)
StockPrice	−0.0019***	−0.0018*	−0.0019	−0.0018	−0.0019
	(0.0079)	(0.0603)	(0.1425)	(0.1550)	(0.1395)
IndSP	0.0029	0.0017	0.0028	0.0026	0.0029
	(0.4887)	(0.6602)	(0.2776)	(0.2854)	(0.2742)
PPS	0.0292***	0.0298***	0.0292**	0.0287**	0.0291**
	(0.0002)	(0.0000)	(0.0185)	(0.0190)	(0.0201)
RPS	0.0038**	0.0026	0.0041	0.0038	0.0037
	(0.0434)	(0.5240)	(0.1832)	(0.1981)	(0.1900)
Ret	−0.0051	−0.0007	−0.0043	−0.0052	−0.0049
	(0.3528)	(0.9497)	(0.5093)	(0.4699)	(0.4768)
Volatility	0.0036**	0.0028	0.0037	0.0036	0.0036
	(0.0172)	(0.2243)	(0.2900)	(0.3180)	(0.2986)
Year/Ind	Yes	Yes	Yes	Yes	Yes
Cons	0.4461**	0.3378*	0.4579	0.4421	0.4481
	(0.0263)	(0.0696)	(0.1700)	(0.1837)	(0.1779)
Obs	1147	1324	1147	1147	1147
Adjusted R^2	0.1756	0.1674	0.1763	0.1769	0.1760

注：括号内是 P 值，*、**、*** 分别表示 10%、5% 和 1% 的显著性水平。

综上所述，本章的实证研究结果表明，投服中心持股行权通过发挥治理效应、示范引导效应，进而提高了公司的现金股利水平。

2. 投服中心持股行权约束公司股票高送转行为的机制检验

投服中心持股行权约束公司股票高送转行为的机制，表 7.11 报告了回归

表7.11　投服中心持股行权约束公司股票送转行为的机制检验

变量	治理效应				示范引导效应		威慑效应			
	(1)	(2)	(3)	(4)	(5)	(6)	(7)	(8)	(9)	(10)
	HDivStock	DSRedu	HDivStock	DSRedu	HDivStock	DSRedu	HDivStock	DSRedu	HDivStock	DSRedu
IndepObject	-0.3367 (0.4585)	-1.2010*** (0.0035)								
BIC			-0.0450 (0.4268)	0.0267 (0.3570)						
AMeeting					-0.0104 (0.1640)	-0.0169*** (0.0001)				
Lawsuit							-0.1744 (0.1593)	-0.1878 (0.2528)		
Media									-0.7560** (0.0121)	-0.1167 (0.7721)
Treat	-0.0846 (0.4577)	0.2789*** (0.0002)	-0.0658 (0.5639)	0.2589*** (0.0096)	-0.0814 (0.4666)	0.2808*** (0.0002)	-0.0814 (0.4717)	0.2816*** (0.0003)	-0.0691 (0.5451)	0.2850*** (0.0000)
Post	0.5573** (0.0116)	0.8187*** (0.0000)	0.4667** (0.0163)	0.8690*** (0.0000)	0.5339** (0.0204)	0.7781*** (0.0000)	0.5691*** (0.0099)	0.8357*** (0.0000)	0.5590** (0.0140)	0.8245*** (0.0060)

续表

变量	治理效应				示范引导效应			威慑效应		
	(1)	(2)	(3)	(4)	(5)	(6)	(7)	(8)	(9)	(10)
	HDivStock	DSRedu	HDivStock	DSRedu	HDivStock	DSRedu	HDivStock	DSRedu	HDivStock	DSRedu
Treat × Post	-0.3315** (0.0449)	-0.3911** (0.0155)	-0.3802*** (0.0068)	-0.3787*** (0.0087)	-0.3340** (0.0453)	-0.3918** (0.0163)	-0.3385** (0.0383)	-0.3982** (0.0109)	-0.3416** (0.0458)	-0.3977* (0.0586)
Size	-0.2901*** (0.0000)	-0.2417*** (0.0000)	-0.3344*** (0.0000)	-0.2614*** (0.0000)	-0.2870*** (0.0000)	-0.2361*** (0.0000)	-0.2896*** (0.0000)	-0.2418*** (0.0000)	-0.2927*** (0.0000)	-0.2430 (0.1227)
Lev	-0.1806 (0.6087)	-0.2688 (0.4304)	-0.0624 (0.8252)	-0.3084 (0.3925)	-0.1818 (0.6041)	-0.2770 (0.4151)	-0.1692 (0.6317)	-0.2511 (0.4624)	-0.1587 (0.6478)	-0.2583 (0.5204)
Roa	9.6424*** (0.0000)	9.3712*** (0.0000)	9.3146*** (0.0000)	8.8146*** (0.0000)	9.8192*** (0.0000)	9.5884*** (0.0000)	9.6848*** (0.0000)	9.4278*** (0.0000)	9.6683*** (0.0000)	9.4442*** (0.0001)
TQ	-0.2357*** (0.0000)	-0.0940 (0.1336)	-0.2148*** (0.0000)	-0.1006* (0.0959)	-0.2351*** (0.0000)	-0.0951 (0.1277)	-0.2365*** (0.0000)	-0.0945 (0.1305)	-0.2362*** (0.0000)	-0.0957*** (0.0000)
Reni	-15.5345*** (0.0000)	-14.7798*** (0.0000)	-14.0150*** (0.0000)	-13.4054*** (0.0000)	-15.1608*** (0.0000)	-14.2342*** (0.0000)	-15.4006*** (0.0000)	-14.6605*** (0.0000)	-15.4140*** (0.0000)	-14.6828*** (0.0000)
SEO	0.1609** (0.0482)	0.0925* (0.0917)	0.1885** (0.0216)	0.1541** (0.0114)	0.1583* (0.0514)	0.0899* (0.0949)	0.1584* (0.0523)	0.0895 (0.1041)	0.1534* (0.0602)	0.0894 (0.6793)

续表

变量	治理效应				示范引导效应		威慑效应			
	(1)	(2)	(3)	(4)	(5)	(6)	(7)	(8)	(9)	(10)
	HDivStock	DSRedu	HDivStock	DSRedu	HDivStock	DSRedu	HDivStock	DSRedu	HDivStock	DSRedu
Boardsize	-0.0545*** (0.0027)	-0.0311 (0.1949)	-0.0532*** (0.0010)	-0.0349 (0.1414)	-0.0516*** (0.0032)	-0.0274 (0.2284)	-0.0548*** (0.0026)	-0.0317 (0.1912)	-0.0546*** (0.0024)	-0.0320** (0.0211)
Indep	-0.3278 (0.7368)	0.7573 (0.3845)	-0.5527 (0.6218)	0.5730 (0.4768)	-0.3762 (0.6902)	0.6619 (0.4419)	-0.3241 (0.7395)	0.7440 (0.3847)	-0.3353 (0.7337)	0.7384 (0.5222)
Ownership	0.0024 (0.5052)	-0.0011 (0.7684)	0.0033 (0.2336)	-0.0011 (0.7327)	0.0025 (0.4606)	-0.0008 (0.8225)	0.0021 (0.5462)	-0.0013 (0.7279)	0.0020 (0.5680)	-0.0012 (0.5838)
Separation	-0.0139** (0.0123)	-0.0104 (0.1059)	-0.0159*** (0.0050)	-0.0105* (0.0966)	-0.0135** (0.0153)	-0.0100 (0.1226)	-0.0141** (0.0133)	-0.0106 (0.1059)	-0.0136** (0.0120)	-0.0104** (0.0347)
Investor	2.8891*** (0.0000)	3.3335*** (0.0000)	3.1554*** (0.0000)	3.4794*** (0.0000)	2.6544*** (0.0000)	3.0071*** (0.0000)	2.8300*** (0.0000)	3.3062*** (0.0000)	2.8530*** (0.0000)	3.3435*** (0.0000)
StockPrice	0.0167** (0.0117)	0.0144** (0.0132)	0.0184*** (0.0037)	0.0156*** (0.0082)	0.0171*** (0.0056)	0.0148*** (0.0061)	0.0171** (0.0108)	0.0146** (0.0154)	0.0166** (0.0107)	0.0144 (0.1102)
IndSP	-0.0857*** (0.0016)	-0.0040 (0.8462)	-0.0693*** (0.0001)	-0.0114 (0.5773)	-0.0862*** (0.0010)	-0.0047 (0.8131)	-0.0863*** (0.0012)	-0.0051 (0.8077)	-0.0890*** (0.0012)	-0.0052 (0.8419)

续表

变量	治理效应				示范引导效应				威慑效应	
	(1)	(2)	(3)	(4)	(5)	(6)	(7)	(8)	(9)	(10)
	HDivStock	DSRedu	HDivStock	DSRedu	HDivStock	DSRedu	HDivStock	DSRedu	HDivStock	DSRedu
PPS	0.0209	0.0081	0.0638	0.0198	0.0198	0.0121	0.0136	0.0028	0.0132	0.0049
	(0.7835)	(0.8862)	(0.4237)	(0.7346)	(0.7875)	(0.8268)	(0.8520)	(0.9597)	(0.8569)	(0.9525)
RPS	0.1760***	0.1373***	0.1561***	0.1175***	0.1729***	0.1308***	0.1772***	0.1393***	0.1803***	0.1387***
	(0.0000)	(0.0000)	(0.0001)	(0.0046)	(0.0000)	(0.0002)	(0.0000)	(0.0000)	(0.0000)	(0.0001)
Ret	0.6018***	0.3241***	0.5585***	0.3546***	0.5975***	0.3189***	0.5978***	0.3231***	0.6000***	0.3216*
	(0.0000)	(0.0007)	(0.0000)	(0.0000)	(0.0000)	(0.0003)	(0.0000)	(0.0006)	(0.0000)	(0.0744)
Volatility	0.0761***	0.0392	0.0713***	0.0419	0.0738***	0.0364	0.0764***	0.0404	0.0772***	0.0402*
	(0.0023)	(0.2657)	(0.0034)	(0.1978)	(0.0015)	(0.2972)	(0.0018)	(0.2537)	(0.0027)	(0.0696)
Year/Ind	Yes	Yes	Yes	Yes	Yes	Yes	Yes	Yes	Yes	Yes
Cons	6.2437***	2.0700	6.9176***	2.2666*	6.1222***	1.8911	6.2320***	2.0672	6.3367***	2.1038
	(0.0000)	(0.1067)	(0.0000)	(0.0515)	(0.0000)	(0.1382)	(0.0000)	(0.1157)	(0.0000)	(0.4122)
Obs	2915	2915	3288	3288	2918	2918	2918	2918	2918	2918
Pseudo R^2	0.1963	0.1510	0.1960	0.1533	0.1968	0.1525	0.1962	0.1504	0.1972	0.1502

注：括号内是 P 值，*、**、***分别表示10%、5%和1%的显著性水平。

的结果[①]。列（2）中 *IndepObject* 的系数显著为负，表明独立董事提出反对意见可以明显约束公司的股票送转同时内部人减持行为，说明 *IndepObject* 起到了中介作用，即投服中心持股行权发挥了治理作用。列（6）中 *AMeeting* 的系数显著为负，表明中小股东高程度参与年度股东大会能够约束公司的股票送转同时内部人减持行为，说明 *AMeeting* 起到了中介作用，即投服中心持股行权发挥了示范引导作用。列（9）中 *Media* 的系数显著为负，表明公司被媒体披露重大负面消息能够约束公司的股票高送转行为，说明 *Media* 起到了中介作用，即投服中心持股行权发挥了威慑作用。

综上所述，我们的实证研究结果表明，投服中心持股行权通过发挥治理效应、示范引导效应和威慑效应，进而约束了公司的股票送转行为。

7.4.5　进一步分析

1. 全国推广后的投服中心持股行权与公司股利分配

前文以投服中心 2016 年的持股行权试点事件为准自然实验，构建双重差分模型并得出结论，投服中心持股行权将提高上市公司的现金股利水平，同时约束上市公司股票送转行为。2017 年 4 月，投服中心在全国范围内推行持股行权工作，如果投服中心对上市公司的股利分配确实存在积极影响，则预计投服中心在全国范围内推行持股行权试点后，实验组和控制组上市公司之间的股利分配差异将缩小。参考葛文霞等（Ge W. X. et al.，2022）的研究，将投服中心在全国范围内推行持股行权后的年份（2017～2020 年）纳入考察期，并构建一个新的指标 *After*（2017～2020 年取值为 1，2013～2016 年取值为 0）进行检验。表 7.12 列示了回归结果，结果显示，*Treat* × *Post* 的回归系数显著性与主要假设结果一致，而

---

　　①　限于篇幅，本部分在讨论投服中心持股行权约束公司股票送转的影响路径时，仅选取股票高送转变量（*HDivStock*）以及公司股票送转同时是否伴随内部人员减持的虚拟变量（*DSRedu*）进行讨论。同样，在本章 7.4.5 节进一步检验中关于股票送转的检验也采取这种汇报方式。

Treat × After 的回归系数均未通过显著性检验。该结果说明，投服中心持股行权在 2017 年全面推广后，实验组和对照组之间的股利分配差异不再明显。总体而言，一些证据表明，投服中心在全国范围内推广持股行权工作后，实验组和控制组上市公司之间的股利分配差异逐渐缩小，也反映出 2017 年投服中心持股行权工作在全国范围内推广后对所有 A 股上市公司的股利分配均产生了积极影响。

表 7. 12　　　　全国推广后的投服中心持股行权与股利分配

变量	试点前现金股利水平较低	高送转	股票送转 + 内部人员减持
	(1)	(2)	(3)
	DivCash	*HDivStock*	*DSRedu*
Treat	− 0. 0134 (0. 1352)	− 0. 0204 (0. 8859)	0. 1164 (0. 4794)
Post	0. 0586 ** (0. 0204)	0. 4071 (0. 1508)	0. 7007 ** (0. 0322)
Treat × Post	0. 0449 ** (0. 0258)	− 0. 4318 ** (0. 0344)	− 0. 3990 * (0. 0876)
After	0. 0795 *** (0. 0022)	− 2. 1602 *** (0. 0000)	− 1. 2284 *** (0. 0039)
Treat × After	0. 0020 (0. 9014)	0. 0122 (0. 9521)	− 0. 0885 (0. 6983)
Size	0. 0009 (0. 8570)	− 0. 5452 *** (0. 0000)	− 0. 5413 *** (0. 0000)
Lev	− 0. 1593 *** (0. 0000)	0. 7170 ** (0. 0298)	0. 8040 ** (0. 0372)
Roa	0. 3291 *** (0. 0000)	10. 1933 *** (0. 0000)	10. 7956 *** (0. 0000)

续表

变量	试点前现金股利水平较低	高送转	股票送转＋内部人员减持
	(1)	(2)	(3)
	DivCash	*HDivStock*	*DSRedu*
TQ	− 0. 0130 *** (0. 0000)	− 0. 1804 *** (0. 0000)	− 0. 1519 *** (0. 0013)
Reni	0. 3412 *** (0. 0002)	− 13. 7188 *** (0. 0000)	− 15. 2742 *** (0. 0000)
SEO	0. 0234 ** (0. 0259)	0. 2039 * (0. 0910)	0. 1135 (0. 4116)
Boardsize	− 0. 0021 (0. 3111)	− 0. 0381 * (0. 0599)	− 0. 0251 (0. 2921)
Indep	0. 0968 (0. 1631)	0. 4718 (0. 4492)	1. 1778 * (0. 0938)
Ownership	0. 0023 *** (0. 0000)	0. 0027 (0. 3282)	− 0. 0014 (0. 6455)
Separation	0. 0010 (0. 1283)	− 0. 0178 *** (0. 0043)	− 0. 0165 ** (0. 0251)
Investor	− 0. 0728 (0. 2263)	3. 6984 *** (0. 0000)	3. 6878 *** (0. 0000)
StockPrice	− 0. 0007 (0. 2539)	0. 0040 (0. 4724)	0. 0038 (0. 5287)
IndSP	0. 0008 (0. 6997)	− 0. 0069 (0. 7569)	− 0. 0084 (0. 7281)
PPS	0. 0235 *** (0. 0000)	0. 0716 * (0. 0808)	0. 0757 (0. 1116)
RPS	− 0. 0075 ** (0. 0154)	0. 2214 *** (0. 0000)	0. 2137 *** (0. 0000)
Ret	0. 0063 (0. 5024)	0. 5878 *** (0. 0000)	0. 5061 *** (0. 0000)

续表

变量	试点前现金股利水平较低	高送转	股票送转 + 内部人员减持
	（1）	（2）	（3）
	DivCash	*HDivStock*	*DSRedu*
Volatility	0. 0012 (0. 4586)	0. 0355 *** (0. 0027)	0. 0307 ** (0. 0163)
Year/Ind	Yes	Yes	Yes
Cons	0. 1527 (0. 2889)	9. 5361 *** (0. 0000)	8. 5980 *** (0. 0000)
Obs	2781	8205	8205
Adjusted R^2	0. 1659	/	/
Pseudo R^2	/	0. 2353	0. 2178

注：括号内是 P 值，*、**、*** 分别表示 10%、5% 和 1% 的显著性水平。

2. 投服中心持股行权与公司股利分配：机构投资者

以往研究表明，机构投资者会影响上市公司的股利分配行为（Crane et al.，2016；Jory et al.，2017）。因此，本书将进一步讨论投服中心持股行权对股利分配的影响如何因机构投资者持股比例而异。一方面，对于现金股利而言，机构投资者能够针对上市公司现金股利政策发挥积极的监督效应，促使上市公司提高现金股利支付水平（魏志华等，2012；陶启智等，2014）。因此得出，预计机构投资者持股比例越高的公司，投服中心持股行权的边际作用越小；而在机构投资者持股比例较低的公司中，公司面临的外部监督较少，此时投服中心持股行权能够较大限度地发挥作用，促使上市公司提高现金股利分配水平。另一方面，对于公司股票送转行为而言，机构投资者可能与公司内部管理者形成合谋，通过实施股票送转推动股价上涨，在赚取价差收益后退出（李心丹等，2014；方辰君，2016），从而加剧公司股票送转计划配合内部人减持套利的现象。因此得出，预计在机构投资者持股比例较高的公司中，投服中心持股行权抑制内部人员通过股票送转减持套利的效果更好。

本章在主检验模型的基础上增加了机构投资者持股比例变量（*Investor*）、实验组变量（*Treat*）与政策时间变量（*Post*）的交乘项。*Investor* 等于机构投资者持有的公司股份数量占公司总股份的百分比，机构投资者持股数据来自 CSMAR 数据库。表 7.13 的回归结果显示，列（1）中 *Investor × Treat ×Post* 的回归系数显著为负，表明相比机构持股比例较高的公司，投服中心持股行权提高上市公司（试点前股利分配水平较低的上市公司）现金股利水平的作用在机构持股比例较低的公司中更显著。列（2）~ 列（3）中 *Investor ×Treat × Post* 的回归系数未通过显著性检验，表明投服中心持股行权降低股票送转水平、抑制内部人员通过股票送转计划减持套利的作用不受机构投资者持股比例的影响。综合上述结果，可以得出结论，投服中心持股行权能够在一定程度上弥补公司面临的机构投资者持股不足、外部监督力量较弱的问题，促使上市公司（试点前股利分配水平较低的上市公司）提高现金分红水平。

表 7.13　　　　　投服中心持股行权与公司股利分配：机构投资者

变量	试点前现金股利水平较低	高送转	股票送转 + 内部人员减持
	（1）	（2）	（3）
	DivCash	*HDivStock*	*DSRedu*
Treat	− 0. 0187 * （0. 0633）	− 0. 1854 （0. 3550）	0. 1165 （0. 5762）
Post	0. 0531 ** （0. 0317）	0. 3008 （0. 3196）	0. 7470 ** （0. 0158）
Treat × Post	0. 0782 *** （0. 0088）	− 0. 4106 （0. 1936）	− 0. 3884 （0. 2143）
Investor	0. 0508 （0. 4734）	1. 4345 （0. 3183）	1. 9808 （0. 1868）
Investor × Treat	0. 1942 * （0. 0650）	1. 5722 （0. 3931）	1. 7313 （0. 3616）

续表

变量	试点前现金股利水平较低	高送转	股票送转 + 内部人员减持
	（1）	（2）	（3）
	DivCash	*HDivStock*	*DSRedu*
Investor × Post	− 0. 0348	2. 0452	1. 3520
	（0. 7623）	（0. 3183）	（0. 5171）
Investor × Treat × Post	− 0. 4883 **	0. 1816	− 0. 0042
	（0. 0370）	（0. 9499）	（0. 9988）
Size	− 0. 0081	− 0. 3338 ***	− 0. 2541 ***
	（0. 3480）	（0. 0071）	（0. 0411）
Lev	− 0. 0532	0. 1024	− 0. 1958
	（0. 1601）	（0. 8165）	（0. 6398）
Roa	0. 2658 ***	8. 2810 ***	7. 9810 ***
	（0. 0029）	（0. 0000）	（0. 0000）
TQ	− 0. 0042 *	− 0. 1831 ***	− 0. 0759 *
	（0. 0684）	（0. 0002）	（0. 0620）
Reni	0. 0947	− 11. 6572 ***	− 11. 5117 ***
	（0. 1273）	（0. 0001）	（0. 0000）
SEO	0. 0171	0. 1576	0. 1355
	（0. 1219）	（0. 2094）	（0. 2870）
Boardsize	0. 0007	− 0. 0321	− 0. 0178
	（0. 7394）	（0. 2088）	（0. 4728）
Indep	0. 0162	− 1. 0839	0. 1555
	（0. 8466）	（0. 1774）	（0. 8418）
Ownership	0. 0012 ***	0. 0059 *	0. 0013
	（0. 0051）	（0. 0899）	（0. 7003）
Separation	− 0. 0001	− 0. 0209 ***	− 0. 0147 **
	（0. 9185）	（0. 0057）	（0. 0491）
StockPrice	− 0. 0017 *	0. 0191 **	0. 0174 **
	（0. 0818）	（0. 0321）	（0. 0400）

续表

变量	试点前现金股利水平较低	高送转	股票送转 + 内部人员减持
	（1）	（2）	（3）
	DivCash	*HDivStock*	*DSRedu*
IndSP	0.0014 （0.7082）	− 0.0676 * （0.0569）	− 0.0071 （0.8375）
PPS	0.0298 *** （0.0000）	0.0866 （0.2091）	0.0403 （0.5225）
RPS	0.0018 （0.6615）	0.1547 *** （0.0007）	0.1080 ** （0.0116）
Ret	− 0.0007 （0.9455）	0.5524 *** （0.0000）	0.3611 *** （0.0015）
Volatility	0.0017 （0.4833）	0.0630 *** （0.0027）	0.0342 * （0.0896）
Year/Ind	Yes	Yes	Yes
Cons	0.3537 * （0.0575）	6.7795 *** （0.0003）	2.4216 （0.2205）
Obs	1325	3292	3292
Adjusted R^2	0.1697	/	/
Pseudo R^2	/	0.1967	0.1539

注：括号内是 P 值，＊、＊＊、＊＊＊分别表示10％、5％和1％的显著性水平。

3. 投服中心持股行权与公司股利分配：产权性质

国有企业由政府机构最终控制，与政府有着天然的密切联系，而企业与政府的关系会在很大程度上影响公共执法的监管效果。以往研究表明，相比于不具有政治关联的企业，监管机构更不愿意调查有政治关联的企业；与此同时，当与政府具有紧密联系的公司违规时，公司能够利用其政治资源来影响监管机构的查处过程，导致相关处罚得不到有效执行（许年行等，2013；沈红波等，2014；Lin et al.，2018；陈运森等，2019b），削弱了中小投资者法律保护的执法效率（Berkman et al.，2010）。同样地，投服中心作为证监会的直属机构，其与公共执法部门的密切关联可能弱化其对国有企业的监管效果（郑国坚等，2021）。相关研究也指出，投服中心的高层管理人员对国有企业进行惩戒的概率更低（Ge et al.，2022）。综合上述分析，本书预期，投服中心持股行权对股利分配的影响在民营企业中更显著。

为了验证这一猜想，本书在主检验模型的基础上增加了公司实际控制人性质的变量（Soe）、实验组变量（Treat）与政策时间变量（Post）的交乘项。Soe 是一个虚拟变量，当公司实际控制人为国有单位或法人，则取值为0，否则取值为1。表7.14 的回归结果显示，列（1）中 Soe × Treat × Post 的回归系数显著为正，表明相比于国有企业，投服中心持股行权提高上市公司（试点前股利分配水平较低的上市公司）现金股利水平的作用在民营企业中更显著。列（2）~ 列（3）中 Soe × Treat × Post 的回归系数均未通过显著性检验，表明投服中心持股行权降低股票送转水平、抑制内部人员通过股票送转计划减持套利的作用不受产权性质的影响。综合上述结果，可以得出结论，投服中心持股行权提高上市公司（试点前股利分配水平较低的上市公司）现金股利水平的作用效果在国有企业中受到限制，致使投服中心对公司现金股利的积极影响无法得到很好的体现。因此，后续要注意防范国有企业利用"天然"的政治关系阻碍投服中心持股行权工作。

表 7.14　　　　　　　　投服中心持股行权与公司股利分配：产权性质

变量	试点前现金股利水平较低	高送转	股票送转 + 内部人员减持
	(1)	(2)	(3)
	DivCash	HDivStock	DSRedu
Treat	0.0083 (0.5311)	− 0.2228 (0.5511)	0.1456 (0.7112)
Post	0.0661 ** (0.0131)	0.8241 ** (0.0418)	1.3681 *** (0.0017)
Treat × Post	− 0.0070 (0.8157)	− 0.6198 (0.2270)	− 0.2793 (0.5748)

续表

变量	试点前现金股利水平较低	高送转	股票送转 + 内部人员减持
	（1）	（2）	（3）
	DivCash	*HDivStock*	*DSRedu*
Soe	0.0229 * （0.0551）	1.0465 *** （0.0008）	1.1000 *** （0.0014）
Soe × Treat	− 0.0238 （0.1307）	0.2874 （0.4780）	0.2378 （0.5775）
Soe × Post	− 0.0180 （0.4245）	− 0.4682 （0.2295）	− 0.6421 （0.1225）
Soe × Treat × Post	0.0871 ** （0.0299）	0.2304 （0.6827）	− 0.2126 （0.6983）
Size	− 0.0068 （0.3480）	− 0.2312 *** （0.0071）	− 0.1633 ** （0.0411）
Lev	− 0.0532 （0.1601）	0.1024 （0.8165）	− 0.1958 （0.6398）
Roa	0.2658 *** （0.0029）	8.2810 *** （0.0000）	7.9810 *** （0.0000）
TQ	− 0.0042 * （0.0684）	− 0.1831 *** （0.0002）	− 0.0759 * （0.0620）
Reni	0.0947 （0.1273）	− 11.6572 *** （0.0001）	− 11.5117 *** （0.0000）
SEO	0.0171 （0.1219）	0.1576 （0.2094）	0.1355 （0.2870）
Boardsize	0.0007 （0.7394）	− 0.0321 （0.2088）	− 0.0178 （0.4728）
Indep	0.0162 （0.8466）	− 1.0839 （0.1774）	0.1555 （0.8418）

续表

变量	试点前现金股利水平较低	高送转	股票送转 + 内部人员减持
	（1）	（2）	（3）
	DivCash	*HDivStock*	*DSRedu*
Ownership	0.0012 *** （0.0051）	0.0059 * （0.0899）	0.0013 （0.7003）
Separation	−0.0001 （0.9185）	−0.0209 *** （0.0057）	−0.0147 ** （0.0491）
Investor	0.0270 （0.6611）	3.0396 *** （0.0002）	3.3729 *** （0.0000）
StockPrice	−0.0017 * （0.0818）	0.0191 ** （0.0321）	0.0174 ** （0.0400）
IndSP	0.0014 （0.7082）	−0.0676 * （0.0569）	−0.0071 （0.8375）
PPS	0.0298 *** （0.0000）	0.0866 （0.2091）	0.0403 （0.5225）
RPS	0.0018 （0.6615）	0.1547 *** （0.0007）	0.1080 ** （0.0116）
Ret	−0.0007 （0.9455）	0.5524 *** （0.0000）	0.3611 *** （0.0015）
Volatility	0.0017 （0.4833）	0.0630 *** （0.0027）	0.0342 * （0.0896）
Year/Ind	Yes	Yes	Yes
Cons	0.3172 * （0.0936）	3.4779 * （0.0846）	−0.7834 （0.7151）
Obs	1325	3292	3292
Adjusted R^2	0.1727	/	/
Pseudo R^2	/	0.2101	0.1655

注：括号内是 P 值，* 、** 、*** 分别表示 10%、5% 和 1% 的显著性水平。

7.5　本章小结

本章节利用 2016 年投服中心持股行权试点为准自然实验，考察投服中心持股行权对公司股利分配的影响，以检验这一创新制度对中小股东权益的保护效果。实证研究结果发现，投服中心持股行权以后，试点地区原现金股利水平较低的上市公司其现金股利水平明显提高，同时上市公司股票送转水平明显降低，股票"高送转"和内部人员通过股票送转计划减持套利的现象得到明显缓解。总体而言，投服中心持股行权提高了上市公司股利分配行为的整体规范性。机制检验发现，投服中心持股行权在提高公司现金股利的作用中发挥了治理效应、示范引导效应；投服中心持股行权在约束公司股票高送转行为的作用中发挥了治理效应、示范引导效应和威慑效应。进一步分析表明，投服中心持股行权提高上市公司（试点前股利分配水平较低的上市公司）现金股利水平的作用在机构持股比例较低的公司和政治联系较弱的民营企业中更显著，表明在督促公司分红方面，投服中心持股行权能够弥补机构投资者持股较少而导致的外部监督不足问题，但投服中心的行权效果可能受到政治关系的阻碍。

本章节的研究发现可能具有一些政策启示：第一，本章节发现投服中心持股行权能够整体上提高上市公司股利分配行为的规范性，并在一定程度上弥补公司机构投资者持股不足引起的外部监督不足问题。因此，后续在投服中心持股行权工作持续推进的过程中，可以适当为投服中心分配更多配套资源（如人力、资金支持），助力投服中心扩大其对公司股利分配的积极影响，保障中小股东合法利润分配权。第二，本章节发现相比于具有较强政治联系的国有企业，投服中心提高上市公司（试点前股利分配水平较低的上市公司）现金股利水平的积极影响在民营企业中更强。因此，对于投服中心而言，应提高持股行权过程中的独立性，排除来自政府部门和其他政治关系的干扰，客观公正地开展执法工作。对于国有企业而言，应主动配合投服中心的监管工作，积极接受来自投服中心的监管和建议，提高自身以分红形式回报投资者的良好意识。

第8章

研究结论、政策建议与未来研究展望

8.1 主要结论

上市公司并购重组、对外担保、股利分配行为是上市公司内部人侵占中小投资者权益"痛点"事项，规范上市公司的上述行为是中小投资者利益保护无可避免的重要课题。本书以我国 A 股非金融类上市公司为研究对象，利用 2016 年投服中心在上海市、湖南、广东（不含深圳）三个地区持股行权试点为准自然实验，分别以上市公司并购重组、对外担保、股利分配为主要切入点，考察投服中心持股行权是否发挥了积极的监管作用，从而维护了中小投资者的利益。本书的研究结论概括如下。

第一，投服中心持股行权产生了明显的积极效果。首先，投服中心持股行权提高了上市公司独立董事的反对率，提高上市公司的内部控制质量，发挥了治理作用；其次，投服中心持股行权引导了更多的中小股东参加股东大会，发挥了示范引导作用；最后，投服中心持股行权提高了上市公司面临的诉讼风险，同时提高了公司被媒体负面报道的概率，发挥了威慑作用。进一步地，我们发现投服中心持股行权能够抑制控股股东的掏空行为，而对管理层代理问题的缓解作用不明显。

第二，投服中心持股行权以后，试点区域内的上市公司并购绩效明显提高。机制检验结果发现，投服中心持股行权通过发挥治理效应、示范引导效应以及威慑效应，且通过优化公司并购目标选择和提高并购整合能力两条路径，进而提高了公司的并购绩效。进一步分析表明，投服中心持股行权提升公司并购绩效的效果在机构投资者持股比例较低、未收到并购重组问询函的上市公司中更好，意味着在提高公司并购绩效方面，投服中心持股行权可与机构投资者治理、监管问询形成替代。

第三，投服中心持股行权试点以后，试点区域内上市公司的对外担保水平明显下降，这种作用主要体现在对非子公司担保方面，而在对子公司担保方面不明显。机制检验发现，投服中心持股行权通过发挥治理效应、示范引导效应，进而降低了上市公司对非子公司担保水平。进一步研究表明，投服中心持股行权降低公司对非子公司担保水平的作用效果在负债率较高、盈利较差的上市公司中更显著，说明投服中心持股行权有助于约束上市公司的高风险对外担保行为。此外，投服中心持股行权降低公司对外担保水平的作用在由十大事务所审计的上市公司和法制水平较高的地区更显著，说明投服中心持股行权能够与审计制度、外部法制环境形成互补，共同作用于约束公司的对外担保和对非子公司担保行为。

第四，投服中心持股行权以后，试点区域内原现金股利水平较低的上市公司其现金股利水平明显提高，同时上市公司股票送转水平明显降低，股票"高送转"和内部人员通过股票送转计划减持套利的现象得到明显缓解。总体而言，投服中心持股行权提高了上市公司股利分配行为的整体规范性。机制检验发现，投服中心持股行权在提高公司现金股利的作用中发挥了治理效应、示范引导效应；投服中心持股行权在约束公司股票高送转行为的作用中发挥了治理效应、示范引导效应和威慑效应。进一步分析表明，投服中心持股行权提高上市公司（试点前股利分配水平较低的上市公司）现金股利水平的作用在机构持股比例较低的公司和政治联系较弱的民营企业中更显著，表明在督促公司分红方面，投服中心持股行权能够弥补机构投资者持股较少而导致的外部监督不足问题，但投服中心的行权效果可能受到政治关系的阻碍。

8.2　政 策 启 示

基于上述的研究结论，本书得到以下几个方面的政策启示。

第一，本书发现，投服中心持股行权能够提高上市公司并购绩效、降低上市公司对外担保风险、规范上市公司股利分配，从而增强中小投资者利益保护的效果。因此，后续在投服中心持股行权工作的进一步推进过程中，可适当为投服中心提供更多配套资源（如人力、资金支持），帮助投服中心扩大其积极影响力，更好地保障中小投资者合法权益，助力我国证券市场的健康发展。

第二，本书结论表明，投服中心能够与机构投资者治理机制、交易所监管问询等现有监管手段形成替代，并与审计制度、外部法制环境形成互补，从而发挥其中小投资者利益保护的积极影响。因此，在后续投服中心开展持股行权工作的过程中，对于机构投资者持股比例较低和监管问询制度关注不足的上市公司，投服中心可适当提高参与度，以替代机构投资者、监管问询等传统治理手段的发挥积极作用。同时，相关部门应持续优化审计制度，提高地区法制水平，为投服中心积极作用的发挥创造良好的环境。

第三，本书发现投服中心持股行权有助于降低上市公司对非子公司担保水平，而对子公司担保水平无明显降低作用。然而，上市公司对子公司担保的潜在风险同样不容忽视。因此，监管机构后续可以重点关注上市公司对子公司担保行为的合理性，从而进一步降低中小投资者利益损失的风险。

第四，本书发现相比于具有较强政治联系的国有企业，投服中心提高上市公司（试点前股利分配水平较低的上市公司）现金股利水平的积极影响在民营企业中更强。因此，对于投服中心而言，应提高持股行权过程中的独立性，排除来自政府部门和其他政治关系的干扰，客观公正地开展执法工作。对于国有企业而言，应主动配合投服中心的监管工作，积极接受来自投服中心的监管和建议，提高自身以分红形式回报投资者的良好意识。

8.3 研究局限性与未来研究展望

第一，由于投服中心试点的样本期间过短，无法观察投服中心持股行权效果的持续性。投服中心于 2016 年开始开展持股行权试点工作，并于 2017

年在全国范围内推广。本书利用投服中心 2016 年试点事件为准自然实验，以试点年份的前后两年作为样本期间，构建 DID 模型以识别投服中心的监管治理效果。但由于 2017 年之后，投服中心的监管治理效果缺少对比组，因此我们无法通过实验很好地识别出 2017 年之后投服中心的监管治理效果，无法验证出投服中心持股行权效果的持续性。对于投服中心持股行权的持续性影响，有待在未来的研究中展开深入讨论。

第二，限于篇幅，本书只能从企业行为层面的某些方面展开讨论投服中心的行权效果。投服中心自开展行权工作以来，始终倡导积极股东主义，关注影响上市公司利益及股东权益"痛点"事项，积极切入公司治理，倡导广大中小投资者知权、行权、维权，预计对企业的公司治理、行为决策等多个方面产生了深远的影响。然而限于篇幅，我们无法对投服中心持股行权的经济后果面面俱到，而是结合公开资料中投服中心关注的上市公司内部人侵占中小股东利益"痛点"事项以及投服中心持股行权的现实案例，选择了上市公司的并购重组、对外担保、股利分配行为三个方面对投服中心持股行权效果进行考察。关于投服中心持股行权更多的经济后果，有待在未来的研究中进一步探索。

第三，在中国背景下，国有企业由政府机构最终控制，与政府有着天然的密切联系，而企业与政府的关系在很大程度上影响着公共执法的监管效果。本书研究发现，投服中心的积极监管效果主要存在于民营企业中，而在国有企业中不明显。投服中心作为证监会的直属机构，与公共执法部门的密切关联导致其对同样具有政治联系的国有企业的监管效果被弱化。因此，如何进一步规范国有企业的行为，有待在未来的研究中进行更多有益探索。

参 考 文 献

[1] 安郁强，陈选娟．估值套利与公司并购——来自中国企业并购的新证据 [J]．经济管理，2019，41（3）：73－89．

[2] 蔡海静，汪祥耀，谭超．高送转、财务业绩与大股东减持规模 [J]．会计研究，2017（12）：45－51，96．

[3] 陈耿，严彩红．代理冲突、激励约束机制与并购商誉 [J]．审计与经济研究，2020，35（2）：65－76．

[4] 陈工孟，高宁．我国证券监管有效性的实证研究 [J]．管理世界，2005（7）：40－47．

[5] 陈国进，赵向琴，林辉．上市公司违法违规处罚和投资者利益保护效果 [J]．财经研究，2005（8）：48－58．

[6] 陈胜蓝，马慧．卖空压力与公司并购——来自卖空管制放松的准自然实验证据 [J]．管理世界，2017（7）：142－156．

[7] 陈仕华，卢昌崇，姜广省，等．国企高管政治晋升对企业并购行为的影响——基于企业成长压力理论的实证研究 [J]．管理世界，2015（9）：125－136．

[8] 陈仕华，张瑞彬．董事会非正式层级对董事异议的影响 [J]．管理世界，2020，36（10）：95－111．

[9] 陈晓，王琨．关联交易、公司治理与国有股改革——来自我国资本市场的实证证据 [J] 经济研究，2005（4）：77－86，128．

[10] 陈信元，黄俊．政府干预、多元化经营与公司业绩 [J]．管理世界，2007（1）：92－97．

[11] 陈艳，李鑫，李孟顺．现金股利迎合、再融资需求与企业投资——投资效率视角下的半强制分红政策有效性研究 [J]．会计研究，2015（11）：

69 – 75，97.

[12] 陈诣之，潘敏. 机构投资者调研与并购绩效——基于信息不对称视角的研究 [J]. 经济管理，2022，44 (4)：175 – 192.

[13] 陈玉罡，李善民. 并购中主并公司的可预测性——基于交易成本视角的研究 [J]. 经济研究，2007 (4)：90 – 100.

[14] 陈运森，邓祎璐，李哲. 非处罚性监管具有信息含量吗？——基于问询函的证据 [J]. 金融研究，2018 (4)：155 – 171.

[15] 陈运森，邓祎璐，李哲. 证券交易所一线监管的有效性研究：基于财务报告问询函的证据 [J]. 管理世界，2019b，35 (3)：169 – 185，208.

[16] 陈运森，黄健峤，韩慧云. 股票市场开放提高现金股利水平了吗？——基于"沪港通"的准自然实验 [J]. 会计研究，2019a (3)：55 – 62.

[17] 陈运森，袁薇，李哲. 监管型小股东行权的有效性研究：基于投服中心的经验证据 [J]. 管理世界，2021，37 (6)：9，142 – 158，160 – 162.

[18] 陈泽艺，李常青，李宇坤. 对外担保与企业创新投入 [J]. 金融研究，2022 (4)：133 – 150.

[19] 崔永梅，余璇. 基于流程的战略性并购内部控制评价研究 [J]. 会计研究，2011 (6)：57 – 62.

[20] 邓舸. 上市公司对外担保存在的问题与风险防范 [J]. 证券市场导报，2004 (12)：53 – 57.

[21] 邓建平，曾勇. 上市公司家族控制与股利决策研究 [J]. 管理世界，2005 (7)：139 – 147.

[22] 豆中强，刘星. 现金流权视角下大股东侵占对上市企业资本配置决策的影响研究 [J]. 管理工程学报，2010，24 (4)：115 – 121.

[23] 方辰君. 机构投资者"迎合"交易行为分析——基于上市公司送转股事件的价格异象 [J]. 金融经济学研究，2016，31 (5)：48 – 64.

[24] 方红星，金玉娜. 高质量内部控制能抑制盈余管理吗？——基于自愿性内部控制鉴证报告的经验研究 [J]. 会计研究，2011 (8)：53 – 60，96.

[25] 方军雄. 政府干预、所有权性质与企业并购 [J]. 管理世界，2008 (9)：118 – 123，148，188.

[26] 冯根福，马亚军，姚树洁. 中国上市公司担保行为的实证分析 [J]. 中国工业经济，2005（3）：13 - 21.

[27] 高雷，宋顺林. 掏空、财富效应与投资者保护——基于上市公司关联担保的经验证据 [J]. 中国会计评论，2007（1）：21 - 42.

[28] 顾乃康，邓剑兰，陈辉. 控制大股东侵占与企业投融资决策研究 [J]. 管理科学，2015，28（5）：54 - 66.

[29] 顾小龙，辛宇，滕飞. 违规监管具有治理效应吗——兼论股价同步性指标的两重性 [J]. 南开管理评论，2016，19（5）：41 - 54.

[30] 郭雳. 作为积极股东的投资者保护机构——以投服中心为例的分析 [J]. 法学，2019（8）：148 - 159.

[31] 韩慧博，吕长江，李然. 非效率定价、管理层股权激励与公司股票股利 [J]. 财经研究，2012，38（10）：47 - 56，100.

[32] 郝颖，刘星，林朝南. 上市公司大股东控制下的资本配置行为研究——基于控制权收益视角的实证分析 [J]. 财经研究，2006（8）：81 - 93.

[33] 何慧华，方军雄. 监管型小股东的治理效应：基于财务重述的证据 [J]. 管理世界，2021，37（12）：176 - 195.

[34] 何涛，陈小悦. 中国上市公司送股、转增行为动机初探 [J]. 金融研究，2003（9）：44 - 56.

[35] 胡茜茜，朱永祥，杜勇. 网络环境下中小股东的治理效应研究——基于代理成本视角 [J]. 财经研究，2018，44（5）：109 - 120.

[36] 黄娟娟，沈艺峰. 上市公司的股利政策究竟迎合了谁的需要——来自中国上市公司的经验数据 [J]. 会计研究，2007（8）：36 - 43，95.

[37] 黄世忠，杜兴强，张胜芳. 市场政府与会计监管 [J]. 会计研究，2002（12）：3 - 11，65.

[38] 黄益雄，李长爱. 行业自律监管能改进审计质量吗？——基于中注协约谈的证据 [J]. 会计研究，2016（11）：84 - 91，96.

[39] 黄勇. 投服中心行权效果良好　助力提升上市公司质量 [J]. 投资者，2020（2）：67.

[40] 贾莹丹. 中小股东异议的公司治理效应——来自审计师改聘议案

的证据 [J]. 审计研究, 2015 (1): 99 - 105.

[41] 孔东民, 刘莎莎, 黎文靖, 邢精平. 冷漠是理性的吗? 中小股东参与、公司治理与投资者保护 [J]. 经济学 (季刊), 2013, 12 (1): 1 - 28.

[42] 孔东民, 刘莎莎. 中小股东投票权、公司决策与公司治理——来自一项自然试验的证据 [J]. 管理世界, 2017 (9): 101 - 115, 188.

[43] 雷光勇. 审计合谋与财务报告舞弊: 共生与治理 [J]. 管理世界, 2004 (2): 97 - 103, 116.

[44] 黎文靖, 孔东民, 刘莎莎, 邢精平. 中小股东仅能"搭便车"么?——来自深交所社会公众股东网络投票的经验证据 [J]. 金融研究, 2012 (3): 152 - 165.

[45] 黎文靖, 孔东民. 信息透明度、公司治理与中小股东参与 [J]. 会计研究, 2013 (1): 42 - 49, 95.

[46] 李常青, 魏志华, 吴世农. 半强制分红政策的市场反应研究 [J]. 经济研究, 2010, 45 (3): 144 - 155.

[47] 李琳, 张敦力, 夏鹏. 年报监管、内部人减持与市场反应——基于深交所年报问询函的研究 [J]. 当代财经, 2017 (12): 108 - 119.

[48] 李善民, 刘永新. 并购整合对并购公司绩效的影响——基于中国液化气行业的研究 [J]. 南开管理评论, 2010, 13 (4): 154 - 160.

[49] 李晓溪, 饶品贵, 岳衡. 年报问询函与管理层业绩预告 [J]. 管理世界, 2019a, 35 (8): 173 - 188, 192.

[50] 李晓溪, 杨国超, 饶品贵. 交易所问询函有监管作用吗?——基于并购重组报告书的文本分析 [J]. 经济研究, 2019b, 54 (5): 181 - 198.

[51] 李心丹, 俞红海, 陆蓉, 徐龙炳. 中国股票市场"高送转"现象研究 [J]. 管理世界, 2014 (11): 133 - 145.

[52] 李焰, 王琳. 媒体监督、声誉共同体与投资者保护 [J]. 管理世界, 2013 (11): 130 - 143, 188.

[53] 李增泉, 余谦, 王晓坤. 掏空、支持与并购重组——来自我国上市公司的经验证据 [J]. 经济研究, 2005 (1): 95 - 105.

[54] 林钟高, 陈曦. 现金持有水平、内部控制缺陷与过度投资 [J].

财经科学, 2016 (11): 114-124.

[55] 刘昌国. 公司治理机制、自由现金流量与上市公司过度投资行为研究 [J]. 经济科学, 2006 (4): 50-58.

[56] 刘成立. 对外担保、掏空与外部审计治理效应 [J]. 财贸研究, 2010, 21 (3): 131-138.

[57] 刘峰, 贺建刚. 股权结构与大股东利益实现方式的选择——中国资本市场利益输送的初步研究 [J]. 中国会计评论, 2004 (1): 18.

[58] 刘立安, 刘海明. 上市公司为子公司担保之谜——缓解融资约束还是控股股东利益侵占? [J]. 证券市场导报, 2017 (7): 34-42.

[59] 刘伟. 信息不对称与中小企业信用担保风险 [J]. 求索, 2007 (2): 33-35.

[60] 刘小年, 郑仁满. 公司业绩、资本结构与对外信用担保 [J]. 金融研究, 2005 (4): 155-164.

[61] 刘星, 蒋弘. 异质预期下股权制衡对公司并购绩效的影响 [J]. 中国管理科学, 2013, 21 (4): 144-151.

[62] 刘星, 谭伟荣, 李宁. 半强制分红政策、公司治理与现金股利政策 [J]. 南开管理评论, 2016, 19 (5): 104-114.

[63] 刘星, 吴雪姣. 政府干预、行业特征与并购价值创造——来自国有上市公司的经验证据 [J]. 审计与经济研究, 2011, 26 (6): 95-103.

[64] 逯东, 黄丹, 杨丹. 国有企业非实际控制人的董事会权力与并购效率 [J]. 管理世界, 2019, 35 (6): 119-141.

[65] 吕先锫, 王伟. 注册会计师非标准审计意见影响因素的实证研究——来自中国证券市场的行业经验证据 [J]. 审计研究, 2007 (1): 51-58.

[66] 罗党论, 唐清泉. 政府控制、银企关系与企业担保行为研究——来自中国上市公司的经验证据 [J]. 金融研究, 2007 (3): 151-161.

[67] 罗进辉, 向元高, 金思静. 中国资本市场低价股的溢价之谜 [J]. 金融研究, 2017 (1): 191-206.

[68] 马曙光, 黄志忠, 薛云奎. 股权分置、资金侵占与上市公司现金

股利政策 [J]. 会计研究, 2005 (9): 44-50, 96.

[69] 马亚军, 冯根福. 上市公司担保行为分析 [J]. 证券市场导报, 2005 (5): 58-64.

[70] 潘爱玲, 邱金龙, 杨洋. 业绩补偿承诺对标的企业的激励效应研究——来自中小板和创业板上市公司的实证检验 [J]. 会计研究, 2017 (3): 46-52, 95.

[71] 潘红波, 夏新平, 余明桂. 政府干预、政治关联与地方国有企业并购 [J]. 经济研究, 2008 (4): 41-52.

[72] 潘红波, 余明桂. 支持之手、掠夺之手与异地并购 [J]. 经济研究, 2011, 46 (9): 108-120.

[73] 潘越, 林淑萍, 张鹏东, 戴亦一. 语言将来时态标记特征与公司股利政策——基于投资者语言认知效应的跨国研究 [J]. 经济研究, 2021, 56 (7): 127-143.

[74] 戚拥军, 周梦雨, 张晓宇. 限售股解禁、政府监管与公司股份送转行为——基于投资者非理性的调节效应 [J]. 会计研究, 2020 (8): 91-103.

[75] 屈依娜, 陈汉文. 现金股利政策、内部控制与市场反应 [J]. 金融研究, 2018, 455 (5): 191-206.

[76] 饶育蕾, 张媛, 彭叠峰. 股权比例、过度担保与隐蔽掏空——来自我国上市公司对子公司担保的证据 [J]. 南开管理评论, 2008 (1): 31-38.

[77] 沈红波, 杨玉龙, 潘飞. 民营上市公司的政治关联、证券违规与盈余质量 [J]. 金融研究, 2014 (1): 194-206.

[78] 宋迪, 刘长翠, 杨超. 内部控制质量与公司对外担保行为的相关性研究——基于沪深两市 2008-2017 年的经验证据 [J]. 审计研究, 2019 (1): 100-109.

[79] 陶启智, 李亮, 李子扬. 机构投资者是否偏好现金股利——来自 2005~2013 年的经验证据 [J]. 财经科学, 2014 (12): 30-38.

[80] 王国俊, 王跃堂, 韩雪等. 差异化现金分红监管政策有效吗?——基于公司治理的视角 [J]. 会计研究, 2017, 357 (7): 48-54, 96.

[81] 王怀芳, 袁国良. 要约收购下的股东权益保护——中国石化要约

收购下属子公司案例研究 [J]. 管理世界, 2007 (2): 120-128, 133.

[82] 王琨, 陈晓. 控股股东所有权结构与关联方担保 [J]. 中国会计评论, 2007 (1): 43-54.

[83] 王立彦, 林小驰. 上市公司对外担保行为的股权结构特征解析 [J]. 南开管理评论, 2007, 52 (1): 62-69.

[84] 王信. 从代理理论看上市公司的派现行为 [J]. 金融研究, 2002 (9): 44-52.

[85] 王彦超, 陈思琪. 关联担保的债务风险转移 [J]. 中国工业经济, 2017 (8): 120-137.

[86] 王彦超, 林斌, 辛清泉. 市场环境、民事诉讼与盈余管理 [J]. 中国会计评论, 2008, 6 (1): 20.

[87] 王永钦, 米晋宏, 袁志刚, 周群力. 担保网络如何影响信贷市场——来自中国的证据 [J]. 金融研究, 2014 (10): 116-132.

[88] 魏志华, 李常青, 吴育辉, 黄佳佳. 半强制分红政策、再融资动机与经典股利理论——基于股利代理理论与信号理论视角的实证研究 [J]. 会计研究, 2017 (7): 55-61, 97.

[89] 魏志华, 吴育辉, 李常青. 机构投资者持股与中国上市公司现金股利政策 [J]. 证券市场导报, 2012 (10): 40-47, 60.

[90] 魏志华, 朱彩云. 超额商誉是否成为企业经营负担——基于产品市场竞争能力视角的解释 [J]. 中国工业经济, 2019 (11): 174-192.

[91] 巫岑, 罗婷, 饶品贵. 政府引导、财政分权与企业并购 [J]. 经济科学, 2021 (5): 20-36.

[92] 吴磊磊, 陈伟忠, 刘敏慧. 公司章程和小股东保护——来自累积投票条款的实证检验 [J]. 金融研究, 2011 (2): 160-171.

[93] 武恒光, 马丽伟, 张雪漫, 张琳. 企业内部控制缺陷推高并购商誉减值幅度了吗?[J]. 财贸研究, 2022, 33 (7): 84-99.

[94] 肖淑芳, 张超. 上市公司股权激励、行权价操纵与送转股 [J]. 管理科学, 2009, 22 (6): 84-94.

[95] 谢德仁, 崔宸瑜, 廖珂. 上市公司"高送转"与内部人股票减持:

"谋定后动"还是"顺水推舟"?[J].金融研究,2016(11):158-173.

[96] 辛宇,黄欣怡,纪蓓蓓.投资者保护公益组织与股东诉讼在中国的实践——基于中证投服证券支持诉讼的多案例研究[J].管理世界,2020,36(1):69-87,235.

[97] 徐虹,林钟高,芮晨.产品市场竞争、资产专用性与上市公司横向并购[J].南开管理评论,2015,18(3):48-59.

[98] 徐莉萍,辛宇.媒体治理与中小投资者保护[J].南开管理评论,2011,14(6):36-47,94.

[99] 许年行,江轩宇,伊志宏,袁清波.政治关联影响投资者法律保护的执法效率吗?[J].经济学(季刊),2013,12(2):373-406.

[100] 杨道广,张传财,陈汉文.内部控制、并购整合能力与并购业绩——来自我国上市公司的经验证据[J].审计研究,2014(3):43-50.

[101] 杨晶,沈艺峰,熊艳."散户"积极主义与公司现金股利政策——以舆论关注为研究视角[J].厦门大学学报(哲学社会科学版),2017(2):106-117.

[102] 杨威,赵仲匡,宋敏.多元化并购溢价与企业转型[J].金融研究,2019(5):115-131.

[103] 姚颐,刘志远.投票权制度改进与中小投资者利益保护[J].管理世界,2011(3):144-153.

[104] 姚云,于换军.国外公司治理研究的回顾:国家、市场和公司的视角[J].金融评论,2019,11(3):92-109,126.

[105] 叶康涛,陆正飞,张志华.独立董事能否抑制大股东的"掏空"?[J].经济研究,2007(4):101-111.

[106] 叶康涛,祝继高,陆正飞,张然.独立董事的独立性:基于董事会投票的证据[J].经济研究,2011,46(1):126-139.

[107] 叶松勤,徐经长.大股东控制与机构投资者的治理效应——基于投资效率视角的实证分析[J].证券市场导报,2013(5):35-42.

[108] 伊志宏,李艳丽.机构投资者的公司治理角色:一个文献综述[J].管理评论,2013,25(5):60-71.

[109] 伊志宏, 王皓, 陈钦源. 企业对外担保与股价崩盘风险——基于 A 股上市公司的经验证据 [J]. 会计研究, 2021 (4): 157 – 177.

[110] 应千伟, 何思怡. CEO 的财会教育经历有价值吗——基于并购绩效视角的证据 [J]. 会计研究, 2021 (6): 42 – 58.

[111] 俞红海, 陆蓉, 徐龙炳. 投资者名义价格幻觉与管理者迎合——基于基金拆分现象的研究 [J]. 经济研究, 2014, 49 (5): 133 – 146.

[112] 翟士运, 古朴. 关联担保与企业创新: 基于双重视角的分析 [J]. 科研管理, 2020, 41 (12): 121 – 130.

[113] 张舫, 李响. 对证监会执法强度的实证分析 [J]. 现代法学, 2016, 38 (1): 173 – 183.

[114] 张俊瑞, 刘彬, 程子健, 汪方军. 上市公司对外担保与持续经营不确定性审计意见关系研究——来自沪深主板市场 A 股的经验证据 [J]. 审计研究, 2014 (1): 62 – 70.

[115] 张腊凤, 张蓉. 超额商誉、内部控制与并购绩效 [J]. 经济问题, 2021 (1): 125 – 129.

[116] 张璐璐, 徐飞. 上市公司对外担保与股东财富风险研究 [J]. 财经问题研究, 2008 (6): 66 – 70.

[117] 张雯, 张胜, 李百兴. 政治关联、企业并购特征与并购绩效 [J]. 南开管理评论, 2013, 16 (2): 64 – 74.

[118] 张祥建, 郭岚. 资产注入、大股东寻租行为与资本配置效率 [J]. 金融研究, 2008 (2): 98 – 112.

[119] 张新. 并购重组是否创造价值? ——中国证券市场的理论与实证研究 [J]. 经济研究, 2003 (6): 20 – 29, 93.

[120] 张新民, 卿琛, 杨道广. 内部控制与商誉泡沫的抑制——来自我国上市公司的经验证据 [J]. 厦门大学学报 (哲学社会科学版), 2018 (3): 55 – 65.

[121] 章卫东, 李泽宇, 郑鸿锐, 胡鹏波. 内部人减持前的并购行为: 战略并购抑或套现并购——基于伪市值管理的视角 [J]. 证券市场导报, 2021 (10): 33 – 43.

［122］赵息，张西栓. 内部控制、高管权力与并购绩效——来自中国证券市场的经验证据［J］. 南开管理评论，2013，16（2）：75－81.

［123］郑国坚，张超，谢素娟. 百股义士：投服中心行权与中小投资者保护——基于投服中心参与股东大会的研究［J］. 管理科学学报，2021，24（9）：38－58.

［124］郑建明，范黎波，朱媚. 关联担保、隧道效应与公司价值［J］. 中国工业经济，2007（5）：64－70.

［125］郑志刚，丁冬，汪昌云. 媒体的负面报道、经理人声誉与企业业绩改善——来自我国上市公司的证据［J］. 金融研究，2011（12）：163－176.

［126］郑志刚，胡晓霁，黄继承. 超额委派董事、大股东机会主义与董事投票行为［J］. 中国工业经济，2019a（10）：155－174.

［127］郑志刚，石丽娜，黄继承，郭杰. 中国上市公司"小股民行动"现象的影响因素与经济后果［J］. 世界经济，2019b，42（1）：170－192.

［128］周美华，林斌，林东杰. 管理层权力、内部控制与腐败治理［J］. 会计研究，2016（3）：56－63，96.

［129］周勤业，夏立军，李莫愁. 大股东侵害与上市公司资产评估偏差［J］. 统计研究，2003（10）：39－44.

［130］Alhenawi, Y. , Krishnaswami, S. Long-term Impact of Merger Synergies on Performance and Value［J］. The Quarterly Review of Economics and Finance, 2015, 58：93－118.

［131］Amihud, Y. , Lev, B. Risk Reduction as a Managerial Motive for Conglomerate Mergers［J］. The Bell Journal of Economics, 1981, 12（2）：605－617.

［132］Ansoff, I. H. Corporate Strategy：An Analytic Approach to Business Policy for Growth and Expansion［M］. McGraw－Hill Companies, 1965.

［133］Aoki, Y. How Does the Largest Shareholder Affect Dividends？［J］. International Review of Finance, 2014, 14（4）：613－645.

［134］Asquith, P. , Healy, P. , Palepu, K. Earnings and Stock Splits［J］. The Accounting Review, 1989：387－403.

［135］Atanassov, J. , Mandell, A. J. Corporate Governance and Dividend Policy: Evidence of Tunneling from Master Limited Partnerships ［J］. Journal of Corporate Finance, 2018, 53: 106 – 132.

［136］Bae, K. H. , Kang, J. K. , Kim, J. M. Tunneling or Value Added? Evidence from Mergers by Korean Business Groups ［J］. The Journal of Finance, 2002, 57 (6): 2695 – 2740.

［137］Baker, H. K. , Powell, G. E. Further Evidence on Managerial Motives for Stock Splits ［J］. Quarterly Journal of Business and Economics, 1993: 20 – 31.

［138］Baron, R. M. , Kenny, D. A. The moderator-mediator variable distinction in social psychological research: Conceptual, strategic, and statistical considerations ［J］. Journal of Personality and Social Psychology, 1986, 51 (6): 1173 – 1182.

［139］Bena, J. , Li, K. Corporate Innovations and Mergers and Acquisitions ［J］. The Journal of Finance, 2014, 69 (5): 1923 – 1960.

［140］Berkman, H. , Cole, R. A. , Fu, L. J. Expropriation through Loan Guarantees to Related Parties: Evidence from China ［J］. Journal of Banking and Finance, 2009, 33 (1): 141 – 156.

［141］Berkman, H. , Cole, R. A. , Fu, L. J. Political Connections and Minority-shareholder Protection: Evidence from Securities-market Regulation in China ［J］. Journal of Financial and Quantitative Analysis, 2010, 45 (6): 1391 – 1417.

［142］Besanko, D. , Thakor, A. V. Competitive Equilibrium in the Credit Market under Asymmetric Information ［J］. Journal of Economic Theory, 1987, 42 (1): 167 – 182.

［143］Bester, H. The Role of Collateral in a Model of Debt Renegotiation ［J］. Journal of Money, Credit and Banking, 1994, 26 (1): 72 – 86.

［144］Bourveau, T. , Lou, Y. , Wang, R. Shareholder Litigation and Corporate Disclosure: Evidence from Derivative Lawsuits ［J］. Journal of Accounting Research, 2018, 56 (3): 797 – 842.

［145］ Bozanic, Z. , Hoopes, J. L. , Thornock, J. R. , Williams, B. M. IRS attention ［J］. Journal of Accounting Research, 2017, 55 (1): 79 – 114.

［146］ Brennan, M. J. , Copeland, T. E. Stock Splits, Stock Prices, and Transaction Costs ［J］. Journal of Financial Economics, 1988, 22 (1): 83 – 101.

［147］ Brown, S. J. , Warner, J. B. Using Daily Stock Returns: The Case of Event Studies ［J］. Journal of Financial Economics, 1985, 14 (1): 3 – 31.

［148］ Chen, G. , Firth, M. , Gao, D. N. , Rui, O. M. Is China's Securities Regulatory Agency a Toothless Tiger? Evidence from Enforcement Actions ［J］. Journal of Accounting and Public Policy, 2005, 24 (6): 451 – 488.

［149］ Chen, K. C. W. , Yuan, H. Earnings Management and Capital Resource Allocation: Evidence from China's Accounting-based Regulation of Rights Issues ［J］. The Accounting Review, 2004, 79 (3): 645 – 665.

［150］ Chen, L. Y. , Lai, J. H. , Chen, C. R. Multiple Directorships and the Performance of Mergers & Acquisitions ［J］. The North American Journal of Economics and Finance, 2015, 33: 178 – 198.

［151］ Chen, Z. , Ke, B. , Yang, Z. Minority Shareholders' Control Rights and the Quality of Corporate Decisions in Weak Investor Protection Countries: A Natural Experiment from China ［J］. The Accounting Review, 2013, 88 (4): 1211 – 1238.

［152］ Cheung, Y. L. , Qi, Y. , Rau, P. R. , Stouraitis, A. Buy High, Sell Low: How Listed Firms Price Asset Transfers in Related Party Transactions ［J］. Journal of Banking and Finance, 2009, 33 (5): 914 – 924.

［153］ Claessens, S. , Djankov, S. , Lang, L. H. The separation of ownership and control in East Asian corporations ［J］. Journal of financial Economics, 2000, 58 (1 – 2): 81 – 112.

［154］ Crane, A. D. , Michenaud, S. , Weston, J. P. The Effect of Institutional Ownership on Payout Policy: Evidence from Index Thresholds ［J］. The Review of Financial Studies, 2016, 29 (6): 1377 – 1408.

［155］Defond, M. L. , Hung, M. Investor Protection and Corporate Governance: Evidence from Worldwide CEO Turnover ［J］. Journal of Accounting Research, 2004, 42 (2): 269 – 312.

［156］Duro, M. , Heese, J. , Ormazabal, G. The Effect of Enforcement Transparency: Evidence from SEC Comment-letter Reviews ［J］. Review of Accounting Studies, 2019, 24 (3): 780 – 823.

［157］Dyck, A. , Zingales, L. Private Benefits of Control: An International Comparison ［J］. The Journal of Finance, 2004, 59 (2): 537 – 600.

［158］Dye, R. A. Auditing Standards, Legal Liability, and Auditor Wealth ［J］. Journal of Political Economy, 1993, 101 (5): 887 – 914.

［159］Fan, J. P. , Wong, T. J. Corporate Ownership Structure and the Informativeness of Accounting Earnings in East Asia ［J］. Journal of Accounting and Economics, 2002, 33 (3): 401 – 425.

［160］Feng, X. Dividends and tunneling: Evidence from Family Firms in China ［J］. China Finance Review International, 2011, 1 (2): 152 – 167.

［161］Fich, E. M. , Shivdasani, A. Financial Fraud, Director Reputation, and Shareholder Wealth ［J］. Journal of financial Economics, 2007, 86 (2): 306 – 336.

［162］Ge, W. , Ouyang, C. , Shi, Z. , Chen, Z. Can a not-for-profit Minority Institutional Shareholder Make a big Difference in Corporate Governance? A quasi-natural experiment ［J］. Journal of Corporate Finance, 2022, 72: 102125.

［163］Grinblatt, M. S. , Masulis, R. W. , Titman, S. The Valuation Effects of Stock Splits and Stock Dividends ［J］. Journal of Financial Economics, 1984, 13 (4): 461 – 490.

［164］Grossman, S. J. , Hart, O. D. Takeover Bids, the Free-rider Problem, and the Theory of the Corporation ［J］. The Bell Journal of Economics, 1980: 42 – 64.

［165］Gugler, K. , Yurtoglu, B. Corporate Governance and Dividend Payout Policy in Germany ［J］. European Economic Review, 2003 (47): 731 – 758.

[166] Harford, J. , Humphery – Jenner, M. , Powell, R. The Sources of Value Destruction in Acquisitions by Entrenched Managers [J]. Journal of Financial Economics, 2012, 106 (2): 247 – 261.

[167] Harp, N. L. , Barnes, B. G. Internal Control Weaknesses and Acquisition Performance [J]. The Accounting Review, 2018, 93 (1): 235 – 258.

[168] Higgins, R. C. , Schall, L. D. Corporate Bankruptcy and Conglomerate Merger [J]. The Journal of Finance, 1975, 30 (1): 93 – 113.

[169] Hoberg, G. , Phillips, G. Product Market Synergies and Competition in Mergers and Acquisitions: A text-based analysis [J]. The Review of Financial Studies, 2010, 23 (10): 3773 – 3811.

[170] Hwang, L. S. , Kim, H. , Park, K. , Park, R. S. Corporate Governance and Payout Policy: Evidence from Korean Business Groups [J]. Pacific – Basin Finance Journal, 2013, 24: 179 – 198.

[171] Jensen, M. C. Agency Costs of Free Cash Flow, Corporate Finance, and Takeovers [J]. The American Economic Review, 1986, 76 (2): 323 – 329.

[172] Jensen, M. C. , Meckling, W. H. Theory of the Firm: Managerial Behavior, Agency Costs and Ownership Structure [J]. Journal of Financial Economics, 1976, 3 (4): 305 – 360.

[173] Jensen, M. C. , Ruback, R. S. The Market for Corporate Control: The Scientific Evidence [J]. Journal of Financial economics, 1983, 11 (1 – 4): 5 – 50.

[174] Jiang, G. , Lee, C. M. , Yue, H. Tunneling through intercorporate loans: The China experience [J]. Journal of financial economics, 2010, 98 (1): 1 – 20.

[175] Jian, M. , Wong, T. J. Propping through related party transactions [J]. Review of Accounting Studies, 2010, 15: 70 – 105.

[176] Johnson, S. , La Porta, R. , Lopez – de – Silanes, F. , Shleifer, A. Tunneling [J]. American Economic Review, 2000, 90 (2): 22 – 27.

［177］Jory, S. R., Ngo, T., Sakaki, H. Institutional Ownership Stability and Dividend Payout Policy ［J］. Managerial Finance, 2017, 10 (43): 1170 – 1188.

［178］Ke, B., Zhang, X. Does Public Enforcement Work in Weak Investor Protection Countries? Evidence from China ［J］. Contemporary Accounting Research, 2021, 38 (2): 1231 – 1273.

［179］Kolasinski, A. C., Li, X. Can Strong Boards and Trading Their Own Firm's Stock Help CEOs Make Better Decisions? Evidence from Acquisitions by Overconfident CEOs ［J］. Journal of Financial and Quantitative Analysis, 2013, 48 (4): 1173 – 1206.

［180］La Porta, R., Lopez – de – Silanes, F., Shleifer, A., Vishny, R. W. Investor Protection and Corporate Governance ［J］. Journal of Financial Economics, 2000, 58 (1 – 2): 3 – 27.

［181］Lin, K. Z., Mills, L. F., Zhang, F., Li, Y. Do Political Connections Weaken Tax Enforcement Effectiveness? ［J］. Contemporary Accounting Research, 2018, 35 (4): 1941 – 1972.

［182］Liu, B., Cullinan, C., Zhang, J., Wang, F. Loan Guarantees and the Cost of Debt: Evidence from China ［J］. Applied Economics, 2016, 48 (38): 3626 – 3643.

［183］Masulis, R. W., Wang, C., Xie, F. Corporate Governance and Acquirer Returns ［J］. The Journal of Finance, 2007, 62 (4): 1851 – 1889.

［184］Morck, R., Shleifer, A., Vishny, R. W. Do Managerial Objectives Drive Bad Acquisitions? ［J］. The Journal of Finance, 1990, 45 (1): 31 – 48.

［185］Peng, W. Q., Wei, K. J., Yang, Z. Tunneling or Propping: Evidence from Connected Transactions in China ［J］. Journal of Corporate Finance, 2011, 17 (2): 306 – 325.

［186］Pistor, K., Xu, C. Governing Stock Markets in Transition Economies: Lessons from China ［J］. American Law and Economics Review, 2005, 7 (1): 184 – 210.

［187］ Roll, R. The Hubris Hypothesis of Corporate Takeovers ［J］. Journal of Business, 1986, 59 (2): 197 – 216.

［188］ Setiawan, D., Bandi, B., Phua, L. K., Trinugroho, I. Ownership Structure and Dividend Policy in Indonesia ［J］. Journal of Asia Business Studies, 2016, 10 (3): 230 – 252.

［189］ Shleifer, A., Vishny, R. W. Large Shareholders and Corporate Control ［J］. Journal of Political Economy, 1986, 94 (3): 461 – 488.

［190］ Shleifer, A., Vishny, R. W. Management Entrenchment: The Case of Manager-specific Investments ［J］. Journal of Financial Economics, 1989, 25 (1): 123 – 139.

［191］ Stiglitz, J. E., Weiss, A. Credit Rationing in Markets with Imperfect Information ［J］. The American Economic Review, 1981, 71 (3): 393 – 410.

［192］ Utama, S., Cready, W. M. Institutional Ownership, Differential Pre-disclosure Precision and Trading Volume at Announcement Dates ［J］. Journal of Accounting and Economics, 1997, 24 (2): 129 – 150.

［193］ Vandemaele, S., Vancauteren, M. Nonfinancial Goals, Governance, and Dividend Payout in Private Family Firms ［J］. Journal of Small Business Management, 2015, 53 (1): 166 – 182.